Modern European
National
Movements

From Scottish
Independent Referendum
to the Crimea Crises

當代歐洲
民族運動

從蘇格蘭獨立公投到克里米亞危機

洪泉湖 主編

目　次

主編序

洪泉湖

　　這幾十年來，台灣都一直強調國際化、國際視野，各級學校莫不重視英語教學。但平心而論，我們國人真的具有國際視野、國際觀嗎？恐怕不然。我們頂多只了解美國、日本，但恐怕也只是片面的認知而已，或者有一些人懂得歐洲，也怕只限於政治或文化藝術的面向，國人對於鄰近的亞洲，甚至連海峽對岸的中國大陸，好像也不怎麼想去了解。果如此，那我們還有什麼國際觀呢？

　　歐洲近三、四十年來，陸續出現了許多民族運動，導致烽火連天，生靈塗炭者不可勝數。但我們國人大多不知道那兒究竟發生了什麼事？為什麼會這樣？對我們有什麼影響嗎？甚至連發生衝突、戰爭的地方，究竟在哪裡？可能也不一定知道。台灣這樣不關心其他國家，又怎能祈求別的國家關心我們呢？

　　因此，本書之作，旨在結合國內學者，包括留學歐洲或從事歐洲研究者，分工合作，共同撰寫一本介紹、分析歐洲當代民族運動的專書，提供給大學生乃至學術教育界人士參考，希望喚起國人對歐洲政治、社會、經濟、文化、族群各方面的注意，從而逐漸認識當代的歐洲，也就拓展了大家的國際視野。

　　也許有人要問，歐洲大多是民主國家，而且經濟發展也相當不錯，為什麼還有那麼多的國家會出現民族分離運動？甚至引發連天戰火？難道他們不能透過民主協商的方式，去處理民族的衝突嗎？在這全球化的時代，他們為什麼還是那麼強調國家主權呢？難道國家主權比基本人權還重要嗎？其次，民族分離運動如果出現了，那它的訴求是什麼呢？它的策略是什麼呢？它成功的可能性在哪裡？失敗的因素又有哪些？主權國家的中央政府又是怎麼對待它的？強力鎮壓嗎？還是溫和妥協？結果又如何呢？這些可能都是大家想知道的。本書希望能夠根據事實，提供值得參考的答案。

　　台海兩岸，也有統獨的問題，但因不屬歐美，所以不在本書的討論範圍。不過，從歐美民族運動的經驗，我們可以得到許多啟示。孟子說：「惟仁者能以大事小，惟智者能以小事大。」本書中加拿大聯邦對魁北克的分離運動，西德對東德的東進政策，是「以大事小」的成功案例；塞爾維亞對待波士尼亞和科索沃的分離，則是「以大事小」的失敗案例。蘇格蘭對英國的獨立公投，魁北克對加拿大的獨立公投，是「以小事大」的佳例；而車臣對俄羅斯的分離，北愛爾蘭前期對英國的恐怖攻擊，則是惡例。成功的案例，當然是兩造皆大歡喜，而失敗的案例，則難免交互指責、推卸責任。但無論如何，能以仁、智治天下者，則生靈方能免於塗炭，國家方能臻於文明。吾人若仔細觀察省思歐美這些民族運動的案例，或可解答：台灣海峽兩岸，需要為統獨問題而相互仇視乃至大動干戈嗎？

　　本書共收集有關歐洲（及美洲加拿大）的民族運動研究論文13篇，其中屬民族分離運動者12篇，屬民族統一運動者僅1

篇。以台灣目前的專書出版而言，僅有專門討論一個民族分離個案者，或只有論及兩個個案之比較者。因此，本書應屬最為周全，適合供大學生作為課程參考用書，也適合作為研究人員之參考文獻，而對於國人之認識歐洲，則更有直接之助益。

2017 年 1 月於元智大學

當代民族分離運動的理論與實際

洪泉湖*

壹、當代民族分離運動的再興

有人說第一次世界大戰，歐美列強帝國主義者是「贏得了戰爭，失去了和平」，那是指歐洲列強當年紛紛利用少數民族來加入它們的一方，並許以戰後可以獲得獨立。但儘管戰爭結束時美國總統威爾遜（Woodrow Wilson）大倡「民族自決」（national self-determination），但英、法等國都加以嘲笑、杯葛，不願遵行，導致被利用的少數民族心生不滿，種下反帝反殖的火苗。到了第二次世界大戰，歐美列強又是「贏得了戰爭，失去了帝國」，因為各地少數民族、被侵略殖民地區的人民，再也不願接受列強的安排，而直接訴諸獨立運動了。因而戰後的亞、非地區，紛紛建立了許多新的國家。只不過，各地還是潛藏著許多民族問題，例如舊蘇聯境內，就存在著車臣（Chechen）、韃靼（Tartar）等少數民族問題，法國有科西嘉（Corsica）的分離或自治的問題，英國有北愛爾蘭（Northern Ireland）的問題，中東有以色列和巴勒斯坦（Israel & Palestine）

---

* 元智大學社會暨政策科學學系教授，曾任系主任、院長，中華民國族群與多元文化學會理事長，專長領域為族群關係、文化產業發展等。

的民族衝突問題，印尼有東帝汶（East Timor）的分離問題等等。

　　當然，所謂「民族運動」，雖然大多是少數民族或弱勢民族爭取分離獨立的問題，但也有邁向統一的案例，如東德和西德的統一問題、南北越的統一問題、南北韓的統一問題，以及台海兩岸的統獨問題等等。

　　不過，民族運動還是以分離者為多。當代的民族運動，亦復如此。就當代的民族運動來說，1970年代可以說是它「再興」的源頭，如科西嘉的分離運動，北愛爾蘭的獨立運動、蘇格蘭（Scotland）的分離運動都在1970年代就埋下火苗了。到了1980年代，則有加拿大魁北克（Quebec）的分離公投，也有兩德的統一進程。而這一波的民族運動，最火熱的應在1990年代。1989年至1991年波羅的海三小國拉脫維亞（Latvia）、愛沙尼亞（Estonia）和立陶宛（Lithuania）的獨立，1990年到1992年捷克與斯洛伐克（Czech & Slovakia）的一分為二，1991年斯洛維尼亞（Slovenia）和克羅埃西亞（Croatia）自前南斯拉夫（Yugoslavia）的分離，1992年波士尼亞（Bosnia）的內戰，1994年的車臣戰爭，1995年的魁北克第二次公投，1998年的北愛爾蘭「和平協定」，乃至1999年庫德族（Kurds）的獨立要求（其實它從1980年代就開始的）等，充分顯示了民族分離運動的蓬勃發展。

　　到了西元2000年代，各地的民族運動更是方興未艾。例如2002年的東帝汶獨立，2003年的科西嘉要求自治，2004年烏克蘭（Ukraine）也有獨立的傾向。2006年，前南斯拉夫的蒙特內哥羅（Montenegro，黑山公國）獨立，西班牙的加泰隆尼亞（Catalonia）也舉行自治公投。2007年，比利時的法蘭德斯（Flanders）也要求自治；2008年，前南斯拉夫的科索沃（Kosovo）也獨立了。

至於最近幾年，則有2014年的蘇格蘭獨立公投，及義大利威尼托（Veneto）地區的網路公投，而法國也答應新喀里多尼亞（New Caledonia）可於2018年舉辦獨立公投。可見近三十多年來民族分離運動之蓬勃發展，幾已成為一種潮流了。

　　但是，分離運動究竟有沒有道理？值不值得加以同情甚至支持？則在學術上仍有討論之餘地。

貳、贊成分離主義的理論

　　在西方政治思想的理論中，自由主義的理論是贊成民族有分離權利的。例如洛克（John Locke）和盧梭（J.J. Rousseau）強調人民主權論，認為國家是依人民的公共意志（general will）而統治，政府統治的目的，即在保障人民的權利，如果政府做不到這一點，或者不願意這樣做，人民可以撤換它，另組新的政府。基於這樣的理論，如果一個國家的統治被國內的人民反對、抗拒，那麼這些人民可以透過選舉更換政府，或移民至國外，甚至起而抵抗暴政，或者另建一個國家。[1] 當然，也有人認為洛克和盧梭的人民主權論只主張人民可以撤換政府，不一定可以擴大解釋到主張民族分離，但這之間還是有其關聯性。[2]

　　比較極端的自由放任主義者，則認為「分離」（secession）是一種權利（right）。假如一個民族認知道他們本身具有獨特

1　John Locke (1970). *Two Treatises of Government*. Cambridge: Cambridge University Press, Ch. 8-19.

2　F.M. Barnard (1988). *Self-determination and Political Legitimacy: Rousseau and Herder*. Oxford: Clarenlon Press, chap. 5.
　　Lee C. Buchheit (1978). *Secession: The Legitimacy of Self-determination*. New Haven: Yale University Press, p. 55.

的文化和傳統，且在明確的領土上具有優勢，只要他們願意，就可以經由民主的決定，正當地脫離他們所屬的國家，這是一種「無過失分離權利」。他們唯一要考慮的，是分離不致侵犯生活在這塊領土上的其他民族的權利。因為結社是基本人權之一，分離而另組國家是一種政治上的自由結社，當然應當受到保障。[3] 例如，Van Dyke 便認為民族應該像個人一樣，擁有權利選舉統治他的人，David Miller 也贊成民族應該擁有選擇國家的權利，他認為這樣的民族國家才可以實現它的目標。[4]

不過，另一派的自由主義者，如 Anthony H. Birch 和 Allen Buchanan 等人，則主張「有條件的自由放任」，認為民族的分離權固然是一種權利，但其實踐必須有限制或有條件，也即在維護現有國家的前提下，才可支持分離；或者當一個民族或少數民族，受到主權國家政府長期不公不義的對待，例如歧視、剝削、種族滅絕、文化消滅等，或受到殖民者的侵略、隔離、屠殺等等，才可以行使分離權，這是民族或少數民族在長期的、明顯的權利受害情況之下，所應獲得的補償，所以被稱為「補償的分離權」（remedial secession），這是符合基本人權和公平正義的主張。[5] 另外，也有些學者認為支持分離應該要有一些條件，例如 Harry Beran 認為民族分離如果造成「飛地」（an

---

3　許雲翔等譯（Percy B. Lehning 著）（2002），《分離主義的理論》，台北：韋伯文化，頁 3-4。
4　許雲翔等譯，前揭書，頁 191-193。
5　Allen Buchanan (1989). "Assessing the Communitarian Critique of Liberalism", in *Ethics* Vol. 99, pp. 874-876; Secession, pp. 40-45.
　　Anthony Birch (1989). *Nationalism and National Integration*. London: Unwin Hyman, pp. 63-66.

enclave），6 則不可以；Simon Caney則認為民族分離後所建立的
民族國家，應該要能夠生存，也就是在人口數、土地面積、經
濟發展、政治穩定和國家安全等方面，必須足以支撐國家的生
存，且這個國家必須能公平對待其境內的人民（尤其是其他少
數民族），否則分離獨立將無意義。7

　　贊成分離主義的理論，其實存在著許多疑問。首先，就
人民主權或結社自由而言，洛克和盧梭所主張的是人民個人的
權利，並沒有談到民族全體的權利，個人的權利是否可以擴張
解釋為族群權利？仍值得討論。再其次，人民不滿意於政府，
固然可以撤換它，但那只是政權輪替而已，能不能因此就另組
一個國家？恐怕也大有疑問。再其次，有條件的自由放任主義
者雖然已給民族分離加了限制或條件，但這些限制或條件也有
其兌現上的困難。例如在顧及現存國家的主權之下，要如何實
現民族分離權？所謂支撐新國家的生存能力，又要如何界定？
而吾人又如何保證某個民族分離建國後，能善待其國內弱勢民
族？這些都是值得再討論的。

參、反對分離主義的理論

　　社群主義的理論則比較偏向反對民族分離主義。Paul Gilbert
雖也認為社群有分離的正當性，但這個社群必須是一個真正存

6　所謂飛地，是指本國所擁有的一塊領土，卻隸屬於他國，如印度和巴基斯坦分
　　別獨立後，東巴基斯坦和西巴基斯坦是被印度隔開的；巴勒斯坦建國時，約旦
　　河西岸和加薩走廊也是被以色列隔開的。

7　Anthony Birch, op. cit, p. 66; Harry Beran (1984). "A Liberal theory of secession", in
　　Political Studies. Vol. 32, pp. 24-26.

在的社群，而不只是一個「想像的共同體」（imaged commnity）。
這個社群必須已有它自己的一套共享的政治制度，且已成為該
族群的特徵。他主張分離主義團體必須具備某種國家形式的特
徵，只有這樣的社群或共同體，分離才可以被支持。[8]

其次，已經存在的主權國家，也是一種政治結社，它先前
也曾被更多的人民所支持，如果主權國家之內的少數或弱勢民
族基於某些理由，就可以要求分離，那勢必會傷害這個國家之
內的其他民族，損壞先前的政治結社權。再者，如果從法治國
的觀點來看，民族分離勢必挑戰國家領土主權的完整，破壞國
家的穩定與和平。因此，分離絕對不是解決問題的最佳方法，
而且主權國家為了捍衛領土主權，很可能會以武力加以鎮壓，
這樣又造成更多的衝突。

和平穩定論者則強調國內外的穩定與和平，才是國際政
治上的最高目標。分離會導致國內的衝突，甚至是牽動與破壞
國際秩序的導火線。1980年代至1990年代前南斯拉夫的分離運
動，不但造成它內部戰火綿延，人民死傷無數，且導致歐盟、
美國、俄羅斯等國際強權的介入與對峙，即是一例；北愛爾蘭
的分離運動和巴勒斯坦建國，不也是如此嗎？再者，和平穩定
論者也認為民族分離運動很容易傷害國內的其他民族，因為分
離民族為了取得分離的正當性，勢必高聲宣揚自己的民族文化
有多麼優良，而主流或強勢民族的作為又有多麼醜陋，因此
很容易造成對立與衝突，於是小則騷動社會秩序，大則爆發革
命內戰，怎能「不傷害國內其他民族」？如果分離主義者成功

8　許雲翔等譯，前揭書，頁9。

建國了，這個新國家內部的弱勢或少數民族可能會緊張起來，擔心新的統治民族會對他們採取報復或壓制政策，像由前南斯拉夫分離出去的波士尼亞、科索沃，以及由舊蘇聯分離出去的哈薩克、烏茲別克、亞美尼亞、亞塞拜然等國，都會產生這種困境。因此，反對分離主義者，大多認為分離主義是製造了問題，而不是解決了問題。[9]

　　當然，反對分離主義的理論，也存在著一些問題。首先，國家的組成，不一定是「由人民自願的政治結社」，有些國家甚至是由一個強勢民族經過征戰、侵略而成立的，有些國家雖然是經由和平談判而建立，但這種談判往往是與國外的他者談判，而不是與國內的弱勢或少數民族談判。萬一某個國家並沒有經過與弱勢或少數民族談判，也沒有徵得其同意，就把這些弱勢或少數民族都納入統治範圍，那這些被強迫統治的民族，有沒有分離的權利呢？

　　再者，依國際法來看，國家擁有領土完整與主權獨立的權利，受到國際法的保障，也受到國際的尊重，這都是事實。可是如果某個主權國家的對內統治，採取種族歧視、文化滅絕、專制壓制、資源分配不公、權利分配不均、內部殖民等不自由、不平等、不公義的制度或政策，那為什麼被統治的弱勢或少數民族不能要求分離呢？

　　還有，穩定與和平是國家的目標，也是國際政治的最高準則，這固然也沒錯，可是這種穩定與和平如果是建立在一部分人民被壓制、剝削、歧視、不公平對待的基礎上，那這種穩定

9　許雲翔等譯，前揭書，頁17-34。

與和平，恐怕也是單方面、虛假的，如果要論是非、究責任，究竟是民族分離者的錯？還是主權國家或國際強權要負責？恐亦值得深思。

肆、當代民族分離運動的實際

從以上的討論，吾人可以發現贊成民族分離主義的理論，和反對民族分離主義的理論，都各有其精闢的立論，也都有其可資討論之爭議，可見二者都不是絕對的。支持民族分離者，可以提出一些正當合理的宏論，但學者也指出民族分離必然會遭遇許多困難，因此也提出許多所謂的條件或限制，才能使民族分離運動成為可行。同樣地，反對民族分離者，也可以提出許多質疑或警告，但學者也承認主權國家或國際強權不能為了穩定與和平，就犧牲了弱勢或少數民族的自由權利與公平正義。

因此之故，吾人認為民族分離是弱勢或少數民族的一種權利，但它只是相對的權利。民族分離運動是對還是錯？應該予以支持或不支持？都要依個案而定，看看它的訴求是什麼？它的條件和限制有哪些？以及它成功的策略在哪裡？才能做出合理的判斷。

如以本書所列的12個民族分離運動（其中德國是民族統一運動）來說，在前南斯拉夫的分離過程中，斯洛維尼亞和克羅埃西亞兩個共和國的分離，是基於塞爾維亞（Serbia）獨攬政治權力、經濟資源分配不公，以及彼此的歷史恩怨等因素，因此其分離之要求具有正當性，而該兩國分離的方式是訴諸公民投票（plebiscite），並採取溫和的方法，趁蘇聯解體、東歐變天之

良機宣告分離，終於獲得成功。捷克與斯洛伐克本為兩個王國或公國，有共同的歷史情感，結合為一個國家後，其實也一直有兩個政府、兩個議會，彼此雖有嫌隙，卻不致成仇，後來雙方是透過和平方式以談判協議分為兩個國家，也是分離運動的典範。加拿大的魁北克分離運動，主張分離的法裔魁北克人主要的目的是在保存法國傳統文化，倒不一定要真的獨立，他們與聯邦政府的解決策略，也是用公民投票和釋憲等和平方式，目前也算是達到了分離者的想望。在波羅的海三小國的獨立方面，它們本來就是三個獨立的王國或公國，只是二次世界大戰後被併入蘇聯，等到舊蘇聯面臨解體了，三小國當然會趁機獨立。它們採取的方式，也是用公投的方式，訴諸民意，然後三國結盟共同抵制抗莫斯科，最後在歐美各國的支持下成功獨立。

　　至於北愛爾蘭，則是一個比較悲慘的例子。它本來是愛爾蘭的一部分，卻被強行併入英國，英政府又在北愛爾蘭採取種種不平等的政策，導致北愛以暴力追求獨立。經過多年的戰亂，最後在英、美、愛爾蘭及歐盟的協助下，方達成了多項和平協議，至於北愛未來的前途如何？則尚在未定之天。近年來最受矚目的民族分離運動，則是蘇格蘭公投要離開英國，雖然沒有成功，但它們雙方都採取了理性、平和的態度行事，為國際社會建立了另一個典範。

　　在比較負面的實例方面，前南斯拉夫的解體過程中，波士尼亞、科索沃等飽受戰火蹂躪，人民犧牲無數，使得塞爾維亞備受國際社會批判。但回顧南斯拉夫之建國，即有其不合理或不務實之處。其實它的六個加盟共和國同屬南斯拉夫民族，語言的差異也不是太大，但卻忘不了歷史上的恩怨情仇，宗教上

的歧視，又刻意誇大，再加上塞爾維亞的高壓統治，以及經濟的南北失衡，終於導致了分裂。克里米亞（Crimea）本是俄羅斯人居多，但被舊蘇聯送給了烏克蘭，等烏克蘭與俄羅斯關係不睦了，克里米亞人再以公投方式決定回到俄國，雖屬民意之表達，但終究只是國際強權主導下的棋子。車臣則是另一個悲慘的實例，車臣是被舊蘇聯強併的，在舊蘇聯解體、各加盟共和國紛紛獨立時，車臣卻未能搭上這班列車。後來車臣民族分離者用游擊隊恐怖活動來應對俄國的軍事鎮壓，一直未能成功，只好繼續成為俄國強力控制下的少數民族。至於其他的民族分離運動，如西班牙的巴斯克和加泰隆尼亞、義大利的威尼托、比利時的法蘭德斯、法國的科西嘉和新喀里多尼亞等，近年也都有民族分離運動，可是都還沒有明確的結果。不過，由於這些國家都是民主國家，因此政府與分離運動者雙方，大體上都能採取和平的方式來面對分離的訴求。

伍、結語

　　以近三、四十年來看，民族分離運動幾乎可以說是一股時代潮流，它締造了許多新興的國家，但在分離運動的過程中，也製造了漫天的煙火，犧牲了眾多的人命，代價不可謂不高，這也不禁讓人深思：民族分離運動究竟是否為一條必要的道路？經過上文的分析，吾人認為民族的分離權雖是一種自由權的展現，但它是一種相對的權利，民族分離運動的推展必然會受到主權國家的鎮壓，乃至國際法的抵制。因此它必須使自己具有正當性，才可能獲得國際社會的支持，以及主權國家的妥協。

　　但民族分離運動究竟要具備哪些條件，才能具有正當性？其一，是它最好不違反國家主權，因此殖民地、託管地、屬國、非自治領等地區人們的獨立運動，比較容易獲得國際社會的支持。其二，分離民族若有被長期鎮壓、剝削、歧視、屠殺、文化消滅、權利分配不公、經濟資源分配不平等事實，它的獨立呼聲就容易被理解、受支持。其三，分離民族應具備生存能力，如適度的人口數、土地面積、經濟能力，以及安全維護能力等。其四，它應保證獨立後願意善待國內其他少數民族。其五，它也要履行國際義務，例如共同維護國際和平與安全等。[10]

　　再者，在分離運動的手段方面，如採用溫和的手段或民主的方式，應更能獲得國內外的認同與支持，例如捷克與斯洛伐克透過雙方的和平協議，終能迅速地、順利地實現和平分手；加拿大魁北克也是經由公民投票與選舉，而聯邦政府則透過修憲與憲法解釋，共同降低敵意，實現了魁北克人文化保存與政治自治的願望。另外，在雙方協議的過程中，如果能備有其他妥協方案，例如自治、高度自治、邦聯、聯邦等，則雙方比較容易獲得妥協。再者，提出民族分離的時機也很重要，例如波羅的海三小國的獨立要求，是利用舊蘇聯解體之時提出；東帝汶的獨立要求，也是在印尼蘇哈托政權失去民心之時提出，才能獲得快速的進展，而終抵於成。

　　至於民族統一運動，實例較少，但德國的統一的確是一個成功的典範，儘管其過程也出現過若干困境。它的成功至少得

10　Simon Caney (1996). "Individuals, nations and obligations", in Simon Caney et al. (eds). *National Right, International Obligations*. Boulder CO: Westview Press. Chaps.1.

力於下列幾個策略：一、消除敵意，例如：西德採取「贖回間諜」的策略，就是一種善意的表達；二、協助對方，例如：西德對東德進行經濟援助及貸款；三、人員往來，例如：雙方經貿及人員往來；四、交叉承認，例如：凡與西德有邦交之國家，亦可與東德建交，反之亦然；這使得東、西德在尚未統一之前，其國格都受到對方與國際社會的尊重。在這樣友好、交流、互助的氛圍下，當舊蘇聯從東德一撤軍，東德就只好任由柏林圍牆倒塌，實現兩德的統一了。

南斯拉夫的解體與繼承國的獨立

施正鋒[*]

壹、前言

顧名思義，南斯拉夫（Yugoslavia）是南斯拉夫人的國家，戰後由領導共黨游擊隊的狄托（Josip Broz Tito）領導而成，由波士尼亞、克羅埃西亞、馬其頓、蒙特內哥羅、塞爾維亞，及斯洛維尼亞等六個共和國組成（圖1）。然而，狄托於1980年過世後，樹倒猢猻散，南斯拉夫不止面對嚴重的經濟困境，政治上也有分崩離析的威脅，按捺不住的斯洛維尼亞及克羅埃西亞於是在1991年率先宣布獨立，馬其頓追隨其後，波士尼亞在1992年步後塵；蒙特內哥羅也與塞爾維亞在2006年分手，最後，科索沃也在2008年出走，裂解為七個國家，目前除了科索沃，都是聯合國的成員（圖2）。從1991年到2001年，老百姓飽受戰爭之苦，特別是塞爾維亞為了確保在未來談判取得較好的條件，先下手為強以造成既定事實，驅逐非我族類，不從者則加以殘害。根據估計，在這十年當中，總共有14萬人喪生。

南斯拉夫人在過去幾百年來於哈布斯堡王朝及鄂圖曼帝國之間夾縫生存，斯洛維尼亞及克羅埃西亞後來被奧匈帝國併

---

[*] 東華大學民族事務暨發展學系教授。

圖1 前南斯拉夫社會主義共和國地圖（1991）

引自：International Criminal Tribunal for the Former Yugoslavia (ICTY) (n.d.)
"What Is the Former Yugoslavia?"

圖2 南斯拉夫解體後的各國（2008）

引自：ICTY (n.d.)

吞,而塞爾維亞及波士尼亞成為鄂圖曼土耳其的一部分。在18世紀末,菁英們受到法國大革命的影響,開始著手民族主義思潮的傳播。[1]一直要到一次大戰結束後,才有「南斯拉夫王國」出現,主要是以基督為主也有為數不少的回教徒。基本上,這是戰勝的英國及法國對於同盟國塞爾維亞(加上蒙特內哥羅)的獎賞。對於塞爾維亞人及蒙特內哥羅人來說,他們是在扶持其他南斯拉夫兄弟,以免遭到周邊國家的欺侮,包括義大利、奧地利、匈牙利、保加利亞及阿爾巴尼亞。[2]

　　儘管大致上有共同的血緣、語言、文化,南斯拉夫的組成分子自始悔婚、貌合神離,特別是克羅埃西亞人及塞爾維亞人對於這個國家一直有不同的期待。前者認為聯邦是獲得真正獨立的權宜之計,後者則有不同的盤算,塞爾維亞人加上蒙特內哥羅人的人口占了全國總人口的將近四成,其中1/4散布其他共和國,因此視南斯拉夫為走向「大塞爾維亞」的階段工具,處心積慮統一散布在其他共和國的族人,特別是波士尼亞、克羅埃西亞,因此希望強化聯邦政府、調整為單一體制。在1980年代,南斯拉夫經濟開始衰退,原本的族群齟齬終於浮現,現有的聯邦體制又無法有效解決問題,大家相持不下,終於兵戎相見。

　　其實,在兩強爭霸當中,其他共和國原本還希望還有轉圜的空間,亦即是否繼續留在由塞爾維亞人支配的南斯拉夫,只

1　Nederlands Insttuut voor Oorlogsdocumentatie (Netherlands Institute for War Documentation, NIOD) (2002). "The Background of the Yugoslav Crisis: A Review of the Literature."

2　Avetozar Stojanovic (1995). "The Destruction of Yugoslavia," *Fordham International Law Journal*, Vol. 19, No. 2, p. 338.

不過，由於塞爾維亞人掌控的中央政府鎮壓科索沃自治省的阿
爾巴尼亞抗議分子，讓其他族群感到心寒，斯洛維尼亞、克羅
埃西亞、馬其頓，及波士尼亞便相繼宣布獨立。塞爾維亞於是
不甘動武，揮兵克羅埃西亞及波士尼亞，也就是所謂的「南斯
拉夫戰爭」。國際社會先是未能洞察先機，後又坐失機宜，而
人道維和部隊又投鼠忌器。

貳、前因

　　就血緣而言，南斯拉夫各族群絕大多數屬於南斯拉夫人，
就語言來說，也多半屬於南斯拉夫語支，包含西支的斯洛維尼
亞語及塞爾維亞─克羅埃西亞語，以及東支馬其頓語；事實
上，塞爾維亞與克羅埃西亞語、蒙特內哥羅語、波士尼亞語根
本相通。[3] 狄托創建第二南斯拉夫後，一方面壓制各族群的民族
主義運動，另一方面費盡心思透過制度擘畫來降低族群之間的
競爭；他在世的時候，族群關係大致和諧，而且也有相當程度
的通婚，特別是在都會區。

　　最大的分歧是兩大族群對於這個國家的想像南轅北轍：克
羅埃西亞人希望南斯拉夫是鬆散的聯邦，終極目標是成立自己
的民族國家；相對之下，塞爾維亞人則希望強化聯邦政府，最
後能走向單一體制。當經濟發展出現困境之際，政治制度又無
法解決問題，原來不愉快的族群記憶很難不被動員。在東歐共
產黨政權於1980年代末期民主化之際，南斯拉夫也進行自由選

3　Wikipedia (2016a). "South Slavic Languages."; Wikipedia (2016b). "Serbo-Croatian."

舉，各族群的民族主義者一一在各共和國出頭，中央政府群龍無首，只有各自為政。

一、族群差異

　　南斯拉夫是典型的多元族群國家，先天上就有族群整合的課題。南斯拉夫人的祖先是在6世紀至8世紀由巴爾幹半島的東北移入，位於西邊的斯洛維尼亞人及克羅埃西亞人受到羅法帝國及天主教的影響，位於東邊的塞爾維亞人及馬其頓人則接受拜占庭及東正教，前者的語言拉丁化，後者則採用西里爾字母；接下來，兩邊又分別被哈布斯堡王朝／奧匈帝國以及鄂圖曼帝國統治，直到一次大戰為止。[4]然而，自從一次大戰後建國以來，南斯拉夫的政治、行政及軍事，大抵掌控在塞爾維亞人手裡；由於二次大戰加入共黨游擊隊對抗納粹者以塞爾維亞人居多，也讓他們充斥黨政軍要職，甚至於聯邦政府的中低公務人員，一時難以達成「民族均衡」的目標。[5]

　　就社會地位而言，儘管官方定位說這個國家是所有南斯拉夫人共同建立的，然而，族群之間還是有不同的地位。位階最高的是塞爾維亞人、克羅埃西亞人、斯洛維尼亞人，及蒙特內哥羅人，也就是在歷史上曾經建國、而享有「民族」地位者，他們在一次大戰後共組塞爾維亞—克羅埃西亞—斯洛維尼亞王國，可以說是「開國民族」。其次是馬其頓人，過去有時候被當作保加利亞人，有時候又歸為塞爾維亞人，一直到二次大戰

4　David Anderson (1995). "The Collapse of Yugoslavia: Background and Summary." p. 2.
5　Iraj Hashi (1992). "The Disintegration of Yugoslavia: Reginal Disparities and the Nationalities Question." *Capital and Class*, No. 48, p. 72.

後才被承認為獨特的「民族」。儘管回教徒在血緣上屬於南斯拉夫人，但因為不是基督徒，要到1968年才被接受為「民族」；由於過去幫忙鄂圖曼帝國統治，被視為悖教的叛徒，塞爾維亞人甚至於鄙視土耳其人。至於阿爾巴尼亞人及匈牙利人，由於根本不是南斯拉夫人，而鄰國又有族人所組成的母國，忠誠度被打折扣。[6]

　　關鍵在於族群的分布，也就是說，混居影響地域解決方案的設計。如果克羅埃西亞選擇獨立，究竟要如何處理境內人口占11.3%的塞爾維亞人？如果說克羅埃西亞人有民族自決權，難道克羅埃西亞共和國的塞爾維亞人就沒有？如果波士尼亞要獨立，境內的塞爾維亞人（30.7%）及克羅埃西亞人（18.1%）怎麼辦？同樣地，根據1991年的人口普查，科索沃的阿爾巴尼亞人有79.9%，為何就不能有自己的共和國，只能屈居塞爾維亞境內的自治省？

　　根據1974年憲法，國家的重要職位是根據共和國作配額、而非看族群人數的百分比，也就是所謂的「均衡代表」。[7]然而，由於塞爾維亞人不只來自「內塞爾維亞」或蒙特內哥羅，也可能來自其他共和國（克羅埃西亞、波士尼亞）或是自治省（伏伊伏丁那、科索沃），因此在黨政任職的比例相對上比較高；特別是憲法設置了集體領導的「聯邦主席團」，由八個組成單位派出代表組成，大家每年輪流擔任總統，以1990年為例，內塞爾維亞、波士尼亞，及伏伊伏丁那的代表都是塞爾維亞人。[8]

6　Thomas S. Szayna, and Michaele Zanin (1997). "The Yugoslav Retrospective Case," pp. 95-96, 99.
7　Szayna & Zanin (1997: 86); Hashi (1992: 69).
8　Szayna & Zanini (1997: 78-79).

　　由於南斯拉夫是共黨國家，政府決策來自黨的決策，也就是所謂的「集中式民主」，塞爾維亞人的支配性更是明顯。南斯拉夫共產黨由八個共黨結合而成，在二戰期間高喊「兄弟團結」的口號，建國後沿用到政治層面，因此對於族群問題採取中立態度，在狄托時代是國家整合的穩定力量，只不過，不管是領導階層還是黨員，塞爾維亞人都具有優勢。譬如南共的最高權力機關是政治局，主席也是由大家輪流擔任，安排類似聯邦主席團，以1990年為例，除了塞爾維亞，連克羅埃西亞的代表也是塞爾維亞人，而塞裔黨員人數在1980年初期早就已經達到全國的47%。[9]

　　只不過，隨著東歐共黨在柏林圍牆於1989年被推倒後一一失勢，南共的意識形態領導也被質疑，連共黨也民族化，也就是站在各個族群的立場；這些共黨一開始披著民族主義色彩，逐漸加入自由主義，到最後甚至於打著反共的旗幟（Stojanovic, 1995: 343）。在1990年，塞爾維亞堅持以黨員投票黨的決策，由於塞爾維亞裔黨員有超乎人口的比重足以否決其他共黨的改革提案，克羅埃西亞及斯洛維尼亞的代表因此憤而出走，休會的南共終於沿著共和國的疆界解體。在1990年的自由選舉，除了塞爾維亞及蒙特內哥羅，共黨紛紛失勢，絕大多被訴求獨立的民族主義政黨取代。

　　南斯拉夫人民軍軍官以塞爾維亞人（60%）及蒙特內哥羅人（7%）為主，兩者加起來就占了2/3，遠遠超過人口比率（39%）。跟共和國或是共黨的組織不同，人民軍有自己的共黨指揮體

9　Szayna & Zanini (1997: 81-82).

系、直接聽命聯邦共黨；將領視自己為國家團結的捍衛者，無條件接受狄托的指令，當然把克羅埃西亞及斯洛維尼亞的民族主義者當作頭號敵人。狄托去世後，各共和國盤算如何加以邦聯化，特別是斯洛維尼亞，譬如要求充員兵在地服役、軍官比例必須維持族群平衡，以及訓練組織等聽命各地，而斯洛維尼亞及馬其頓甚至於要求用族語接受命令。[10] 在克羅埃西亞於1991年宣布獨立後，人民軍不聽聯邦總理Markovic的節制，直接聽命塞爾維亞總統Milošević出兵，把原本是多族群的國家軍隊矮化為塞爾維亞、蒙特內哥羅軍官指揮的塞爾維亞軍隊，其他族群官兵因此紛紛走人，聯邦政府於是垮台。

二、政治制度

　　南斯拉夫是由克羅埃西亞、馬其頓、蒙特內哥羅、塞爾維亞、斯洛維尼亞及波士尼亞六個共和國，加上科索沃、伏伊伏丁那兩個自治省所組成的聯邦國家；由於共和國（或是自治省）大致上是根據族群來劃分的，因此，也可以說這是「族群所組成的聯邦」。[11] 根據憲法，克羅埃西亞人、馬其頓人、蒙特內哥羅人、塞爾維亞人及斯洛維尼亞人是「加盟民族」，其他族群則被稱為「少數民族」，譬如科索沃省的阿爾巴尼亞人；差別在於民族（narod）有自決權、可以有自己的共和國、使用族語、而且可以獨立，而後者（narodnost）則沒有共和國，頂多只享有自治省的地位。[12]

10　Stojanovic (1995: 350).
11　Szayna & Zanini (1997: 97).
12　Szayna & Zanini (1997: 96).

　　儘管「南斯拉夫主義」在19世紀末興起，[13]不過，一次大戰成立的南斯拉夫王國自始就同床異夢。克羅埃西亞人與斯洛維尼亞人希望採取聯邦模式，以維持奧匈帝國下的自主性，而塞爾維亞人認為南斯拉夫本來就是戰後盟邦所給的戰利品，視之為塞爾維亞王國的擴張，兩方互不相讓。由塞爾維亞人掌控安全部隊，動輒以武力來解決族群之間的爭端，特別是在選舉過程不惜進行暗殺，因此出現以暴止暴的克羅埃西亞人右派組織Ustase。在二次大戰期間，納粹德國扶植克羅埃西亞傀儡政權，視塞爾維亞人為第五縱隊，展開報復性的迫害。

　　戰後，狄托主導建國，重新劃定共和國的界線，不讓塞爾維亞或克羅埃西亞獨大，譬如在馬其頓刻意稀釋塞爾維亞人的優勢，又將蒙特內哥羅由塞爾維亞分出去。另外，波士尼亞－赫塞哥維納境內除了有回教徒，還有克羅埃西亞人及塞爾維亞人，而儘管回教徒一直要到1974年才取得民族的地位，波士尼亞卻自始就享有共和國的地位，可以看出狄托不願意讓克羅埃西亞及塞爾維亞瓜分波士尼亞，刻意讓兩族在波士尼亞成為少數族群。[14]

　　就形式上而言，南斯拉夫是一個聯邦式國家，然而，在狄托的強勢領導及共產黨支配的黨國體制下，實質上是一個中央集權的國家，一直到1970年代，中央政府面對各族群高漲的民族不滿，加上南共支持民族自決原則，才開始進行政治及經濟鬆綁、展開地方分權，讓共和國及自治省有否決聯邦決策的權

13　Wikipedia (2016c). "Yugoslavism."
14　Karolina Kawczy ska (2013). "Disintegration of the Socialist Federal Republic of Yugoslavia," *Przegląd Zachodni*, No. 2, pp. 169-71.

力。特別是1974年的憲法不僅賦予科索沃及伏伊伏丁那自治省的地位，還將決策的方式改弦更張為共識決，形同少數否決，尤其是面對經濟政策爭議。[15]

狄托在1960年代就開始思考接班問題，為了平衡族群的勢力，刻意在1974年憲法設置了聯邦主席團，由八個組成單位的代表每年輪流擔任總統，聯邦政府的權力大為削弱，可以說是「具有邦聯性質的聯邦」。在狄托的強人統治之下獲得「強制共識」，南斯拉夫還可以維持相當的政治穩定，然而，隨著他在1980年逝去，由於缺乏一言九鼎的政治領袖調和鼎鼐，聯邦體制的弱點一一浮現，特別是缺乏效率的集體領導方式讓彼此相互否決，甚至於被稱為「好鬥的聯邦主義」，國家漸漸分崩離析。[16]在1981年，經濟窘困的科索沃首先抗議，又在1989年發動罷工，要求成立第七個自治共和國，塞爾維亞則逕自修憲限縮兩個自治省的自主性，政治失能窘境浮現。

面對紛沓而至的政治、經濟紛爭，聯邦主席團在1991年初展開一系列談判，只不過，往往是4:4，一直無法達成共識。在光譜的一端，塞爾維亞堅持維持聯邦體制，而在另外一端，克羅埃西亞及斯洛維尼亞則要求調整為邦聯，而馬其頓及波士尼亞的立場則介於中間，希望來能有轉圜的空間，獨立並非迫切的選項。在3月，軍方要求總統宣布戒嚴被否決，塞爾維亞乾脆在5月蠻橫換掉蒙特內哥羅、科索沃及伏伊伏丁那的代表，塞爾維亞總共掌握四票，雙方相持不下，又缺乏足以信賴的外部仲裁者，訴諸武力似乎不可避免，戰爭一觸即發。當斯洛維

15　Kawczyska (2013: 172).
16　NIOD (2002: 32).

尼亞及克羅埃西亞在1991年宣布獨立，南斯拉夫總理視為違法、違憲，宣告支持南斯拉夫人民軍將以武力維護領土完整，卻無人搭理。

三、經濟差距

　　就經濟上來看，市場規模及互補是共同建國的優勢，然而，由於共和國的天然條件不同，彼此之間的經濟差異始終無法解決，經濟困境終究是南斯拉夫政治衝突的癥結。就經濟發展的程度，南斯拉夫大致上可以分為比較工業化的北方（斯洛維尼亞及克羅埃西亞）、比較封建落後的南部（波士尼亞、馬其頓、蒙特內哥羅及科索沃），以及介於中間的塞爾維亞。南共自始知道，如果不能處理區域發展的落差，族群問題就不能化解，因此決議採取政府補貼與高度投資的方式，來快速達到共和國之間的實質平等；只不過，由「計畫經濟」、「勞工自我管理」到「聯合勞動及社會契約」，經過四十年的實驗，區域差距依然未能縮減、甚至製造了更多的問題。[17]

　　冷戰時代，狄托領導不結盟運動，周旋於美國與蘇聯兩大陣營中，獲得西方國家巨幅挹注，維持相當程度的成長率，在1960年至1980年之間，年GDP成長率為6.1%，卻須付出經濟倚賴的代價。[18]在1973年石油危機後，西方國家豎立貿易壁壘，南斯拉夫的經濟開始走疲，被外債壓得喘不過氣來，國際貨幣基金會又以市場開放作為紓困條件，其政治結構無法解決問題。

---

17 Hashi (1992: 53-68); NOID (2002: 29-31).
18 World Bank (1991). *World Development Report 1991*, p. 207; Branislav Radeljić (2010). "Europe 1989-2009: Rethinking the Break-up of Yugoslavia," *European Studies*, Vol. 9, No. 1. p. 117.

　　1960年代末期到1970年代初期，斯洛維尼亞及克羅埃西亞對於政府所進行的經濟改革漸漸不耐煩，要求政府釋放更多的權力給共和國，中央政府一開頭強硬壓制，終究不得不以1974年憲法下放權力。隨著狄托在1980年過世，南斯拉夫的經濟在1980年代巨幅衰退，面對嚴重的通貨膨脹、高失業率、積欠鉅額外債及糧食短缺。在1980年代中期，只有16%的家庭可以仰賴薪水過日子，到了1987年更降到5%。[19]

　　在1980年代末期，戈巴契夫展開改革與開放，南斯拉夫的戰略價值陡降，外部環境丕變，內部矛盾與困境就開始浮現，貧賤夫妻百事哀，經濟困境凸顯了原有的族群張力及區域發展失衡。對於較落後的地方來說，政府的經濟政策不過就是剝削，因此，最貧困的科索沃就率先在1981年進行抗爭，政府對此的反應為發動武力鎮壓，一直到1988年至1989年還是衝突不斷；相對地，經濟條件比較好的斯洛維尼亞及克羅埃西亞也不再緘默，反對補貼經濟比較弱勢的地方，希望能調整政治及經濟結構。[20]面對「獨立比較有好處」的呼聲，菁英們經過十年的折衝，不但經濟困境無解，終究還是政治解體。

參、國際社會的反應

　　南斯拉夫這個國家的出現，原本就是列強妥協下的產物：首先，在一次大戰後，塞爾維亞獲得盟邦英國、法國、美國的支持建國；在二次大戰期間，德國入侵，義大利、匈牙利及保

19　NOID (2002: 30).
20　Hashi (1992: 70-71, 76).

加利亞藉機分食；戰後也是經過英國、法國、美國及蘇聯的首肯，南斯拉夫得以復國。[21]在冷戰結束後，西方國家認為南斯拉夫已經沒有利用價值，事不關己，顯得意興闌珊。

　　美國及歐盟原則上支持六個加盟共和國的獨立，然而，基本上立場是認為這是自衛而非內戰，希望使用聯合國的名義出面進行人道維和，各國七嘴八舌、互踢皮球，點到為止、避免捲入。在美國方面，前後任總統老布希及柯林頓都不願意被捲入另一個越戰，因此鼓勵歐洲共同體（下稱歐體）主導。歐體雖然一開始因為認為是大顯身手的良機而興致匆匆，而且也因為南斯拉夫企盼加入而有相當的籌碼，然而，卻因為進場太慢而徒勞無功，最後由聯合國組成保護軍來收拾殘局。聯軍以英國及法國為主組成，在1992年初進駐克羅埃西亞、波士尼亞，卻因為唯恐惹惱塞爾維亞軍隊被俘而畏首畏尾。還是由克羅埃西亞出兵援助波士尼亞，塞爾維亞軍才被迫撤退，最後再加上柯林頓面對連任改選，才毅然決然出手解決。

　　歐體除了誤判南斯拉夫的局勢，內部的立場也南轅北轍，曠日廢時的爭辯讓交戰的各方有時間加強軍備。英國與法國大體上希望能維持南斯拉夫的完整、支持塞爾維亞的主張，認為只要重整聯邦體制的安排就好；而德國、奧地利及義大利則因為跟斯洛維尼亞、克羅埃西亞有歷史、宗教、文化上的淵源，比較同情他們的自決訴求，也支持鬆散邦聯的看法。

　　在1991年6月，斯洛維尼亞、克羅埃西亞宣布獨立，歐體先是決議不予承認，然而，由於戰事惡化，歐體終於在德國的

21　Stojanovic (1995: 340).

壓力下加以承認,波士尼亞被迫跟進。其實,這時候如果西方國家願意出兵,應該還有機會嚇阻塞爾維亞的擴張,只不過,當時美國總統老布希面對改選的壓力,不願意節外生枝;等到國際社會終於在1992年年底定調盡量保護回教徒,聯軍在國際輿論下姍姍來遲八個月,塞爾維亞部隊已經蠶食鯨吞70%的波士尼亞領土。

　　西方國家之所以猶豫不決,主要是本身缺乏危機管理的機制,加上內部對於維和的方式意見相左。另外,對於如何安排波士尼亞境內的聯合國保護軍,強權也有不同看法。柯林頓總統上任後主張「解除武器禁運與軍事打擊同步」政策,也就是一方面開放對波士尼亞的武器供給,另一方面派遣北約飛機轟炸境內的塞爾維亞人據點,然而,提供維和部隊的聯合國成員則擔心自己會不小心成為夾心餅乾。

　　西方國家所採取的途徑是「小孩子要聽大人的話、不要吵」,自以為是,因此要對南斯拉夫的解體付出相當責任。[22]首先,他們把狄托當作制衡蘇聯陣營棋子,提供大量援助,在富裕的經濟情況下,虛幻地相信狄托可以掌權全局,未能即時進行各方面的改革。等到南斯拉夫經濟開始出現困境,又由於東歐國家開始民主化,南斯拉夫已經沒有地緣政治的戰略意義,狄托神話幻滅、國際貨幣基金會的紓困方案條件嚴苛,原有的族群齟齬終於又浮現。美國與西歐國家死要面子,一方面想要爭取調停的主導權,另一方面卻又不願意出錢出力,等到李伯大夢驚醒,已經來不及了。

22　Radeljić (2010: 118-19).

肆、繼承國獨立的過程

一、波士尼亞〔與赫塞哥維納〕

　　由於波士尼亞—赫塞哥維納的族群組成是南斯拉夫的縮影，回教徒只占四成，還有三成的人口是塞爾維亞人，及占了將近二成的克羅埃西亞人。波戰後，南斯拉夫社會主義共和國成立，波士尼亞出乎意料被賦予共和國地位，主要的理由是希望能維持境內塞爾維亞人、克羅埃西亞人及回教徒的平衡，不希望被塞爾維亞及克羅埃西亞兩個共和國瓜分。[23]

　　儘管土耳其人幾世紀以來並未移入該地，不過，根據回教律法，只有回教徒才可以擁有土地，因此，不少地主改信回教，而一般農民則維持「帝力與我何有哉」的生活方式。然而，隨著土耳其在18世紀至19世紀逐漸衰敗，不管是信奉天主教的克羅埃西亞人還是東正教的塞爾維亞人皆飽受壓榨，正好民族主義興起，宗教信仰、民族認同及支配關係相互強化，種下日後衝突的種子。[24]一般而言，克羅埃西亞人住在西邊濱海區，塞爾維亞人住在東邊靠塞爾維亞共和國邊區，而回教徒則四散各地。

　　其實，對於南斯拉夫的一般克羅埃西亞人，或是塞爾維亞人來說，波士尼亞人只不過是被鄂圖曼帝國強迫信奉回教的族人，並不是獨特的民族。早先，回教徒只有「族群」的身分，接著變成「不特定回教徒」，一直要到1968年才正式取得「回

23　Stojanovic (1995: 346-47).
24　Anderson (1995: 2).

教民族」地位。[25]不過,對於波士尼亞的塞爾維亞人而言,波士
尼亞政府軍簡直就是土耳其軍隊,因此,他們的反抗儼然就是
十字軍東征,造反有理。由於回教地主多半住在都會區,而塞
爾維亞人則在鄉下務農,因此在1991年,儘管後者的人口比較
少,卻占有70%的領土。

　　一開頭,波士尼亞面對斯洛維尼亞及克羅埃西亞的獨立訴
求,並未立即要求獨立,當時面對的難題是:如果決定留在南
斯拉夫,就是繼續接受塞爾維亞人的支配;如果選擇出走,或
可獲得克羅埃西亞、回教世界、甚至國際社會的幫忙,就顧不
得境內130萬塞爾維亞人欲留在南斯拉夫的意願。只不過,在斯
洛維尼亞及克羅埃西亞於1991年同時宣布獨立後,敵對的克羅
埃西亞與塞爾維亞竟然協議瓜分波士尼亞,波士尼亞便在1992
舉辦獨立公投,投票率63.4%,有997.7%的人贊成獨立,於3月
3日宣布獨立。

　　適時,Izetbegovic之所以毅然決然舉辦公投、不顧一切宣
布獨立,主要是相信西方國家會出兵幫忙捍衛他們的主權,特
別是由柯林頓的競選言論判斷新任的美國總統不會有積極的作
為,因此不再寄望政治解決。至於境內的塞爾維亞人及克羅埃
西亞人早就摩拳擦掌,在斯洛維尼亞及克羅埃西亞宣布獨立之
前就加緊成立自治區,甚至於敵對雙方的領導者竟然在1991年
商量如何瓜分波士尼亞,波士尼亞已經沒有其他選擇了。[26]在波
士尼亞宣布獨立同一天,塞爾維亞人也宣布成立「塞族共和國」
(Republika Srpska)來打對台,並且對首府Sarajevo展開圍城;為

25　Kawczy ska (2013: 171).
26　Kawczy ska (2013: 177).

了建立走廊來連結塞爾維亞人聚居的區塊（自治州），極右派強迫驅離擋在路上的回教徒，甚至於不惜進行「淨化」；1992年戰爭爆發沒多久，塞爾維亞人就占領70%的波士尼亞領土。

　　一開頭，回教徒與克羅埃西亞人聯手對抗塞爾維亞人，希望能加速南斯拉夫的解體，然而，隨著克羅埃西亞裔在1992年宣布成立共和國、表示打算與克羅埃西亞合併，變成三方交戰。驚覺此事的歐洲共同體及聯合國不希望戰火延燒，先後提出各種方案，[27] 三方最後在美國的壓力下接受 *Dayton Agreement*（1995），結束三年半的戰爭。[28]

　　在1994年，塞爾維亞人砲擊Sarajevo，炸死38名百姓，引起世界公憤，英、法不再反對干預，北約出動60架飛機，顯示不會坐視波士尼亞被消滅。另一個轉機是柯林頓面對連任，積極想要解決戰事，派Richard Holbrooke進行穿梭外交，終於逼迫三方在1995年達成 *Dayton Agreement*。根據這項協定，波士尼亞—赫塞哥維納這個國家是由「波士尼亞—赫塞哥維納聯邦」及「塞族共和國」結合而成（圖3）；前者是聯邦，由十個自治州組成，後者則是單一體制。雖說這一個國家也加入聯合國，卻又有點像是邦聯。

二、克羅埃西亞

　　在中世紀，克羅埃西亞人有過自己的大公國及王國，在12世紀與匈牙利結合、經歷鄂圖曼帝國統治，並在19世紀成為奧匈帝國的一部分。儘管克羅埃西亞人在一次大戰後加入南斯拉

27　Wikipedia (2016d). "United Nations Protection Force."
28　Wikipedia (2016e). "Peace Plans Proposed before and during the Bosnian War."

夫王國，然而，最終的目標還是成立自己的國家。在1939年，
克羅埃西亞人與塞爾維亞人協議瓜分波士尼亞一赫塞哥維納，
前者獲得赫塞哥維納大半部及波士尼亞東南部，後者分配到剩
下的地方。在二次大戰期間，南斯拉夫分別被德國、匈牙利、
羅馬尼亞、保加利亞及義大利占領，納粹扶植極右組織Ustasha
成立傀儡的獨立克羅埃西亞邦，囊括波士尼亞一赫塞哥維納。
當時的Ante Pavelic獨裁政權惡名昭彰，對於境內的塞爾維亞人
進行族群淨化，估計有50-100萬人殞命，歷史遺緒造成的兩族
群裂痕一直無法縫合，而宗教對立及領土競爭又強化原有的齟
齬。[29]戰後，共黨政權不願意面對歷史，相信傷痕終究會逝去，
沒有想到不光彩的記憶會陰魂不散。[30]

在1970年至1971年間的「克羅埃西亞之春」期間，克羅
西亞爆發民族主義熱潮，狄托以武力壓制，克羅西亞民族意識
伏蟄，直到二十年後才伺機而起。Franjo Tudjman在1991年的首
度民主選舉當選總統，立即展開共和國的憲法修訂，把克羅西
亞改為單一體制，將克羅西亞定位為「克羅西亞民族的民族國
家」，同時將境內塞爾維亞人降為「少數民族」的地位，被認
為是歧視，甚至連在塞爾維亞人聚居區的官方文件也禁止西里
爾字母。[31]此外，新政權不止恢復二戰期間法西斯政權的象徵，
還傳出打算驅趕塞爾維亞人的消息，引起強烈反彈，後者乾脆
在1990年成立「塞爾維亞自治州」、伺機於年底串聯結合公投
為獨立的共和國，再尋求與塞爾維亞合併。

---

29 Hashi (1992: 49).
30 Stojanovic (1995: 341).
31 Kawczy ska (2013: 181); Hashi (1992: 71).

圖3　波士尼亞地圖
引自：Wikipedia (2016f). "Bosnia and Herzegovina."

　　其實，Tudjman一開頭並未訴求百分之百分離，而是希望
南斯拉夫能由聯邦制調整為由主權獨立國家組成的鬆散邦聯，
然而，塞爾維亞則堅持必須先處理程序問題，也就是各共和國
境內少數族群的意願應該如何尊重，特別是占克羅埃西亞人
口一成的塞爾維亞人。獨立公投在1991年舉行，93.23%支持獨
立，緊接又公投南斯拉夫的聯邦結構，投票率83.56%，其中有
94.17%支持克羅埃西亞「與其他共和國結盟來解決南斯拉夫問
題」，占公民的78.69%。有這樣高的支持度，克羅埃西亞就義
無反顧宣布獨立。後來，南斯拉夫人民軍在當地塞爾維亞民兵

的慫恿下出兵7萬,聯手在族人聚居的地方「清洗」克羅埃西亞人,試圖造成「飛地」的既定事實,作為未來談判的籌碼。

戰事長達半年,由一開頭的邊界短兵相接逐漸高升為大規模的衝突,總共超過萬人喪生,到次年初才協定停火,聯合國將所謂的塞爾維亞自治州列為保護地區,接受聯軍保護。在這場災難中,最令人髮指的是塞爾維亞軍隊對於百姓的殘害及砲火破壞古城;相對地,克羅埃西亞也在戰時展開族群清洗行動,據估計有20-30萬塞爾維亞人被迫流離失所,直至1995年一切煙硝才結束。

三、科索沃

科索沃的人口以阿爾巴尼亞人為主,長期以來對於省內塞爾維亞人及蒙特內哥羅人的優勢不滿,同時也嫌惡塞爾維亞共和國的支配,自始騷動,狄托以武力壓制自治運動。[32] 根據1974年的憲法,科索沃獲得自治的地位。在經濟困窘的1980年代,這個自治省是最早發難的地方,在1981年率先展開抗議,要求提升地位為自治共和國,在1989年達到最高點,塞爾維亞的回應是透過修憲加以剝奪,並且鐵腕以待,共有超過60名抗議群眾被共和國派來的軍隊擊斃,幾百名異議分子被下獄,儼然是警察國家。不過,由於阿爾巴尼亞裔領導者倡議非暴力抗爭,比較能博得西方國家的同情。

由美國及北歐國家所組成的維和部隊於1993年駐進馬其頓、科索沃邊境,嚴防塞爾維亞入侵,緊張情勢稍降。不過,

---

32 Stojanovic (1995: 339).

戰爭還是在1998年初爆發，經過北約調停無效，聯合國安理會在1999年決議成立「科索沃臨時行政當局特派團」加以保護。在2008年，科索沃宣布獨立，美國、歐盟國家都因其民族自決權的實踐而加以承認，而俄羅斯、中國則拒絕。截至2015年，科索沃已經獲得112國家承認，其中108國是聯合國會員國，歐盟國家有23國承認，北約國家有24國。塞爾維亞政府雖然不願意承認此事，卻已經展開外交關係正常化。[33]

四、馬其頓

　　傳統的馬其頓夾在塞爾維亞、保加利亞、希臘之間，在1912年至1913年的巴爾幹戰爭被瓜分，因此，他們在面對塞爾維亞、希臘之際自認為是保加利亞人，然而，面對保加利亞時，又慢慢認為自己是馬其頓人；一次大戰後，被塞爾維亞占領的部分被納入南斯拉夫王國，二次大戰後，馬其頓被共產南斯拉夫承認是獨特的「民族」，因此享有自己的共和國。[34]

　　馬其頓在1991年舉辦獨立公投，有95.26%的人支持獨立，因此宣布獨立。當時美國派遣500名陸戰隊以聯合國名義進駐北境與塞爾維亞交界處，南斯拉夫並未抗議，也未派軍隊入境干預，這是唯一的特例。不過，由於馬其頓有兩成人口是阿爾巴尼亞人，為了爭取更多的自主性，在2001年初與軍方發生衝突，終究達成協議解決。比較奇特的是，由於希臘的反對，馬其頓加入聯合國的正式國名是「前南斯拉夫馬其頓共和國」。

33　Wikipedia (2016g). "International Recognition of Kosovo."
34　NIOD (2002: 49).

五、蒙特內哥羅

　　蒙特內哥羅一向與塞爾維亞關係密切，因此，在歷史上也往往將兩者相提並論。一直要到一次大戰後，才有獨特的蒙特內哥羅認同出現。蒙特內哥羅的人口有62%是蒙特內哥羅人，塞爾維亞人占3.5%；事實上，有超過一半的蒙特內哥羅人自認為是塞爾維亞人。相對地，當地的回教徒人口有14%，另外再加上6.2%的阿爾巴尼亞人，總共也占二成。也因此，蒙特內哥羅軍警加入攻打克羅埃西亞、波士尼亞的行列，特別是將波士尼亞難民俘虜到塞爾維亞的集中營，加以刑求、甚至於處死。

　　在南斯拉夫分崩離析之際，蒙特內哥羅選擇與塞爾維亞結合為「南斯拉夫聯邦共和國」，算是仁至義盡，然而，面對塞爾維亞的一意孤行，蒙特內哥羅也只好選擇切割。在1992年的前途公投上，96%的人支持跟塞爾維亞維持聯邦關係。雙方在2003年將名稱調整為鬆散的「塞爾維亞—蒙特內哥羅」，不過，2006年獨立公投，總計86.5%投票率，其中有55.5%支持獨立，剛好比公投通過的門檻多2,300票，因此蒙特內哥羅宣布獨立。

六、塞爾維亞

　　塞爾維亞人在13世紀有自己的王國，並在14世紀擴張為帝國，版圖還包含現在的波士尼亞、蒙特內哥羅、馬其頓，只不過，卻在16世紀中被鄂圖曼帝國併吞。從19世紀初開始，塞爾維亞農民不斷起義要求獨立，終於有自己的君主立憲王朝，並在1878年於柏林會議獲得確認。塞爾維亞在1912年至1913年戰爭打敗土耳其、保加利亞，領土大為擴張，一次大戰後與其他

友族共同組成南斯拉夫王國。由於塞爾維亞是戰勝國，於是又更進一步取得匈牙利的伏伊伏丁那、阿爾巴尼亞的科索沃。

　　長期以來，塞爾維亞人也滿腹委屈，畢竟他們是全國最大的族群，然而集體的利益卻未能充分獲得保障；特別是1974年的憲法給各共和國充分的自治，連科索沃、伏伊伏丁那在聯邦投票時也未必支持自己，形同削弱塞爾維亞的實質權力。在1984年，Sloboda Milošević接任塞爾維亞共黨頭子，緊接又在1989年當上共和國總統，進而掌握科索沃、伏伊伏丁那、蒙特內哥羅的主導權，不僅修憲削減自治省的權力，更毫不客氣對要求自治的科索沃人展開鎮壓。

　　一切癥結在於南斯拉夫的塞爾維亞人有1/4住在境外，也就是其他共和國眼中所謂的「塞爾維亞問題」。Milošević希望能重新劃定國界，把所有的族人納入塞爾維亞共和國，如此一來，作為南斯拉夫最大的族群，塞爾維亞人才能發揮應有的政治影響力。在1991年，克羅埃西亞、波士尼亞境內的塞爾維亞人分別成立自治州，進而公投獨立將自治州合併為共和國。在聯邦政府於年底垮台後，剩下的兩個共和國塞爾維亞與蒙特內哥羅結合為「南斯拉夫聯邦共和國」，希望能自動繼承社會主義南斯拉夫聯邦在聯合國的席次，但是遭到國際社會反對，因此在2000年以「塞爾維亞暨蒙特內哥羅國家聯盟」名義重新申請加入聯合國。後來蒙特內哥羅在2006年獨立，塞爾維亞只好也宣布獨立。

七、斯洛維尼亞

　　在歷史上，斯洛維尼亞未曾獨立過，不是臣服於奧地利就

是奧匈帝國。由於斯洛維尼亞的人口有九成是斯洛維尼亞人，當然迫切期待有自己的國家，甚至為此不顧一切。在1990年，斯洛維尼亞議會發出最後通牒，揚言要是半年內南斯拉夫不能改弦更張為邦聯，就會逕自宣布獨立，並且獲得克羅埃西亞的附議。在獨立公投中，前往投票者中有94.8%支持獨立，占公民的88.5%。斯洛維尼亞在1991年宣布獨立時，在地的防衛軍早就嚴陣以待，越界的3,000名南斯拉夫人民軍根本不是其對手。當然，關鍵在於當地的塞爾維亞人只有3%左右，Milošević知道木已成舟，說服人民軍退回、以防克羅埃西亞夾擊，因此，很快就在歐洲共同體的斡旋下談和撤軍。

伍、結語

南斯拉夫是人為建構的國家，主要的目的是團結自保，由於組成分子多半有原生的共同點，而且試圖採取聯邦體制來降低單一族群的支配性，應該是很好的政治實驗。只不過，眾人在一開頭對於國家有不同的想像，特別是主導建國的塞爾維亞人認為這是「大塞爾維亞」，並且希望能降低聯邦制的色彩；相對之下，克羅埃西亞、斯洛維尼亞則期待能調整為鬆散的聯邦，甚至於走向邦聯，因此是同床異夢。

儘管南斯拉夫的共和國大致上是根據族群分布來劃定界線的，然而，由於歷史的發展，有不少塞爾維亞人居住在其他共和國，尤其是在克羅埃西亞以及波士尼亞，族群之間的歷史齟齬難免被撩起；換句話說，共同點與差異之間巧妙的平衡一旦被破壞，想像中的民族認同便很難抵擋族群動員。再來，儘

管狄托以政治安排來降低單一族群的支配性，塞爾維亞在黨、政、軍的優勢還是很難抑制。至於結構性的因素則是經濟稟賦不同，區域之間的發展相當不均衡，加上西方經濟援助因為冷戰結束卻步，比較進步的北方長期補貼落後的南方，因此割席而去乃人之常情。導火線應該是塞爾維亞強行採取鐵腕，各共和國紛紛求去。

　　西方國家在南斯拉夫紛擾上原本採取觀望，特別是美國認為事不關己，將一切推給歐盟，然而，歐體國家又缺乏危機管理的機制，加上投鼠忌器，喪失妥協的機宜，讓塞爾維亞人蠶食鯨吞、累積談判資本，等到美國政府猛然回首，族群殺戮已經無法挽回。最後，德國堅持承認克羅埃西亞以及斯洛維尼亞，由北約出動空軍轟炸塞軍、以戰逼和，才有談判；在美國出面斡旋下，邀請波士尼亞交戰各方到美國談判，才終於達成政治和解。

　　南斯拉夫各繼承國之所以能擺脫塞爾維亞，除了捍衛領土的武力、決心，更重要的是追求獨立建國的意願，因此，公投成為展現自決的基本工具。當然，各國是否承認，端賴各自的國家利益考量，特別是強權。原本歐體大國不願意割裂南斯拉夫，擔心會帶來區域的不穩定；然而，塞爾維亞輕啟兵戎，不止刻意造成流離失所，還進行駭人的族群清洗，終於引起公憤，聯合國不得已，只能派兵前往維持和平，讓塞爾維亞不敢再越雷池一步。

　　大國對於南斯拉夫原本有領土完整至上的共識，然而，當人權的戕害令人髮指之際，國際社會不能視若無睹；人權保障凌越主權，儼然是新的規範。因此，儘管這些繼承國並非都擁

有作為主權獨立國家的基本條件，特別是起碼的治理能力，然
而，既然法理獨立已經成為安全及穩定的保障，國家承認便不
可避免，宣布獨立的諸國於是相繼加入聯合國。其中比較特別
的是科索沃，由於俄羅斯以及中國的杯葛，一直無法成為聯合
國的成員，美國乾脆結合德國、法國、英國承認其地位，這也
是國際政治對於國家承認比較特別的發展。

參考文獻

Anderson, David (1995). "The Collapse of Yugoslavia: Background and Summary." <https://www.aph.gov.au/binaries/library/pubs/rp/1995-96/96rp14.pdf> (Retrieved: 2016.03.31)

Hashi, Iraj (1992). "The Disintegration of Yugoslavia: Reginal Disparities and the Nationalities Question." *Capital and Class*, No. 48, pp. 41-88.

International Criminal Tribunal for the Former Yugoslavia (ICTY) (n.d.) "What Is the Former Yugoslavia?" <http://www.icty.org/en/about/what-former-yugoslavia> (Retrieved: 2016.03.31)

Kawczy ska, Karolina (2013). "Disintegration of the Socialist Federal Republic of Yugoslavia," *Przegląd Zachodni*, No. 2, pp. 169-89.

Nederlands Insttuut voor Oorlogsdocumentatie (Netherlands Institute for War Documentation, NIOD) (2002). "The Background of the Yugoslav Crisis: A Review of the Literature." <http://niod.nl/sites/niod.nl/files/VI%20-%20The%20Background%20of%20the%20Yugoslav%20crisis%20-%20A%20review%20of%20the%20literature.pdf> (Retrieved: 2016.04.01)

Radeljić, Branislav (2010). "Europe 1989-2009: Rethinking the Break-up of Yugoslavia," *European Studies*, Vol. 9, No. 1. pp. 115-27.

Stojanovic, Avetozar (1995). "The Destruction of Yugoslavia," *Fordham International Law Journal*, Vol. 19, No. 2, pp. 337-62.

Szayna, Thomas S. and Michaele Zanin (1997). "The Yugoslav Retrospective Case." <https://www.rand.org/content/dam/rand/pubs/monograph_reports/MR1188/MR1188.ch3.pdf> (Retrieved: 2016.04.01)

Wikipedia (2016a). "South Slavic Languages." <https://en.wikipedia.org/wiki/South_Slavic_languages> (Retrieved: 2016.03.28)

Wikipedia (2016b). "Serbo-Croatian." <https://en.wikipedia.org/wiki/Serbo-Croatian> (Retrieved: 2016.03.28)

Wikipedia (2016c). "Yugoslavism." <https://en.wikipedia.org/wiki/Yugoslavism> (Retrieved: 2016.03.28)

Wikipedia (2016d). "United Nations Protection Force." <https://en.wikipedia.org/wiki/United_Nations_Protection_Force> (Retrieved: 2016.03.28)

Wikipedia (2016e). "Peace Plans Proposed before and during the Bosnian War." <https://en.wikipedia.org/wiki/Peace_plans_proposed_before_and_during_the_Bosnian_War> (Retrieved: 2016.03.28)

Wikipedia (2016f). "Bosnia and Herzegovina." <https://en.wikipedia.org/wiki/Bosnia_and_Herzegovina> (Retrieved: 2016.03.25)

Wikipedia (2016g). "International Recognition of Kosovo." <https://en.wikipedia.org/wiki/International_recognition_of_Kosovo> (Retrieved: 2016.03.28)

World Bank (1991). *World Development Report 1991* <https://www-wds.worldbank.org/external/default/WDSContentServer/WDSP/IB/2013/02/26/000425962_20130226154834/Rendered/PDF/96960REPLACEMENT0WDR01991.pdf> (Retrieved: 2016.04.03)

義大利威尼托地區之分離運動觀察

楊三億 *
張婉珍 *

壹、前言

　　民族的獨立或統一歷來都是國際政治研究的核心議題之一，歐洲國家也不例外，歐洲地區的分離運動也經常出現在國際政治議題的討論上，這些當中，較知名的如1993年的捷克斯洛伐克與2006年塞爾維亞與蒙特內哥羅的成功分離、英國1960年代末至1998年北愛和平協議簽署為止的北愛爾蘭獨立運動與2014年9月的蘇格蘭獨立公投、西班牙巴斯克與加泰隆尼亞的獨立運動、俄羅斯車臣地區、義大利威尼托、西西里島與帕達尼亞地區、丹麥格陵蘭、比利時法蘭德斯地區、烏克蘭頓內次克省與盧甘斯克省，以及其他許許多多正在醞釀、發展中的地方運動，上述若干地區獨立形式多以和平方式進行，其他案例則以武裝方式企圖推翻現有政權，這些案例並且成為國際關係重要的研究議題。[1] 從理論觀點來看，分離運動標誌若干地區的若

* 中興大學國際政治所副教授。
* 僑光科技大學應用英語系副教授。

1　Lehning, Percy (2005). *Theories of Secession: An Introduction, in Percy Lehning ed., Theories of Secession*. London: Routledge, pp. 2-3.

干民眾，因為語言、文化、政治、經濟、外國力量或其他因素
而爭取更多自主權，但此種主張卻使得該國中央政府與該地產
生緊張的衝突關係。另從主權獨立、國家安全與後冷戰時期民
族衝突的角度來看，因為分離運動可能牽涉地緣政治與民族認
同的基本架構轉變，因此相當值得我們重視與關注，本文就義
大利威尼托地區近期的獨立運動進行概述，並試圖就事件演變
過程及其影響進行探討。

貳、威尼托地區分離運動背景與起源

　　舉世知名的威尼斯（Venice）市位於義大利威尼托（Veneto）
區，為全球知名旅遊景點，每年估計有超過3,000萬人的觀光
客造訪該地，該地顯然是義大利重要文化與觀光資源所在；威
尼托區則是當前義大利20個行政區中之一，威尼托區下轄七個
省分，這七個省分分別是Belluno, Padova, Rovigo, Treviso, Venice,
Verona, Vicenza。該區位於義大利東北方並鄰近亞得里亞海，人
口數約500萬人，總面積約18,400平方公里，以義大利（約6,000
萬人口、30萬平方公里）比率來看，威尼托地區約占義大利總
人口比率的8.3%、總土地面積的6.1%。

　　歷史上威尼斯從西元12世紀起即為獨立城邦，且獨立時
間相當久，1797年拿破崙軍隊攻陷前，威尼斯一直是義大利境
內重要的經濟與文化城市，從近代史的角度來看，名義上統治
過威尼斯的國家，如奧地利、法國與義大利，皆為影響威尼斯
的主要歐洲國家。然拿破崙雖挾軍隊統一威尼斯，境內諸多城
邦也都併入義大利，不過由於威尼托地區的獨立意識不絕，因

圖1 義大利行政區域分布圖

引自：Regions of Italy in Map, Maps of World.

此1848年曾透過起義方式獲得短暫獨立，然旋即被奧地利所弭平。以薩丁尼亞王國（Kingdom of Sardinia）為主的義大利統一力量，於1866年將威尼托鄰近地區收歸國土，至此成為義大利領土之一。

威尼托之所以具有旺盛的地區認同意識，主要在於以下幾個因素：

一、文化因素

義大利長期存在地方認同與國家認同差異問題，近期的認同差異有北方聯盟與南方西西里運動，各區域內也有著不同的方言和文化。威尼斯地區使用的則是威尼托方言，拿破崙入侵前1000年，也就是西元8世紀時，威尼斯即是環地中海重要的沿岸小國，歷史上知名的天文學者伽利略發明的第一座望遠鏡，就是把它獻給威尼斯政府；[2] 威尼斯王國控制了東地中海重要的貿易航線，此種盛況一直延續到鄂圖曼帝國入侵才告終止。另外，由於威尼斯作為文藝復興時期的重要城邦之一，其獨特的文化、貿易交通樞紐、龐大的貿易企業體系等成為威尼斯的象徵；此外，雖然威尼托文與義大利使用的義大利文有所差異，兩者都是同一族系的語言，但在字體（威尼托字體與拉丁字體）和語言的文法變化（如名詞格位與動詞變位）仍有相異處，西元前100年羅馬人開始使用拉丁字母代替威尼托字母，

2　Burke, Peter (1972). *Culture and Society in Renaissance Italy, 1420-1540.* London: Batsford; 楊宇華（2007），《義大利統一復興運動與義大利南方問題》，南華大學歐洲研究所碩士論文，頁25-26。

實際上雖已走入歷史，然當地人使用的語言仍與其他地區的義
大利語有所差異，形成了一種獨特的語言圈。[3]

二、經濟因素

　　義大利人口約6,000萬，從國內生產毛額的角度來看，義
大利GDP在全球排名為第八位（僅次於美國、中國、日本、德
國、英國、法國、巴西），歐洲為第四位，義大利素為歐洲列
強。[4]傳統上，義大利北部工業較為發達、南部多以農業為主，
1960年代經濟起飛時期GDP成長率可高達8%左右；也因為南
北部差異所致，因此北部人均GDP長期以來高於南部水準，如
以歐盟總體經濟水準（100%），義大利的Lombardia與Bolzano等
地人均高於歐盟水準（約135%），但南部的Campania與Puglia等
地則低於歐盟平均水準（約67%），顯見南北發展差異極為明
顯。[5]近年歐債危機對義大利的經濟發展產生影響，自2009年
開始，義大利GDP成長率便經常在0%上下徘徊，2009年、2012
年、2013年的經濟表現皆為負成長。

　　在此情況下，北部的威尼托地區作為義大利相對富裕的
區域，其經濟表現較佳，威尼托地區人均GDP超過3萬歐元，
遠高於義大利南部2萬元以下的人均收入。也因此，與經濟表
現連動的稅收當然也受到中央政府較多徵用，將稅收用於補貼
相對貧窮的南方省分。另一個影響威尼托的經濟思維來自歐債

3　Knapton, Michael, John E. Law, and Alison Smith (2014). *Venice and the Veneto during the Renaissance: the Legacy of Benjamin Kohl*. Firenze: Firenze University Press, pp. 187-188.

4　Sassoon, Donald (2014). *Contemporary Italy: politics, economy and society since 1945*. N.Y.: Routledge Press, p. 28.

5　Eurostat News Release, "Regional GDP Per Inhabitant in the EU 27," STAT/09/23, 19 February 2009.

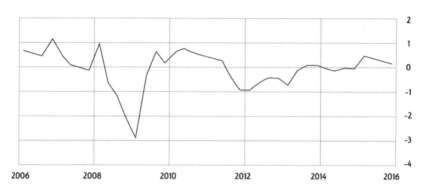

圖2　義大利2006-2016年經濟成長率

引自：Trading Economics, Italy GDP Growth Rate 2006-2016.

危機，歐債危機對義大利產生極為深刻的影響，根據統計，義
大利近年失業率居高不下，近年總體失業率超過10%，但青年
失業率高達40%以上，對義大利南部以農業為主的地區影響尤
大。世界銀行統計資料庫也顯示，義大利15歲以上人口勞動就
業率從2010年的44.1%到2014年為43.1%，人均收入從2010年的
35,877美元降為2014年的34,908美元。[6] 與此相關的是威尼托地
區也無法免受歐債危機影響，根據統計，受到歐債危機衝擊威
尼托約有8,000間地區型企業倒閉，以及8.5萬人頓失工作。[7] 當
地區型經濟發展受創時，地區經濟將更重視地方稅收的分布安
排，對挪移地方性資源至其他地區的反彈也就可能越大。

6　World Bank website, or see http://databank.shihang.org/data/report.
7　Foro, Matt (2014). "Europe's Latest Secession Movement: Venice? " *The Atlantic*, 24
　　March 2014, or see http://www.theatlantic.com/international/archive/2014/03/europes-
　　latest-secession-movement-venice/284562/; Reuters News, 89% of Veneto residents vote
　　for independence from Rome, RT, 24 March 2014, or see https://www.rt.com/news/venice-
　　votes-independence-italy-585/.

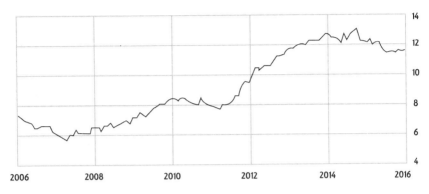

圖3　義大利2006-2016年失業率
引自：Trading Economics, Italy Unemployment Rate 2006-2016.

　　此種情況長久以往，威尼托地區人士日漸不滿義大利中央政府資源扭曲政策，希望中央政府能夠擴大地方自治權力。威尼托地區的若干意見指出，威尼托地區缺乏如同蘇格蘭的自治權，可以設立獨立議會、自主決定蘇格蘭地區事務（除外交、國防、移民、社會安全等事務由英國國會權限外，餘皆由蘇格蘭議會決定），因此威尼托地區缺乏靈活彈性的回應能力，導致該區受創嚴重。[8] 從總體面向來看，義大利中央政府長期向威尼托地區等富裕北方徵收稅收、藉以填補義大利財政窘境；羅馬政府每年能從威尼托區收取約700億歐元稅收，但實際回饋給威尼托僅約500億歐元，當地人因此浮現相對剝奪感，咸表不

8　此處所言蘇格蘭議會之立法權，乃由1998年蘇格蘭法令（Scotland Act 1998）及其隨後修訂的2004年蘇格蘭議會選區法令（Scottish Parliament Constituencies Act 2004）、2005年的憲法改革法令（Constitutional Reform Act 2005）、2012年的蘇格蘭法令（Scotland Act 2012）演變而來，惟蘇格蘭議會與英國國會法律衝突時，仍應由英國最高法院判決為最終依歸。請參閱Article 98, Devolution Issues, Juridical, Part V Miscellaneous and General, Scotland Act 1988.

平，認為此情況扭曲了地方資源配置，如長久以往，威尼托等地將可能進一步出現失業率與經濟條件惡化的苦果。

三、政治因素與區域示範效應

　　義大利近年政治發展特色之一，是1991年成立的北方聯盟（Lega Nord）為代表，北方聯盟主要由義大利北部與中部地區各政黨組合而成，其中又以Lega Veneta, Lega Lombarda, Piemont Autonomista, Uniun Ligure, Lega Emiiliano-Romagnola, 以及Alleanza Toscana等政黨為代表，其中Lega Veneta就是以當前義大利威尼斯地區為主的政黨，近期Lega Veneta在地方性選舉取得不錯的成績，2010年獲得35.2%的選票，2015年上升至40.9%；不過在全國性的大選表現上，Lega Veneta的表現就不如地方性選舉，2006年國會大選該黨僅獲得11.1%票數，在國會中僅有5席眾議員（總數630人）與3席參議員（總數315人），2008年得票率略有斬獲，眾議員人數上升至16席、參議員人數上升至7席。然好景不常，2013年大選Lega Veneta得票率又下降至10.5%，參眾議員人數也降至各5席。如果以2013年政黨政治的發展角度來看，Lega Nord所屬的中間偏右聯盟（由前總理Silvio Berlusconi所領導）為第二大聯盟（次於中間偏左聯盟Italy. Common Good），以眾議院來說，Lega Nord在其所屬聯盟的124席中僅有18席，Lega Veneta更僅有5席，Lega Veneta當屬地區型政黨無誤。[9]

　　因為Lega Veneta僅為地方型政黨，這情況就拘束了Lega Veneta的發展策略：一方面更將議題集中於地方性，也就是擴

9　"Italian Elections 2013," *Euronews*, 26 February 2013.

大地方自主權的方向上，這從終極的獨立、高度自治、到義大
利改為聯邦型政府的各式訴求都包含在內；另一個特色是為求
政黨發展，Lega Veneta持續尋求與其他政黨的結盟，Forza-Italia
（義大利向前行）、New Central-Right（新中間偏右）政黨的合
作，Lega Veneta主席Luca Zaia曾擔任過義大利前總理貝魯斯柯尼
（Silvio Berlusconi）時期的農業部長，尋求與其他右派政黨合作
可以穩固威尼托地區的政治勢力，自2010年起Zaia持續擔任威
尼托地區主席即為一例。

　　此外，其他歐洲地區獨立運動的示範效應對威尼托地區也
有相當經驗啟發，這裡主要是指西班牙的加泰隆尼亞地區與英
國的蘇格蘭地區的獨立運動，間接增加威尼斯推動獨立運動之
意願，特別是蘇格蘭地區於2014年9月18日舉行的獨立公投，
雖然該公投未能通過、蘇格蘭未能獲得獨立，但公投前蘇格
蘭與英國首相卡麥隆簽署的愛丁堡協議（Edinburgh Agreement）
讓蘇格蘭取得進行公投權力（Scottish Independence Referendum
Act），這在當前多數政府尚未同意開放獨立公投、有意爭取相
似待遇的其他地區居民來說，無疑是一個激勵措施。[10]對支持擴
大自治地位或爭取獨立的若干意見來說，威尼托地區回復成一
個小且強勢的國家，主導經濟發展與稅收政策，以及國家政策
走向完全自主，是若干民意的終極目標。[11]

10　姚孟昌（2014），〈兩人權公約下人民自決權之當代實踐——以2014年蘇格蘭
　　獨立公投為例〉，《新世紀智庫論壇》，第67期，頁13-15。

11　Bishop, Katrina (2014). "Crimea, Scotland...now Venice votes on breakaway," *CNBC News*, 21 March 2014, or see http://www.cnbc.com/2014/03/21/land-now-venice-wants-independence.html.

表1　威尼托近期爭取自治／獨立運動時間表

日期	事件
2006年11月	威尼斯人運動（Venetians Movement）成立。
2014年3月16日	舉行威尼托地區獨立的非正式線上公民投票。
2014年3月21日	非正式線上公民投票結果出爐，370萬的合格選民中有210萬2,969人同意，25萬7,266人反對。
2014年4月2日	24名獨立運動分子在聖馬克廣場與警方衝突而遭逮捕。
2014年4月22日	義大利總理倫齊（Matteo Renzi）表達善意，願就威尼托地區的地方分權議題進行討論。
2014年4月28日	Angelino Alfano表達意願就聯邦制等議題與政府討論。
2014年6月12日	威尼斯議會舉行獨立公投議案。
2015年5月26日	義大利憲法法庭裁定威尼斯獨立公投違憲。

資料來源：作者自行整理。

參、分離運動各方主要訴求

一、分離運動方訴求

　　從政治訴求焦點來看，威尼斯人運動（Venetians Movement, 全名為 Venetians Movement for the Independence of Venetia）於2006年11月成立，該政治團體成立之初並不認同 Lega Veneta 所主張的議會路線，但威尼斯人運動也不主張暴力路線，相對地，該運動主張在政治與文化條件成熟的情況下，威尼斯的獨立將漸趨可能，所以是一個漸進的獨立運動主張。另外由 Venetian National Party（威尼斯民族黨）與威尼斯人黨（Party of the Venetians）於

2010年所組成的威尼托國（Veneto State）是另一個領導力量，即便黨內不同分子對於獨立道路發展的不同想像（威尼斯民族黨從威尼斯人運動分裂出來，雖然對於參與議會選舉也持保留態度，但近期則選擇較為積極參與地方選舉）而迭有意見分裂，然對於獨立的終極訴求是較為相近的：威尼托國主張將來獨立的國家應恢復到原先既有的威尼斯共和國領土，也就是包含當前的 Veneto, Friuli-Venezia Giulia, 以及一部分的 Lombardy（包含 Brescia, Bergamo, Cremona, Mantova 等地）與 Trentino 等地。當前獨立各方認為統一前的義大利乃是由不同的國家所組成，然義大利為中央集權國家，地方的自主性低，因此各地方區域急欲重建自我認同與文化自主，這一種的文化建構（Cultural Construction）意涵相當強烈，而且這些訴求也與北方聯盟的政治地緣分布不謀而合。[12]

在這些相關的組織當中，幾位重要的領導人物，如 Luca Zaia（威尼托區主席，身兼北方聯盟分離運動成員，目前是最主要的靈魂人物）、Giovanni Dalla Valle（威尼斯獨立運動的領袖）、Gianluca Busato（素有威尼斯獨立公投的設計者之稱），這些政治人物對於以下幾個目標，存有若干共識（與若干歧見）：

1. 獨立或高度自治。
2. 威尼托區應該脫離義大利，成立主權獨立的國家（如威尼托共和國或其他名稱），或在義大利架構下推動聯邦制、擴大自主權力。
3. 與歐盟關係。獨立後的威尼托地區應該加入歐盟、成為

12　Sciortina, Giuseppe (1999). "Just Before the Fall: The Northern League and the Cultural Construction of a Secessionist Claim," *International Sociology*, Vol. 14, No. 3, pp. 321-336.

會員國。

4. 獨立後的威尼托應採用歐元。

5. 獨立後的威尼托應加入北約、以獲得外部安全保證。

為爭取這些訴求能夠達成目標，2014年3月16日至21日由 Gianluca Busato 和 Lodovico Pizzati 等人發起網路的線上獨立公投（Venetian independence referendum of 2014），該項公投題目分為四個小題目，線上總合格票數為370萬人，投票數約為235萬人，贊成獨立者約210萬票（2,102,969票），反對者約25.7萬（257,266票），支持的比率約為89%。[13] 這四個題目分別是：

1. Do you want Veneto to be a federal, independent and sovereign state?

（你希望威尼托成為一個聯邦、獨立且有主權的國家？）

投票結果：投票率63.2%，其中同意票89.1%，10.9%反對。

2. Should Veneto adopt the Euro as its currency if it becomes independent?

（你認為威尼托獨立後是否應該採用歐元？）

投票結果：投票率24.6%，其中同意票51.4%，48.6%反對。

3. Should Veneto seek to join the European Union if it becomes independent?

---

13 "Europe's Latest Secession Movement: Venice?" *The Atlantic*, 24 March 2014, or see http://www.theatlantic.com/international/archive/2014/03/europes-latest-secession-movement-venice/284562/.

（你認為威尼托獨立後應該尋求加入歐盟？）

投票結果：投票率22.3%，其中同意票55.7%，44.3%反對。

4. Should Veneto seek to join NATO if it becomes independent?

（你認為威尼托獨立後應該尋求加入北大西洋公約組織？）

投票結果：投票率19.8%，其中同意票64.5%，35.5%反對。[14]

　　上述投票結果對支持威尼托地區獨立的人士來說，無疑是一個強大的鼓舞措施，因為這「可能」代表威尼托地區民眾的普遍看法，進而支持未來相關推動獨立或要求高度自治的政黨或團體給予支持，或願意更積極參與各式活動推展。

二、義大利中央政府

　　從義大利中央政府的角度來看，中央政府反對該項政治主張，蓋分離代表國土割讓與經濟稅收大幅下降，以及對國防安全與國內政治發展產生重大衝擊等，因此義大利中央政府對威尼托地區的公投獨立主張是極力反對的，這些反對大抵集中在下幾項：

（一）質疑線上公投可信度

　　義大利政府自始就不同意威尼托地區採行任何形式的公民投票，透過網路的線上公投當然也是，儘管該項公投獲得來自威尼托地方議會的背書支持（2012年11月威尼托議會通過多數

---

14 "89% of Veneto residents vote for independence from Rome," *RT*, 24 March 2014, or see https://www.rt.com/news/venice-votes-independence-italy-585/.

決議辦理公投）羅馬政府認為主辦單位「歐盟公投」（plebiscito.
eu）不具公信力，投票自始至終亦無法律效力，是否重複投
票、是否有其他程式或有無境外人士干擾等，都是削弱投票公
信力主因；另外，義大利憲法法庭也裁定威尼托地區的獨立公
投違憲，沒有實際效力，從司法機關角度來確認此一行為。

（二）公民投票之效應

　　儘管線上公投不為義大利中央政府所承認，不過對於公投
的結果，政府依然對此做出表示，內政部長 Angelino Alfano 表示
義大利政府會就威尼托議題提出討論，從各式可行方案中找出
能滿足威尼托地區的政治訴求，在官方的談話中並不排除聯邦
制或允許威尼托地區提高自治地位、提高地方稅收留成等辦法。

肆、威尼托分離運動特色及其影響

一、對威尼托地區之影響

　　威尼托地區發動獨立公投後，地方政治人物並不以此為滿
足，這些政治人物挾著高度的民意支持成立後續性組織以為推
動，以「威尼斯共和國」名義繼續開展各式活動，「十人代表
團」（Delegation of Ten）與財政部（以威尼托共和國十人代表團
名義發布），或「共和國臨時議會」等為其代表。從地區性的
獨立運動來看，公民投票有以下幾個重要性：第一，公民投票
具有展現地方自主的重要精神所在，當前民主國家多承認直接
公民意志應高於代議政治，一旦公民展現多數意志所在，則政

府應有責任實現公民願望。第二,透過公民投票解決爭議、爭
取更多資源。這對威尼托地區來說,即便無法爭取完整獨立目
標,但藉此爭取更多的地方政府人事權與經濟權力,乃是重要
的策略選擇考量。第三,爭取公民投票後的政治運動推廣,公
民投票後所產生的媒體效應、政治運動、跨國聯繫等皆可作為
未來威尼托地區經費募集與公眾支持的動力來源。

二、對義大利之影響

　　義大利政府對地方性的獨立運動持反對態度,威尼托地區
獨立對義大利主流人士來說無異天方夜譚;首先,對義大利主
流人士來說,義大利是一個主權獨立、領土統一的國家,分離
運動在義大利並不存在,義大利統一造就過去輝煌的歷史,未
來也將在這基礎上繼續茁壯。[15]

　　這項思維的深層出發點是,義大利各地過去雖有不同的歷史
觀,不過那都是區域性的歷史(regional history),1861年後義大
利各地的歷史就被緊緊綁在一起,即是義大利文Risorgimento(原
意復興,後引申為統一之意)所展現的本意。[16]這項歷史價值的
主要意義在於,義大利歷史將各區域獨立存在、片段的歷史串
聯起來,形成一個有機的總體歷史觀。

　　其次,義大利是歐盟成立之始的創始會員國(德、法、
義、荷、比、盧六國經常被視為整合的核心國),以GDP排名來

15　Riall. Lucy (2008). *Risorgimento: the History of Italy from Napoleon to Nation state.*
　　Basingstoke, UK: Palgrave Macmillan.
16　Berdah, Jean-Francois, Raingard Eber, Martin Moll and Anna Quaglia (2009). *Regional
　　History in Austria, France, Italy, the Netherlands and Spain.* Pisa: Plus-Pisa University Press,
　　p. 40.

看，義大利是僅次於德國、英國、法國之後排名第四大的GDP
經濟體，義大利雖然受限於當前挑戰而較少發言權，然義大利
如果讓北方較富裕且有500萬人口的威尼托地區獨立，這對近
年頗受歐債危機之苦的義大利不啻是沉重打擊。況且歐盟整合
的特殊性還不在於以國家作為主要的參與者，地方（也就是區
域），亦可以是重要的參與者。在歐盟的多層級治理體系（multi-
level governance system）中，歐盟投注大量經費於區域發展，讓
中央政府、地方政府、非政府組織、跨國組織等皆能參與各式
經費補助，以此強化區域的團結程度。[17]

　　再其次，義大利政府認為威尼托地區的自我意識並不明顯，
其中一個因素是他們認為威尼托地區的線上實質投票率僅有10
萬人左右，「作票跡證明顯」。[18] 義大利政府認為線上獨立公投
所宣稱235萬人的投票行為絕非事實真相，獨立運動僅是一小撮
人的瘋狂主張。根據義大利政府的看法，支持威尼托地區獨立
的聲音仍屬少數，多數人仍認為統一的義大利是最好的選項。

　　因此，義大利對於威尼托地區的獨立運動採取棍棒與胡
蘿蔔的兩面政策，一方面採取嚴峻拒絕的態度對待威尼托地區
獨立運動，這包含拒絕給予公投地位、拒絕資助任何有關政黨
獨立活動、將若干獨立運動團體列為破壞民主的恐怖組織。[19]
另一方面，義大利總理倫齊（Matteo Renzi）也在公民投票後表

17　Hooghe, Liesbet (1996). *Cohesion Policy and European Integration: Building Multi-Level Governance*. Oxford: Oxford University Press, pp. 256-258.
18　"Venetian separatists ask Rome for their embassy back," *The Telegraph*, 12 April 2014, or see http://www.telegraph.co.uk/news/worldnews/europe/italy/10762702/Venetian-separatists-ask-Rome-for-their-embassy-back.html.
19　"Italy police arrest 24 for plotting violent Veneto secession," *Reuters*, 2 April 2014, or see http://www.reuters.com/article/us-italy-separatists-idUSBREA311KB20140402.

達善意，除親自拜訪威尼托地區表示願意傾聽當地居民的聲音外，他也重申願意將威尼托的需求列為政府施政的優先事項。[20]

三、示範效應

　　示範效應（Demonstration Effects, or Domino Effects）是政治學上的重要觀察對象，針對國際間發生的政治事件，觀察其他地方是否也會競相效尤。就威尼托地區的獨立運動來看，威尼斯民族黨曾公開指出，威尼托地區的獨立運動應該效仿蘇格蘭民族黨（Scottish National Party）與巴斯克民族黨（Basque National Party）的精神追求獨立。如果威尼托地區產生具示範效應的獨立運動，義大利其他地區（如西西里島、薩丁尼亞島等地）也可能深受鼓舞而產生其他影響。不過從實際政治發展的角度來看，此種示範效應發生的可能性仍受限於內部因素的制約，一般來說，雖然其他國家的相似案例有可能產生推波助瀾效果，但國內的群眾團體是否具有厚實的民意基礎，以及具果斷的政治判斷能力也都是關鍵因素。[21]對當前的威尼托地區政治人物來說，現階段獲取更高自治地位的方式，是透過義大利政府默認公民投票效力以獲得包含稅收自主權在內的更多地方權限。

---

20 "All is not what it seems with Venice's separatist vote," *New Statesman*, 22 April 2014, or see http://www.newstatesman.com/politics/2014/04/all-not-what-it-seemed-venice-s-separatist-vote.

21 Conversi, Daniele (1993). "Domino Effect or Internal Development? The Influences of International Events and Political ideologies on Catalan and Basque Nationalism," *West European Politics*, Vol. 16, No. 3, pp. 245-270.

伍、結論：威尼托獨立運動的雙重賽局觀點

一、程序理性：公民投票及其意涵

　　強化政治人物的正當性統治是公民投票最重要之意涵，從過去世界各國的實踐過程來看，中央或地方執政當局透過公投方式取得統治正當性，為民主派人士取得重要執政基礎優勢。威尼托地區的公民投票如具法律拘束力，該公民投票自然可轉化為政策實踐，成為展現公民意志之直接表現，但若憲法未規定公投合憲性，則舉辦的諮詢性公投也會對政治發展產生影響力。若干民主程度較低的國家過去也曾透過這些方式強化統治者統治，如白俄羅斯憲改公投幾乎是為執政者量身訂做，白俄羅斯總統盧卡申科（Lukashenko）得以修改憲法連任總統。[22]

　　不過從多數民主國家的政治發展角度來看，公民投票是解決民主國家民意衝突的有效方式，從政治發展的角度來看，公民投票有助於解決僵持不下的民意、擺脫政治僵局。從「參與式民主」（participatory democracy）或「直接民主」（direct democracy）之內涵來看，公民投票具有以下幾個正／負面意涵：

　　1. 公民投票是一種解決政治衝突的有效途徑，因為不同政黨在若干政策上的不同意見所造成的對立，透過訴諸直接民意方式，公民投票可作為政策衝突之有效途徑。[23]

　　2. 公民投票兼有引導未來民意發展之效果，因公投是最直接民意展現，所以公民投票還有政治教育之意涵，透過大規模

22　蘇永欽（2001），〈創制複決與諮詢性公投：從民主理論與憲法的角度探討〉，《憲政時代》，第27卷第2期，頁24-25。

23　Milbrath, Lester (1965). *Political Participation.* Chicago: Rand McNally, Chap 6.

群眾動員與媒體宣傳達到較為全面的政治教育過程，在理想情況下有助於促進公眾議題論辯、公民社會之健全發展。從威尼托的公民投票過程來看，威尼托的居民實際上受到大規模的政治動員，無論在電子媒體與平面媒體皆大幅報導相關訊息，這些效力可帶動當地社群政治意識發展。[24]

　　不過，公民投票實踐過程中也有若干反思：首先是對於政治改革的推動上，公民投票未必能展現政治改革的動力，因為這和各國是否擁有成熟的公民社會環境有關，如公民社會環境未臻成熟，政治菁英與保守團體扭曲公民投票，致使公民投票在若干場域內成為政治操作對象；另外資訊公開與否也會影響到公民投票的最終決定，在一個相對封閉保守的環境中公民投票的結果未必誠實反應多數民意。[25]在官方禁止的體系內舉行公民投票是否能真實展現民意也有疑問，官方既然禁止公民投票舉行，因此失去行政體系的奧援，監督投票行為的中立機關因此不存在，這可能使投票產生舞弊現象並難以確認其真實效果。

二、實質理性：獨立、聯邦政府、自治區或統一？

　　未來義大利政府與威尼托地區的協商過程，以及未來威尼托地區的自治形式可能如何發展尚未可知，不過我們可以從雙重賽局角度來審視若干可能走向。

　　雙重賽局理論（two-level Games）是由普特南（Robert D. Putnam）所提出，將國際與國內政治互動相關聯，雖然義大

24　David Potter, David Goldbalt, Margaret Kiloh, Paul Lewis 等著，王謙等譯（2000），《民主化的歷程》，台北：韋伯文化。

25　David Butler and Austin Ranney 著，吳宜容譯（2002），《公民投票的實踐與理論》，台北：韋伯文化，頁 277-280。

利—威尼托地方政府不存在此種國家與國家間關係，不過將雙方視為兩造談判或可提供我們對未來的若干想像。雙重賽局假定雙方各有一位主談代表（chief negotiator），作為肩負承擔談判成敗的重責大任。主談代表尋求雙方能達成協議，內部選民團體（group of constituents）為主要關鍵所在，因為他們是談判結束後共同協議草案文本的最終決定者，由他們決定是否批准協議。[26] 這裡的基本假設是如果代表己方的談判者必須選擇如何協調對外與對內兩個層次的因素。[27] 代表己方的談判者為追求與維護己方利益，會在內部推動勝利組合。[28] 這一種談判類似隱含著談判者遊走於兩張桌子間協商妥協的過程，代表的談判者出現在對外與對內兩張賽桌上。在對外賽桌上，談判者面對著他國（這裡是中央政府）談判者；在國內賽桌（這裡是威尼托地區的盟友）上，談判者身旁的各否決者。

　　我們將雙重賽局概念援引至義大利威尼托地區的獨立訴求運動來看，我們將第一層次的適用轉移至義大利政府與威尼托地區的談判中，義大利中央政府代表義大利與威尼托代表進行接觸，其目標在於穩固義大利領土完整的終極目標；而在第二層次則主要聚焦於當前威尼托地區各獨立派系，各行為者針對其與中央政府之協商內容進行討論過程，不斷修正互動策略以

---

26 Putnam, Robert (1998). "Diplomacy and Domestic Politics: The Logic of Two-level Games," *International Organizations*, Vol. 42, pp. 435-436.

27 Moravcsik, Andrew (1993). "Introduction: Integrating International and Domestic Theories of International Bargaining," in Evans, Jacobson and Putnam eds., *Double-Edged Diplomacy: International Bargaining and Domestic Politics*. Berkley: University of California Press, p. 15.

28 薄燕（2007），《國際談判與國內政治：美國與京都議定書談判的實例》，上海：上海三聯書店，頁44。

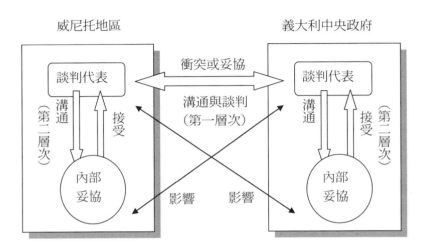

圖4　雙重賽局圖示
引自：吳秀光（2001），《政府談判之博弈理論分析》，台北：時英出版社，頁67。

決定日後策略走向。[29]這裡的關鍵處是，獨立方的談判者必須在妥協過程中同時處理兩個賽局，如能在兩個賽局皆順利取得平衡，即所謂達成「勝利組合」（win-sets）；雙方「勝利組合」的範圍，亦即談判代表在進行談判時，各自所持的底線及意見交集及影響為何。

　　勝利組合能夠達成的可能的發展方向是，談判者議價空間大則勝利組合的空間也就越大，在此情況下，第一層次達成協議的可能性也會越高，蓋談判者的迴旋空間越大、越能敲定彼此都能接受的協議文本；但從另一角度來看，談判者議價空間越大卻也可能受制於對方而被對方操縱，這是一種談判過程中

29　同註25，頁433-435。

妥協讓步的可能性，結果可能會是以犧牲己方利益來換取最終協議的達成，這常見於較強勢的談判者於協議敲定後，透過其強勢的領導地位要求第二層次的內部盟友支持。而談判者議價空間小、勝利組合較小時，國家在議價過程中有明確目標與堅持，這會導致兩種結果，一是如果對方迫切希望達成協議，使對手讓步的機會就越高；而另一種情況則是雙方都堅持各自較小的勝利組合，則可能造成談判破局。亦即，在與中央政府互動的層次中，協議可被接受的範圍越大，則在內部層次得到批准的可能性也會越高。更細緻的來看，影響勝利組合大小的因素有三項，分別是：國內層次中，國內選民的權力分配、偏好與聯盟；國內層次的政治制度；國際層次中，談判者的策略運用。

　　從權力分配角度來看，威尼托目前的法律地位仍是中央集權制度下的一個行政區，地位尚不如憲法所核予的五個自治區（Aosta Valley, Friuli-Venezia Giulia, Sardinia, Sicily, Trentino-Alto Adige/Südtirol），當前的人事任命權與財政分配權皆不如自治區來得大，所以威尼托地區當前發展仰賴中央政府對此運動的制度調整與權力下放設計殆無疑義。但如果從義大利內部選民的地方制度設計偏好層次來看，支持或反對義大利中央政府的權力下放制度設計是隨著地緣分布而有所改變，這裡一般性的理解是越北方的民眾對義大利採行聯邦制的接受度越高、越往南則越支持中央集權制。[30]

　　第二個影響勝利組合的重要因素是國內層次的政治制度，義大利政治制度過去採中央集權制，但近期對地方分權的訴求

---

30 Rodríguez-Pose, Andrés,and Nicholas Gill (2003). "The global trend towards devolution and its implications," *Environment and Planning C: Government and Policy*, No. 21, pp. 333-351.

重視程度逐漸升高，此種情形主要因素來自於義大利過去歷史
上難以解決的貧富差異，以及1995年代起逐漸升溫的南北差異
問題，較富裕的北方與相對不富裕的南方對地方政府擴大自治
層級的爭辯；若干研究指出，義大利的南北差異線與地方分權
的訴求約略相仿，也就是越富裕的北方越要求分權，但南方則
持相反意見。[31] 所以對威尼托地區的居民來說，選民支持可以
作為未來各相關政黨爭取地方分權的主要動力。這一種即便中
央政府不同意協議的風險是很小的，換句話說，在其他條件相
同的情況下，當威尼托要求分權力量越大時，勝利組合空間將
會變小；另外，民眾的分權或獨立的訴求也會影響勝利組合空
間，因為這與第一層次協議的同質性（homogeneous）或異質性
（heterogeneous）相關，因為協議如果偏向異質性（也就是領土
分裂），其難度將更高。[32]

　　第三個影響勝利組合的因素是談判者在第一層次的策略
運用，第一層次談判者都努力使對手擴大勝利組合空間，但面
對自己勝利組合卻較有難度，因為己方勝利組合越大，雖然越
容易達成協議，但是卻也表示自己的議價地位是相對弱於對手
的，這將導致策略上的困境。[33] 從威尼托地區案例來看，威尼
托的地區多有政治菁英與各政治團體，彼此政治主張亦有差

---

31 Torrisi, Gianpiero, Andy Pike, John Tomaney and Vassilis Tselios (2015). "(Re-)exploring the Link between Decentralization and Regional Disparities in Italy," *Regional Studies, Regional Science*, Vol. 2, No.1, pp. 123-140. 另一份較早的研究指出，支持中央集權與地方分權的比率分別為41%，42%，義大利西北部與東北部支持分權的比率高達53%與56%，但南部則降至25%，請參閱 Putnam, Robert (1993). *Making Democracy Work: Civil Traditions in Modern Italy*. Princeton, NJ: Princeton University Press, pp. 17-18.

32 Putnam, Robert (1998). "Diplomacy and Domestic Politics: The Logic of Two-level Games," op. cit., pp. 442-444.

33 Ibid., p. 450.

異，從最極端的獨立主張、聯邦主義、有限自治等，不同意見
紛陳；更有甚者，一個名為 Raixe Venete（在地威尼斯人）的文
化團體與歐洲其他國家的分離主義團體進行跨國連結，期望推
動泛歐層次的分離運動。就此點而言，固然威尼托獨立運動的
談判者可以在第一層次主張勝利組合的空間狹隘，不過對內部
意見統合來說，最直接的衝擊就是缺乏一個明確的政治訴求、
難以推動具體的政治實踐路徑。換句話說，「綁住雙手策略」
（strategy of tying hands）以限縮己方的活動空間、藉已壓迫己方同
意一個寬鬆、有利於他方的協議策略，將難以發揮作用。[34]

三、其他影響因素

從上述三個分析角度來看，本文認為當前的威尼托地區爭
取分權的策略將有較大挑戰，除此之外，我們還觀察到幾個影
響未來威尼托地區與義大利政府互動的因素：

（一）歐盟因素

在歐盟會員國的內部獨立運動過程中，歐盟無意介入內部
事務，因為這仍屬於會員國主權獨立範疇，歐盟當前無任何權
限介入，不過以下幾個事項卻與歐盟相關，也會連帶影響地方
推動各相關事務的進行：

第一，歐盟的補助款對地方發展有極為深刻的影響，從義
大利的經驗來看，結構基金（歐盟體系下對相對貧窮區域的經
費補助）對義大利較為貧困地區的補助稍微補足了當前義大利

---

34 Zahariadis, Nikolaos (2003). "Domestic Strategy and International Choice in Negotiations between Non-Allies," *Polity,* Vol. 35, No. 4, pp. 577-579.

中央政府的不足，1996年至2006年義大利就從歐盟的結構基金
獲得了約1,100億歐元的補助，南部各地占此補助款約為70-87%
比重，同時期南方各地也約占義大利政府公共投資的40%款
項，遠高於中部義大利與北部義大利，這顯示了南部省分對義
大利中央政府與歐盟的依賴程度。[35]

　　補助金額的差異造成兩種現象，一個是北部義大利的相
對剝奪感，他們認為在義大利中央層級所付出的稅金多而收穫
少，而歐盟層級的因素則加劇了此一分配不公的現象，因此這
種相對剝奪感的情感因素更為強烈。另外一個可能的討論則是
這些年來各級政府對南方義大利的資金補助有無達成消弭南北
部發展差距，從當前既有的研究來看，這個現象並不明顯。[36]無
法消弭發展差距原因眾多，但對北部地區而言，獲得更大的地
方自主財稅分配權力有助於地方需求發展，南部義大利對此訴
求反對聲浪卻大，擔心地方留存的稅收將因分權的制度設計而
降低，造成更大的發展差距，此種發展困境如無法從整體的義
大利經濟發展提升，短期內恐無解決良方。

　　第二，另一個議題是從歐盟既有會員國新獨立的成員，其
加入程序應循何種方式進行的討論。由於目前尚無前例，因此
此種加入是需由歐盟會員國全體同意通過，還是從原會員國脫
離後直接加入，目前未有定論。[37]不過由於目前歐盟其他會員國

35　Francesco, Aiello,and Pupo Valeria (2012). "Structural Funds and the Economic Divide in Italy," *Journal of Policy Modeling*, No. 34, pp. 403-418.
36　這裡所討論的是吉尼係數(Gini Index)、家庭所得、地方發展差距等關聯；請見 Torrisi, Gianpiero, Andy Pike, John Tomaney and Vassilis Tselios (2015). "(Re-)exploring the Link between Decentralization and Regional Disparities in Italy," op. cit., pp. 132-137.
37　Syal, Rajeev (2014). "Independent Scotland 'would find it extremely difficult to join EU'," *The Guardian*, 16 February 2014, or see http://www.theguardian.com/politics/2014/feb/16/independent-scotland-extremely-difficult-join-eu.

爭取獨立的區域，如蘇格蘭或加泰隆尼亞等地，對於獨立後選
擇加入歐盟的支持度高，因此這也將成為未來的可能討論重點。

（二）一個更大的義大利北方分區？

　　如果我們暫時脫離威尼托地區的獨立訴求，轉向一個更
大的意義建構場域，我們可以發現義大利的分權訴求不僅限於
威尼托地區，義大利北方的帕達尼亞（Padania）地區是另外一
個觀察切入點，Padania一詞較為廣泛的使用是在1990年代後，
主張義大利應該實施聯邦制、給予北義大利更為廣泛的自主
權力，此種訴求隱含波河流域（Po River）經過的幾個地方，
如Lombardy, Veneto, Emilia-Romagna, Piedmont, Liguria, Friuli-Venezia
Giulia, Trentino-Alto Adige/Sudtirol, Aosta Valley, Tuscany, Marche, Umbria
等地，地理位置分部約略等於當前的北方聯盟所在。這幾個行
政區域對於分權概念較有共識，對聯邦制的主張也較為一致。
因此儘管有若干人士支持義大利應該朝三個區域各自獨立的發
展，不過並未成為普遍討論的社會議題。

　　從本文上述的討論可知，從中央政治制度設計、地方政
治力量、民眾支持度等面向來看，當前威尼托地區的獨立運動
為小規模的地區性發展，威尼托的獨立目標短期內較無可能實
現，惟其他政治目標，如聯邦制的中央／地方政治制度設計、
更多的稅收自主、更公平的調整資源分配，以及重新調整分區
制度設計等，若干目標已有階段性成果，其餘仍是威尼托未來
努力目標。

參考文獻

David Butler, Austin Ranney 著，吳宜容譯（2002），《公民投票的實踐與理論》，台北：韋伯文化，頁277-280。

David Potter, David Goldbalt, Margaret Kiloh, Paul Lewis 等著，王謙等譯（2000），《民主化的歷程》，台北：韋伯文化。

吳秀光（2001），《政府談判之博弈理論分析》，台北：時英出版社，頁67。

姚孟昌（2014），〈兩人權公約下人民自決權之當代實踐——以2014年蘇格蘭獨立公投為例〉，《新世紀智庫論壇》，第67期，頁13-15。

楊宇華（2007），《義大利統一復興運動與義大利南方問題》，南華大學歐洲研究所碩士論文，頁25-26。

薄燕（2007），《國際談判與國內政治：美國與京都議定書談判的實例》，上海：上海三聯書店。

蘇永欽（2001），〈創制複決與諮詢性公投：從民主理論與憲法的角度探討〉，《憲政時代》，第27卷第2期，頁24-25。

Berdah, Jean-Francois, Raingard Eber, Martin Moll and Anna Quaglia. (2009). *Regional History in Austria, France, Italy, the Netherlands and Spain*. Pisa: Plus-Pisa University Press, p. 40.

Bishop, Katrina (2014). "Crimea, Scotland...now Venice votes on breakaway," *CNBC News*, 2014.03.21.

Burke, Peter (1972). *Culture and society in Renaissance Italy, 1420-1540*. London: Batsford.

Conversi, Daniele (1993). "Domino Effect or Internal Development? The Influences of International Events and Political ideologies on Catalan and Basque Nationalism," *West European Politics*, Vol. 16, No. 3, pp. 245-270.

Foro, Matt (2014). " Europe's Latest Secession Movement: Venice?" *The Atlantic*, 2014. 03. 24.

Francesco, Aiello, and Pupo Valeria (2012). "Structural funds and the economic divide in Italy," *Journal of Policy Modeling*, No. 34, pp. 403-418.

Hooghe, Liesbet (1996). *Cohesion Policy and European Integration: Building Multi-Level Governance*. Oxford: Oxford University Press, pp. 256-258.

Knapton, Michael, John E. Law, and Alison Smith (2014). *Venice and the Veneto during the Renaissance: the Legacy of Benjamin Kohl*. Firenze: Firenze University Press, pp. 187-188.

Lehning, Percy (2005). "Theories of Secession: An Introduction," in Percy Lehning ed., *Theories of Secession*. London: Routledge, pp. 2-3.

Milbrath, Lester (1965). *Political Participation*. Chicago: Rand McNally, Chap 6.

Moravcsik, Andrew (1993). "Introduction: Integrating International and Domestic Theories of International Bargaining," in Evans, Jacobson and Putnam eds., *Double-Edged Diplomacy: International Bargaining and Domestic Politics*. Berkley: University of California Press, p. 15.

Putnam, Robert (1998). "Diplomacy and Domestic Politics: The Logic of Two-level Games," *International Organizations*, Vol. 42, pp. 435-436.

Riall, Lucy (2008). *Risorgimento: the History of Italy from Napoleon to Nation State*. Basingstoke, UK: Palgrave Macmillan.

Rodríguez-Pose, Andrés, and Nicholas Gill (2003). "The Global Trend towards Devolution and its implications," *Environment and Planning C: Government and Policy*, No. 21, pp. 333-351.

Sassoon, Donald (2014). *Contemporary Italy: Politics, Economy and Society since 1945*. N.Y.: Routledge Press, p. 28.

Sciortina, Giuseppe (1999). "Just Before the Fall: The Northern League and the Cultural Construction of a Secessionist Claim," *International Sociology*, Vol. 14, No. 3, pp. 321-336.

Syal, Rajeev (2014). "Independent Scotland 'would find it extremely difficult to join EU '," *The Guardian*, 16 February 2014.

Torrisi, Gianpiero, Andy Pike, John Tomaney and Vassilis Tselios (2015). "(Re-)exploring the Link between Decentralization and Regional Disparities in Italy," *Regional Studies, Regional Science*, Vol. 2, No.1, pp. 123-140.

Zahariadis, Nikolaos (2003). "Domestic Strategy and International Choice in Negotiations between Non-Allies," *Polity*, Vol. 35, No. 4, pp. 577-579.

比利時的法蘭德斯分離運動

劉華宗*

壹、法蘭德斯分離運動的背景

2004年比利時地區（Regions）層級選舉，荷語基民黨和新法蘭德斯聯盟的競選組合（Christen-Democratisch en Vlaams / Nieuw-Vlaamse Alliantie, CD&V/N-VA）贏得法蘭德斯地區26.09%的得票率，極右派的法蘭德斯利益黨（Vlaams Belang）亦贏得24.15%的得票率，選後由荷語基民黨的勒德姆（Yves Leterme）籌組聯合政府。勒德姆經常宣示，環繞布魯塞爾近郊選區（Brussels-Halle-Vilvoorde, BHV）應該重新劃分、布魯塞爾近郊法語人士的語言服務設施應該取消、沿著語言界線的兩大地區社會安全體系應該切開處理。這些挑釁言論引起瓦隆尼亞地區政治領袖的嚴辭反駁，政治緊張關係持續不斷。[1]

2006年12月13日法語公共電視台（RTBF）製播一則假新聞，報導法蘭德斯宣布獨立、國王逃往剛果民主共和國、安特衛普廣場擠滿慶祝的人潮等，引起國內外震驚。雖然該新聞播出後電視台馬上澄清這是杜撰的，電視台高層事後也出面表

示，其目的是希望引起民眾公開的辯論，比利時的未來何去何
從？因為在即將到來的半年後（2007年6月）將舉行國會選舉，
法蘭德斯政治領袖不斷釋出要追求獨立的訊息，民眾如果不認
真思索、辯論，該則虛構新聞內容有可能成真。[2]

　　2007年國會選舉結果，荷語基民黨和新法蘭德斯聯盟的競
選組合果真贏得國會最多選票與議席，勒德姆銜命籌組聯合政
府。勒德姆希望兌現選前承諾，將聯邦政府許多政策權限移轉
給地區政府，讓地區政府擁有更大的自主空間，並且把目前環
繞布魯塞爾近郊的單一選區予以切割，這些政策與南部法語政
黨的利益有嚴重衝突，使得聯合政府籌組遲無進展。於是媒體
開始報導法蘭德斯民眾對獨立看法的民調數據，或者報導捷克
與斯洛伐克和平分裂的過程，國際媒體亦紛紛跟進報導比利時
已陷瀕臨分裂危機。[3] 國會選後歷經193天的協商，最終才達成
暫由維霍夫斯達（Guy Verhofstadt）籌組三個月的過渡政府，優
先處理一些不具爭議性的緊急事項。[4]

　　從2007年以來的關於環繞布魯塞爾近郊選區問題，一直
沒有共識及妥協方案。2010年國會選舉結果，主張獨立的新法
蘭德斯聯盟（N-VA）一舉躍居全國最大黨，法語社會黨（Parti
Socialiste, PS）成為第二大黨，荷語基民黨（CD&V）退居第
三。比利時國王先後指定新法蘭德斯聯盟主席德威弗（Bart De

2　Van Drom, Andy (2010). " 'Perhaps this is not fiction': The discursive construction of
　　national and regional identities in Belgium's public television broadcast hoax on Flemish
　　independence," *European Journal of Cultural Studies*, Vol. 13, No. 1, pp. 81-97.
3　劉華宗（2009），〈比利時族群衝突與政治危機〉，《歐洲國際評論》，第5期，
　　頁3-4。
4　Rihoux, Benoît. & Patrick Dumont & Lieven De Winter & Damien Bol & Serge Deruette
　　(2008). "Belgium," *European Journal of Political Research*, Vol. 47, pp. 923-926.

Wever）、法語社會黨主席迪賀波（Elio Di Rupo）出面籌組聯合政府，但因荷語、法語族群各有堅持的利益與原則，彼此互不相讓，使得組成聯合政府遙遙無期。[5] 最後，經過541天才達成協議組成聯合政府，創下選後組閣談判時間最久的世界紀錄。隨後開啟了比利時第六次的國家改革運動，聯邦政府的權力再次下放到地區政府。2014年的選舉結果，主張獨立的新法蘭德斯聯盟再度成為國會最大黨及法蘭德斯地區最大黨，同時獲得的選票比上次選舉還多。[6]

　　過去十年，比利時就有兩次選後談判籌組聯合政府時間屢創歷史紀錄，法蘭德斯支持主張獨立的選票持續不斷增加。比利時的未來究竟是朝向加強改善聯邦制？或朝向邦聯制？還是最終走向分裂的道路？

貳、法蘭德斯分離運動的源起

一、法蘭德斯的語言文化受歧視

　　1830年8月比利時發動獨立革命，1831年7月21日，親王利奧波（Prince Leopold of Saxe-Coburg）在英、法支持下，正式宣誓就任比利時國王。比利時的組成包括法語、荷語及德語三種不同族群人口（見表1）；不同族群間的語言界線，自羅馬帝

5　Rihoux, Benoît. & Patrick Dumont & Lieven De Winter & Serge Deruette & Damien Bol (2011). "Belgium," *European Journal of Political Research*, Vol. 50, pp. 913-918.
6　André, Audrey. & Sam Depauw (2015). "A divided nation? The 2014 Belgian federal elections," *West European Politics*, Vol. 38, No. 1, pp. 228-237. 及 Baudewyns, Pierre. & Régis Dandoy. & Min Reuchamps (2015). "The success of the regionalist parties in the 2014 elections in Belgium," *Regional and Federal Studies*, Vol. 25, No. 1, pp. 91-102.

表1　1846-2010年比利時使用官方語言人口百分比統計表

年份	荷語人口%	法語人口%	德語人口%	人口總數%	總人口數
1846	57.0	42.1	0.8	99.9	4,337,196
1880	53.5	45.3	1.3	100.1	5,520,009
1910	54.1	44.9	1.0	100.0	7,423,784
1947	55.1	43.9	1.0	100.0	8,512,195
1985	60.3	39.1	0.6	100.0	9,858,895
2002	59.3	40.0	0.7	100.0	10,309,725
2010	59.1	40.2	0.7	100.0	10,839,905

註：1. 比利時語言人口統計，最困難的地方是布魯塞爾首都雙語區。每十年
　　　一次的人口語言統計，自1962年廢止後，語言人口的統計資料僅能依
　　　靠學者的自行估算，而無官方數據。
　　2. 資料來源：作者依據Aunger, Edmund A. (1993). "Regional, national, and
　　　official languages in Belgium," *International Journal of the Sociology of Language*,
　　　No. 104, p. 38.及比利時聯邦政府網站最新數據（http://www.belgium.be/fr/
　　　la_belgique/connaitre_le_pays/Population）作者自行計算整理。布魯塞爾的
　　　法語人口以85%來估算。

國時期就已形成（見圖1）；比利時北部荷語區通稱為法蘭德斯
（Flanders），南部法語區通稱為瓦隆尼亞（Wallonia或Walloon）。
法語是資產階級及貴族使用的語言，他們以符合自身的想法及
利益掀起比利時革命，控制整個國家。比利時獨立後宣布法語
為國會、高等法院、中央政府及軍隊的唯一官方語言，法蘭德
斯的上流社會人士亦以法語作為他們的文化語言。[7]對法語統治
階層來說，使用法語作為唯一官方語言是中央集權及國家建立

7　19世紀占支配地位的法語族群，除了居住在瓦隆尼亞外，也有相當多資產階級
　　居住在法蘭德斯的安特衛普、根特等大城市。直到20世紀，法蘭德斯運動蓬勃
　　興起後，要求法蘭德斯境內採行單一語言區，法語人士才逐漸減少或搬移至布
　　魯塞爾首都地區。

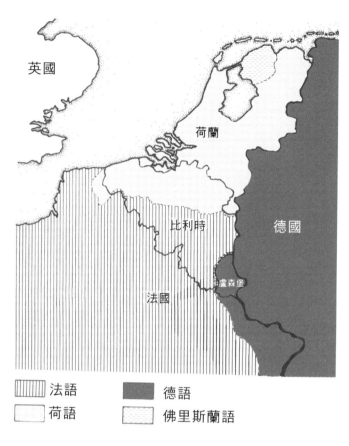

圖1　歐陸西北部語言區界線

引自：Murphy, Alexander B. (1988). *The Regional Dynamics of Language Differentiation in Belgium*. Chicago: University of Chicago. p. 2.

過程的一部分，然而由此產生許多語言偏見，逐漸引發法蘭德斯
的反抗行動。語言衝突是最明顯的衝突表現形式，也最容易被察
覺到，但真正影響層面與範圍，則是擴及族群間的政治、經濟、
社會、文化認同等各層面。因此，比利時從一開始的衝突，即是

一個隱含政治的、社會經濟的，以及語言族群的問題。[8]

　　據估計，19世紀法蘭德斯95%人口是說荷語，但該語文在公領域的部分，卻僅被小學教育、下級法院、小城鎮的議會以及對成年人普通教育教科書所使用。[9]荷語族群受到不平等地位待遇，出現在教育、公務及司法等公領域。直到1883年法律才通過公立中學得以使用荷語授課，並且直到1910年才能在私立學校授課。而直到1930年比利時才開始於根特大學完全使用荷語授課。另依據1859年一份因語言導致不公平的調查報告，當時382名中央政府的公務人員中，只有22位是荷語區的人、講法語的官員拒絕使用荷文開法蘭德斯人的出生證明，所有的官方表格也都使用法文，致使不懂法文的法蘭德斯人不知所措。法蘭德斯的小孩在學校上課，若使用荷語，則會遭到老師的處罰。[10]此外，1864年兩名法蘭德斯工人被控謀殺罪並被處決，但事後卻證明該兩人並未犯此罪。之所以發生如此嚴重錯誤，是因為語言隔閡，審訊者、受訊者、辯護律師及翻譯者分別使用法語及荷語，溝通不良，最後兩名工人就莫名其妙的被定罪冤死。[11]

　　1830年至1880年比利時經濟的重心在瓦隆尼亞，當地的勞動市場，會說法語的則擔任高級白領階級，至於只會說荷語的法蘭德斯佬就只能擔任廉價的勞動階級。決定勞動就業市場的判別標準，純粹以語言和族群做分野，宛如是種國內殖民政

8　Fitzmaurice, John (1999). "Belgium: A laboratory of federalism," in Don MacIver ed., *The Politics of Multinational States.* London: Macmillan Press Ltd. p. 87.

9　Vos, Louis (1998). "The Flemish national question," in Kas Deprez & Louis Vos. eds. *Nationalism in Belgium: Shifting Identities, 1780-1995.* New York: St. Martin's Press, pp. 83-84.

10　張淑勤（1995），〈比利時的法蘭德斯運動〉，《輔仁歷史學報》，第7期，頁64。

11　Huggett, Frank E. (1969). *Modern Belgium.* London: Pall Mall Press, p. 38.

策。[12]當官方語言只有法語一種，不諳法語的法蘭德斯民眾權益可能受損，個人在社會流動、升遷管道上亦受到嚴重限制，除了需付出加倍努力外，荷語被視為是種次級的階級語言，更造成使用荷語是次級階級公民的心理傷害。[13]法蘭德斯人為爭取語言及文化自主權，乃透過文藝創作凝聚法蘭德斯意識與族群認同，籌組政黨、選票施壓、群眾運動以爭取法蘭德斯人的權益，這一系列的社會運動，通稱為法蘭德斯運動（Flemish Movement）。

二、法蘭德斯運動的語言文化訴求

　　法蘭德斯運動在19世紀的基本訴求，包括：1.在政府公部門及法院，能夠使用他們自己的語言來溝通；2.有自己的學校（從幼稚園到大學層級），有全時段的廣播及電視節目；3.在高級文官及軍隊中有公平任職的機會，在內部文書往來、公務處理上不必放棄使用自己的語言；4.有劃定好穩定的語言疆域界線；5.在領域內有自治權，在領域外盡可能提供族群團體本身使用語言的設施服務。[14]這些訴求大體上以語言使用權為核心，要求在政府部門、學校、法院、軍隊、公共服務設施，能提供法蘭德斯人在語言上的平等權利與方便性。經過一番努力，國會的確通過了部分語言相關的法律，然而，所通過的相關語言平等法僅徒具形式，並未獲政府門落實及法語族群遵行，而未

12　Covell, Maureen (1985). "Ethnic conflict, representation and the state in Belgium," in Paul Brass. ed. *Ethnic Groups and the State.* New Jersey: Barnes & Nobel Books, pp. 240-241.

13　Witte, Els. & Harry Van Velthoven (1999). *Language and Politics: The Situation in Belgium in a Historical Perspective.* Balans: VUB University Press, pp. 114-115.

14　Krejčí, Jaroslav. & Vítězslav Velímsk (1981). *Ethnic and Political Nations in Europe.* New York: St. Martin's Press, p. 104.

通過的語言法部分仍相當多亟待努力，語言地位的落差所帶來
的不平等與衝突，仍在政治、經濟、社會上普遍存在。

三、法蘭德斯運動的政治訴求

　　在一次大戰期間，少部分在德國占領區內的法蘭德斯人希
望藉著順從占領者並與其合作，實現兩項主張：根特大學成為
單一說荷語的機構，及法蘭德斯地區能夠成為聯邦組成的單位
且擁有自治權。[15]二次大戰期間，法蘭德斯民族主義者為爭取自
治與德國納粹合作。在兩次世界大戰進行期間，少數荷語族群
與德國的合作，主要的理由是希望法蘭德斯脫離比利時法語族
群的欺壓統治，成為獨立自主的國家。隨著大戰的結束，願望
不但未實現，戰後反被法語族群視為是通敵背叛和不名譽的情
事，更加深了彼此的嫌隙。

　　在二次世界大戰結束前，法語族群能夠以少數的身分持續
居於統治的地位，除了立國之初憲法保障法語的優勢地位外，
與選舉制度以財產權來限制投票有很大關係，排除掉多數貧窮
荷語人的參政權，使法語統治階層掌握政經大權。[16] 1919年複
數投票權被廢止，每個成年男子都有同等質的投票權。至於婦
女的普選權，直到1948年法律通過後才全面實施。隨著投票權
的擴大（見表2），政治權力依照人口結構與民意取向分配議
席，才開始改變族群的相對地位。荷語族群因為人數多，取得
國會多數議席，躍升為政策制定者與利益分配者；相對的居人

---

15 Zolberg, Aristide R. (1978). "Belgium," in Raymond Grew ed., *Crises of Political Development in Europe and the United States.* Princeton: Princeton University Press, p. 125.

16 Murphy, Alexander (1995). "Belgium's regional divergence: Along the road to federation," in Graham Smith ed., *Federalism: The Multiethnic Challenge.* London: Longman, p. 79.

表2　比利時獨立後歷年合格選民統計表

年份	總人口數（千人）	有投票權人數（千人）	有投票權占總人口數%
1831	4,080	±46	1.12%
1841	4,073	25	0.61%
1851	4,473	79	1.76%
1864	4,941	104	2.10%
1884	5,785	126	2.17%
1894	6,342	1,355	21.36%
1912	7,571	1,746	23.06%
1925	7,812	2,081	26.63%
1939	8,396	2,338	27.84%
1949	8,625	5,031	58.33%
1971	9,670	6,271	64.85%

資料來源：Heisler, Martin O. (1974). "Institutionalizing societal cleavages in a cooptive polity: The growing importance of the output side in Belgium," in Martin O. Heisler ed., *Politics in Europe: Structures and Processes in Some Postindustrial Democracies.* New York: McKay, p. 193.

口少數的法語族群，則從過去的優勢族群逐漸轉變為弱勢族群。

　　然而，過去居統治優勢地位的法語族群，在二次大戰後仍不甘於政治地位的逐漸轉變，在皇室爭議中企圖以少數族群來左右重大政治議題的發展與走向。

　　二次大戰期間德國入侵比利時，國王利奧波三世（Leopold III）並未隨政府撤退至倫敦，而是留在比利時。戰後國內對於該給利奧波三世的政治評價，以及是否應讓他繼續擔任國王，分裂成兩派不同的意見。1950年3月舉行公民投票，要求選民對：「你是否同意國王利奧波三世重新行使他的憲法權利？」問題，表達贊成與否。結果全國有57.6%的票數要求國王回來復位，但南、北

地區在態度上有很大的差異。當法蘭德斯地區民眾有72%的比率要求國王回來時，布魯塞爾（48%）和瓦隆尼亞（42%）卻連半數的民意支持度都不到。國王認知到問題的嚴重性，他提議妥協方案，將暫時性的放棄王位，等國內情況較平復時才回國。

1950年6月新國會選舉中，基民黨贏得較佳的成績，取得了212席中的108席。由杜維阿薩（Jean Duvieusart）領導的基民黨政府準備無條件迎接國王回來，但瓦隆尼亞工業地帶7月發起大罷工，布魯塞爾亦準備8月大遊行，整個社會瀰漫動盪氣氛。最後，國王提議遜位，其兒子博杜安（Baudounin）繼任。[17]

在這場皇室爭議中，雖未明顯牽涉到語言或族群問題，但因為對利奧波三世究竟是否應該復位的看法，大體上是沿著語言地區的差異有著截然不同的態度，因此，隱含著不同族群對公共議題看法的較勁。為了解決歧見所特別舉辦的公民投票，即希望以和平的方式來解決問題，但因南部的瓦隆尼亞及布魯塞爾人在投票失利後仍執意發動街頭暴力抗爭，企圖迫使政府辭職下台、國王宣布退位等讓步措施，讓北部荷語族群感到非常憤怒，認為此事再度被高傲的法語族群羞辱，荷語族群多數意見則如往昔被棄之如敝屣。

1968年所發生的魯汶大學分裂事件，[18]是二次大戰後荷語族群和法語族群衝突的最高點。1963年7月的語言法規定：教育

17　Witte, Els. & Jan Craeybeckx. & Alain Meynen (2000). *Political History of Belgium: from 1830 onwards.* Brussels: VUB University Press, pp. 179-181.

18　從1966年開始，荷語族群的學生即在魯汶大學示威抗議，荷語和法語學生衝突不斷，學校上課時開時關，教會主教、參眾議員被迫表態，最後內閣垮台，基民黨分裂。魯汶大學事件最後的解決，基民黨總理伊斯更斯（Gaston Eyskens）政府想出一個辦法，要求大幅增加補助所有的高等教育，天主教魯汶大學的法語區則使用新的財源在瓦隆尼亞語言界線內設立新校區。

中所用的語言，在南部應是法語，在北部應是荷語，在東部應
是德語，而在既用荷語又用法語的布魯塞爾則應按照學生原用
的語言。這個法案只適用於中小學，對大學並不適用。但因為
魯汶大學既用法語又用荷語，所以規定了一個例外：為了照顧
大學講法語教職員和學生的孩子起見，魯汶市仍可開辦法語中
小學。荷語族群認為，魯汶大學風潮的最初原因是，大學裡講
法語的科系增加了，而城裡大學以外的法蘭德斯人又要求讓他
們的孩子進入法語學校。荷語族群不願在他們的單一語言區域
內，又有另一個布魯塞爾式的問題存在，[19]不願處處對法語族群
讓步，更不願讓法語圈持續擴散危及荷語族群的文化圈與自尊
心。他們要求法蘭德斯在政治上應該充分自主與自治，在政治
體系的運作上應該充分反映他們在人口結構居絕對多數的事實。

參、法蘭德斯分離運動的過程

　　法蘭德斯運動自19世紀開始就有不同支派，其中有一強硬
激進支派就鼓吹尋求法蘭德斯的獨立。在兩次大戰期間和德國的
合作，以尋求法蘭德斯的獨立或和荷蘭合併，隨著大戰結束及
與納粹合作的污名化，使強硬派路線與勢力沉寂了一段時間。[20]
　　人民團結黨（Volksunie）成立於1954年，基本上是法蘭德斯
民族主義者的選舉聯盟。在1978年曾獲得11%的選票，贏得21

19 Dunn, James A., Jr. (1974). "The revision of the constitution in Belgium: A study in the institutionalization of ethnic conflict," *The Western Political Quarterly*, Vol. XXVII, No. 1, p. 150.
20 Dewulf, Jeroen (2012). "The Flemish movement: On the intersection of language and politics in the Dutch-speaking part of Belgium," *Georgetown Journal of International Affairs*, Vol. 13, No. 1, pp. 25-27.

席的眾議院席位。在1978年人民團結黨接受聯邦主義、取代分裂比利時，並加入聯合政府，較右派激進人士於是退出，籌組新的政黨「法蘭德斯集團黨」（Vlaams Blok）。到了2001年人民團結黨內部左、右派鬥爭，再度分裂成右派的新法蘭德斯聯盟（N-VA）及左派SPIRIT。至於法蘭德斯集團黨主張反移民、民族主義者、分裂主義者，該黨於2004年解散，隨即成立法蘭德斯利益黨（Vlaams Belang），以避免該黨被貼上「種族主義偏見者」的標籤；但其領導者於2005年仍再度發表仇外主張，遭到其他政黨依相關程序停止政黨補助。[21]法蘭德斯利益黨由於長期未能參與聯合政府，落實政策主張，發揮影響力，其勢力快速消退中，原支持者轉而改投新法蘭德斯聯盟，使後者成為國會第一大黨。[22]

　　從人民團結黨下來的這支派，基本上是法蘭德斯地區的主要分離勢力，然而「法蘭德斯獨立」這項政策主張與支持群眾，在20世紀其影響力是有限的。要求法蘭德斯的自治，走向聯邦化，則是多數荷語族群的主要奮鬥目標。因此，在經歷瓦隆尼亞的經濟衰退、魯汶大學分裂事件後，1970年代起的一連串國家改革，比利時由單一國家逐漸走向聯邦國家，一方面解決荷語、法語族群的政治衝突，做了制度性的調整與安排；但另一方面這樣制度化安排造成永久隔閡，卻也為法蘭德斯進一

21 Wikipedia & Rihoux, Benoît. & Régis Dandoy & Lieven De Winter & Patrick Dumont (2005). "Belgium," *European Journal of Political Research*, Vol. 44, p. 964. 及 De Winter, Lieven. & Patrick Dumont (2006). "Belgium," *European Journal of Political Research*, Vol. 45, p. 1061.

22 Pauwels, Teun (2011). "Explaining the strange decline of the populist radical right Vlaams Belang in Belgium: The impact of permanent opposition," *Acta Politica*, Vol. 46, No. 1, pp. 75-79.

步分離運動做了先期的鋪設與準備。

一、從單一國家走向聯邦國家

第一次國家改革（1970），增設「文化社群」（Cultural Communities）及「地區」（Regions）。「文化社群」擁有制定文化、教育、語言方面的權力，共有荷語、法語及德語三個文化社群。「地區」雖有法蘭德斯、瓦隆尼亞及布魯塞爾首都三個地區，但布魯塞爾首都的地位不如另兩個，要到日後進一步的改革才有較完整的權限。「文化社群」與「地區」的設置，基本上符合荷語及法語族群各自特別重視文化與經濟權力的需求。此外，比利時劃定為四個語言區，包括法蘭德斯荷語區、瓦隆尼亞法語區、布魯塞爾荷法雙語區及東部的德語區。[23]

第二次國家改革（1980），「文化社群」改為「社群」；法蘭德斯的「社群」與「地區」政府合併為一，「法語社群」和「瓦隆尼亞地區」仍然分立存在；「地區」、「社群」有自己的議會與政府，擁有自治權；「社群」除了承擔文化事務，也針對個人事務有更多的權限，如健康議題、青年政策等。[24]

第三次國家改革（1988-1989），布魯塞爾首都正式成為第三個「地區」，有自己的政府與議會；「社群」與「地區」獲得更多的權力，教育權限由國家移轉至「社群」，基礎建設、公共運輸、就業問題、自然資源的使用與保護等權限則移至「地區」。[25]

23 Fitzmaurice, John (1983). *The Politics of Belgium: Crisis and Compromise in a Plural Society.* New York: St. Martin's Press, pp. 121-125.
24 Senelle, Robert (1989). "Constitutional reform in Belgium: from unitarism towards federalism," in Murray Forsyth. ed. *Federalism and Nationalism.* London. Leicester University Press, pp. 65-71.
25 Covell, Maureen (1993). "Belgium: the variability of ethnic relations," in John McGarry

　　第四次國家改革（1993），比利時已成一個完備的聯邦國家，「社群」與「地區」擁有更多的資源與權限，部分農業、科研、外貿移給「地區」，地方福利制度的監督移轉給「社群」；「社群」與「地區」議會將由人民直接選出；聯邦議會改為參、眾兩院制。[26]

二、從聯邦國家走向邦聯化

　　比利時經過二十幾年的國家改革，1993年聯邦制度大抵可說完備，1995年5月21日舉行全國選舉，包括聯邦參、眾議員、地區議會、社群議會同時舉行選舉，這次的選舉代表比利時徹底走向分權化、聯邦主義的達成，各級議會分別為領域內選民所關心的事務負責。[27] 為化解因語言文化、地區族群、宗教、社經差異的分裂社會衝突，比利時經過不斷琢磨、長時間妥協，才發展出獨特的聯邦制度，以保障各不同勢力所重視的利益與權益。然而，這樣的制度保障，除了造成政府層級疊床架屋，國家財政耗費龐大外，更造成族群間疏離與隔閡的制度化及永久化。

　　1995年開始的地區議會選舉，對法蘭德斯的分離運動形成重大影響。語言界線內的不同政黨，為了爭取選票贏得議席，紛紛以地區利益為最優先；法蘭德斯地區政黨高舉成立法蘭德斯共和國（Flemish Republic）的大旗，或者主張進一步的朝向邦

---

and Brendan O'Leary. eds., *The Politics of Ethnic Conflict Regulation*, London: Routledge, pp. 290-292.

26　Murphy, Alexander (1995). "Belgium's regional divergence: Along the road to federation," in Graham Smith ed., *Federalism : The Multiethnic Challenge*. London: Longman, pp. 87-88.

27　Downs, William M. (1996). "Federalism achieved: The Belgium elections of May 1995," *West European Politics*, Vol. 19, No. 1, pp. 168-174.

聯化政府邁進，要求聯邦政府再分權給地區政府。1999年國會大選前，比利時爆發嚴重社會治安與食品安全問題，導致基民黨的潰敗，也使基民黨中止連續41年參與聯合執政的紀錄。選後的聯合政府協商，如何落實1992年所提出聯邦財政進一步移轉給地區政府的協議。[28]

第五次國家改革（2001），農業、漁業及外貿權限移轉給地區，新的財政體系金援社群，總之，在社群與地區獲得了更多的財政自主權，地方與省則有更大的立法自治權。[29]

荷語基民黨（Christelijke Volkspartij, CVP）在1999年痛失執政權後，2001年改名為CD&V，同時不再被過去長期執政包袱所局限，僅能致力於國家的統一與完整，改革後將倡導朝向邦聯主義（confederalism）方向發展。在2004年的歐洲議會及地區議會選舉，荷語基民黨和新法蘭德斯聯盟首次結為競選組合（CD&V/N-VA），拿下法蘭德斯地區政府的組閣權。政黨在持續性選舉的競爭壓力下，只能採取維護地區及語言社群的最大利益，同時要求更多的法蘭德斯領域自主，才能生存。[30] 2007年國會選舉後組閣談判難產，即因法蘭德斯的政黨強烈要求進一步的分權化，試圖架空聯邦政府，以爭取法蘭德斯的最大利益，朝向獨立之路邁進，後來是因2008年全球金融風暴影響，才擱置黨派歧見。然而，2010年的國會選舉後，聯合政府再度難產，國家改革的要求也就再度提出。

28 Rihoux, Benoît. & Patrick Dumont & Régis Dandoy (2001). "Belgium," *European Journal of Political Research*, Vol. 40, p. 257.
29 Rihoux, Benoît. & Patrick Dumont & Lieven De Winter & Régis Dandoy (2002). "Belgium," *European Journal of Political Research*, Vol. 41, pp. 916-917.
30 Deschouwer Kris (2013). "Party strategies, voter demands and territorial reform in Belgium," *West European Politics*, Vol. 36, No. 2, p. 339.

　　第六次國家改革（2011），環繞布魯塞爾近郊選區（BHV）做了切割，更多的權限移轉給地區及社群政府，包括：就業政策與兒童津貼等，地區與社群也獲得了些財政自主權，及參議院將不再舉行直接選舉。[31]

　　比利時從單一國家走向聯邦國家，然後試圖再走向邦聯化，或者分裂比利時，讓法蘭德斯獨立出來，這條道路未來將如何走、如何發展，還是未知數。

肆、法蘭德斯分離運動的主要訴求

　　早期的法蘭德斯運動著重在語言、文化權利，要求荷語能和法語一樣成為官方語言，荷語族群不再受歧視、權益有保障，能夠發揚法蘭德斯文化，擁有民族的自尊心。二次大戰後，普選權的全面落實，荷語族群人數上的優勢，開始掌握政治實權，加上地區經濟實力的崛起，於是便尋求制度化的聯邦國家，保障法蘭德斯人的語言、文化及政治經濟上的自治權。

　　法蘭德斯地區的快速發展，與瓦隆尼亞地區的急遽衰退形成強烈對比，[32]後者的社會福利資源，需要前者的強力挹注與補貼。回顧過往歷史，法語族群的高傲及對荷語族群的鄙視，荷語族群點滴在心頭，自然不會忘記。因此，在聯邦體制建構完成後，故然有政黨及政客為了選舉利益，鼓吹分離主義爭取選票，激化了國內的對立，但這種極大化地區主義政見能夠獲得

---

31 Deschouwer, Kris. & Min Reuchamps (2013). "The Belgian federation at a crossroad," *Regional and Federal Studies*, Vol. 23, No. 3, pp. 261-264.
32 以2012年的每人GDP為例，瓦隆尼亞地區是26,100歐元，法蘭德斯地區是32,700歐元；失業率，瓦隆尼亞地區是15.2%，法蘭德斯地區是6.3%。"Is secession the answer? The case of Catalonia, Flanders and Scotland," http://knowledge.wharton.upenn.edu/article/secession-answer-case-catalonia-flanders-scotland/（檢索日期：2013. 12. 02）

廣大選民的支持，也反映法蘭德斯人對於過去被欺壓歷史的強烈反彈，除了不願再忍受，更不願再將大筆稅收與資源，拿去救助頹敗的瓦隆尼亞地區法語族群。

比利時聯邦制度完成後，荷、法語族群經常發生爭執點的原因主要有兩個，一是環繞布魯塞爾近郊選區（BHV）劃分問題，另一是聯邦政府的權力是否繼續分權化給地區政府。前者問題，在爭執近半世紀後，已於第六次國家改革予以解決。至於後者，從開始推行聯邦化以來，法蘭德斯就不斷要求國家權限要下放地區與社群政府，想要架空聯邦政府，這樣就算法蘭德斯未能獨立成功，也算達成分離主義者所亟求的實質內涵。法語族群相當清楚荷語族群的企圖，一旦中央財政權限完全下放，瓦隆尼亞的社會安全制度將會崩解，因此傾全力阻擋、反對。

伍、比利時政治體制對分離運動的制約

比利時的政黨體制，基本上是基民黨、自由黨與社會黨三大體系，1970年以後沿著語言界線分裂；此外還有些小的地區性民族主義政黨存在；1970年代以後隨著時代演進開始有綠黨的竄起。比利時的選舉制度是比例代表制，內閣的組成是透過選後協商組成聯合政府。比利時的大聯合政府、比例代表制、尊重少數否決權以及政治菁英求同存異的民主協商精神等，被學者喻為「協合式民主」（consociational democracy），是解決分裂社會衝突危機的最好典範。[33]

比利時的協合式民主已運作近半個世紀，尤其「少數具有

---

33 Lijphart, Arend (1977). *Democracy in Plural Societies: A Comparative Exploration*. New Haven: Yale University Press, pp. 25-44.

否決權」更是遏阻分離運動、國家分裂的重要關鍵。對於具政
治敏感性法案，必須經過國會2/3多數同意，以及不同語言團體
內的簡單多數同意，亦即需雙重多數同意才行。[34]這種必須經不
同語言團體內的簡單多數同意，對於荷語族群提出任何分離運
動、不利法語族群權益的提案，根本不可能在國會中法語族群
團體內獲得過半數的支持與通過。這使得比利時近年來雖頻傳
瀕臨分裂危機，但卻因為制度設計保障少數的權益，而產生抑
制多數暴力一意孤行的效果。

　　對於部分國家會透過公民投票方式來解決國內重大議題或
政治爭議，比利時則暫無此規畫。比利時自1950年皇室爭議
舉行過公民投票後，超過半個多世紀未再舉辦全國性的公民投
票。重大公共政策與議題，完全交由國會透過協商處理。比利
時的六次國家改革，都是漸進式、協商式、妥協式的來處理紛
爭，在未達共識前，寧可暫時擱置爭議，求同存異。因此，比
利時經常呈現的政治風貌，是屢現衝突分裂危機，但最後總能
化險為夷。

陸、法蘭德斯分離運動的前景與挑戰

　　法蘭德斯分離運動，與巴斯克、加泰隆尼亞、魁北克、蘇
格蘭等分離運動最大不同之處，法蘭德斯的荷語族群是屬國內
的多數族群，不是少數族群。法蘭德斯分離運動所面臨的第一

---

34 Dunn, James A., Jr. (1974). "The revision of the constitution in Belgium: A study in the institutionalization of ethnic conflict," *The Western Political Quarterly*. Vol. XXVII, No. 1, pp. 153-155.

項挑戰，如上節所述，為國內憲政制度架構所限制住，使其雖有人口多數，掌握政治實權卻是難有分離獨立作為，因此當前的法蘭德斯政黨積極的把聯邦政府架空，朝分權化方向走，至少達到其政治自主的目的。

　　法蘭德斯分離運動除了制度制約外，比利時民意呈現多樣紛雜，也是分離主義動力不足的因素之一。根據學者透過焦點訪談、審議式思辨實驗及心智地圖研究，探討不同語言區民眾對比利時國家未來前途的看法，歸納民眾意見後共有五種不同類型，分別是：主張單一國家者、團結主義者、聯邦主義者、區域主義者以及分離主義者。學者在研究的過程中，發現這些不同主張者並非是頑固不可溝通的，而且彼此願意傾聽對方的想法與立場。該文最後的結論：比利時是個分裂社會沒錯，但這樣的分裂現象不需低估、也不應該高估。[35] 加上比利時只有媒體的民調資料，沒有全國性的公民投票數據，因此分離主義的勢力究竟有多大？趨力有多強？仍是個模糊的概念。

　　首都布魯塞爾雙語區的歸屬問題，也是比利時分離主義者難以解決的課題。布魯塞爾的地理位於法蘭德斯荷語區界線內，是國家的首都，偏偏該雙語區的法語人口居絕對多數，高達八、九成以上。法蘭德斯、瓦隆尼亞都沒人願意放棄該區，比利時萬一分裂，布魯塞爾該怎麼劃分歸屬與處理？問題十分棘手。[36]

　　除了布魯塞爾歸屬問題，國家財政負債的分攤則是另一大

35 Reuchamps, Min (2013). "The future of Belgian federalism through the eyes of the citizens," *Regional and Federal Studies*. Vol. 23, No. 3, pp. 353-366.

36 Gullo, Domenico. "Flanders and the rise of separatism in Belgium," https://www.aspenin stitute.it/aspenia-online/article/flanders-and-rise-separatism-belgium. （檢索日期：2012. 05. 12）

難題，瓦隆尼亞經濟衰退已達半世紀之久，未來也看不出有好
轉的跡象，國家若分裂，瓦隆尼亞只有雪上加霜，毫無償還過
去累積債務的能力；法蘭德斯也多次表明，不願再幫瓦隆尼亞
解決無底洞的債務問題。沒有明確的國債處理原則與歸屬，法
蘭德斯想要分離或獨立，將很難獲得國際社會的認可與支持。

　　歐洲聯盟的成立，係經過漫長演進、逐步談判才走到今天
的地步，許多會員國內部或有少數族群尋求獨立的企圖，然而
既有的會員國都不贊成內部分離主義的獨立，想方設法的予以
阻撓。歐盟理事會位於布魯塞爾，歐盟會員國對法蘭德斯的分
離運動未表態支持，即生怕形成骨牌效應，引來本國內的分離
主義者效法。2016 年 6 月 23 日英國舉行脫歐與否公投，過半民
意贊成脫歐結果一出，隨即引來法國、瑞典、丹麥、荷蘭等國
的疑歐派效尤，紛表希望本國內也能舉辦脫歐公投。[37] 媒體傳
播與國際感染迅速，使得歐盟會員國對法蘭德斯的分離運動更
加謹慎，不敢輕易置評。

　　法蘭德斯的分離運動只是想和瓦隆尼亞劃清界線，並沒
有要脫歐的企圖，甚至希望能以法蘭德斯的身分加入歐盟，其
立場和蘇格蘭近似。法蘭德斯的分離運動，有憲政制度上的困
難、布魯塞爾的歸屬難題、國債的難以分攤，及歐盟會員國的
冷漠；因此，短期看來會進一步朝向分權的邦聯化邁進，要完
全脫離比利時獨立出來，尚有很多挑戰待克服。

---

37 王穎芝，〈英國劃下裂解歐盟第一刀 歐洲還有這些國家等著辦「脫歐公投」〉，
　　風傳媒，2016 年 6 月 24 日，http://www.storm.mg/article/133897。

參考文獻

張淑勤（1995），〈比利時的法蘭德斯運動〉，《輔仁歷史學報》，第7期，頁57-70。

劉華宗（2009），〈比利時族群衝突與政治危機〉，《歐洲國際評論》，第5期，頁1-38。

André, Audrey. & Sam Depauw (2015). "A divided nation? The 2014 Belgian federal elections," *West European Politics*, Vol. 38, No. 1, pp. 228-237.

Aunger, Edmund A. (1993). "Regional, national, and official languages in Belgium," *International Journal of the Sociology of Language*, No. 104, pp. 31-48.

Baudewyns, Pierre. & Régis Dandoy. & Min Reuchamps (2015). "The success of the regionalist parties in the 2014 elections in Belgium," *Regional and Federal Studies*, Vol. 25, No. 1, pp. 91-102.

Covell, Maureen (1985). "Ethnic conflict, representation and the state in Belgium," in Paul Brass. ed. *Ethnic Groups and the State*. New Jersey: Barnes & Nobel Books, pp. 230-261.

Covell, Maureen (1993). "Belgium: the variability of ethnic relations," in John McGarry and Brendan O'Leary. eds., *The Politics of Ethnic Conflict Regulation*. London: Routledge. pp. 275-295.

Deschouwer, Kris (2013). "Party strategies, voter demands and territorial reform in Belgium," *West European Politics*, Vol. 36, No. 2, pp. 338-358.

Deschouwer, Kris. & Min Reuchamps (2013). "The Belgian federation at a crossroad," *Regional and Federal Studies*, Vol. 23, No. 3, pp. 261-270.

De Winter, Lieven. & Patrick Dumont (2006). "Belgium," *European Journal of Political Research*, Vol. 45, pp. 1055-1064.

Dewulf, Jeroen (2012). "The Flemish movement: On the intersection of language and politics in the Dutch-speaking part of Belgium," *Georgetown Journal of International Affairs*, Vol. 13, No. 1, pp. 23-32.

Downs, William M. (1996). "Federalism achieved: The Belgium elections of May 1995," *West European Politics*, Vol. 19, No. 1, pp. 168-175.

Dunn, James A., Jr. (1974). "The revision of the constitution in Belgium: A study in the institutionalization of ethnic conflict," *The Western Political Quarterly*, Vol. XXVII, No. 1, pp. 143-163.

Fitzmaurice, John (1983). *The Politics of Belgium: Crisis and Compromise in a Plural Society.* New York: St. Martin's Press.

Fitzmaurice, John (1999). "Belgium: A laboratory of federalism," in Don MacIver ed., *The Politics of Multinational States.* London: Macmillan Press Ltd. pp. 87-106.

Gullo, Domenico. "Flanders and the rise of separatism in Belgium," <https://www.aspeninstitute.it/aspenia-online/article/flanders-and-rise-separatism-belgium> (2012.05.12).

Heisler, Martin O. (1974). "Institutionalizing societal cleavages in a cooptive polity: The growing importance of the output side in Belgium," in Martin O. Heisler ed., *Politics in Europe: Structures and Processes in Some Postindustrial Democracies.* New York: McKay, pp. 178-220.

Huggett, Frank E. (1969). *Modern Belgium.* London: Pall Mall Press.

Krejčí, Jaroslav. & Vítězslav Velímsk. (1981). *Ethnic and Political Nations in Europe.* New York: St. Martin's Press.

Lijphart, Arend (1977). *Democracy in Plural Societies: A Comparative Exploration.* New Haven: Yale University Press.

Murphy, Alexander B. (1988). *The Regional Dynamics of Language Differentiation in Belgium.* Chicago: University of Chicago.

Murphy, Alexander (1995). "Belgium's regional divergence: Along the road to federation," in Graham Smith ed., *Federalism : The Multiethnic Challenge.* London: Longman. pp. '/3-100.

Pauwels, Teun (2011). "Explaining the strange decline of the populist radical right Vlaams Belang in Belgium: The impact of permanent opposition," *Acta Politica*, Vol. 46, No. 1, pp. 60-82.

Reuchamps, Min (2013). "The future of Belgian federalism through the eyes of the citizens," *Regional and Federal Studies*, Vol. 23, No. 3, pp. 353-368.

Rihoux, Benoît. & Patrick Dumont & Régis Dandoy (2001). "Belgium," *European Journal of Political Research*, Vol. 40, pp. 254-262.

Rihoux, Benoît. & Patrick Dumont & Lieven De Winter & Régis Dandoy (2002). "Belgium," *European Journal of Political Research*, Vol. 41, pp. 915-926.

Rihoux, Benoît. & Régis Dandoy & Lieven De Winter & Patrick Dumont (2005). "Belgium," *European Journal of Political Research*, Vol. 44, pp. 957-967.

Rihoux, Benoît. & Lieven De Winter & Patrick Dumont & Serge Deruette (2007). "Belgium," *European Journal of Political Research*, Vol. 46, pp. 891-900.

Rihoux, Benoît. & Patrick Dumont & Lieven De Winter & Damien Bol & Serge Deruette (2008). "Belgium," *European Journal of Political Research*, Vol. 47, pp. 917-928.

Rihoux, Benoît. & Patrick Dumont & Lieven De Winter & Serge Deruette & Damien Bol (2011). "Belgium," *European Journal of Political Research*, Vol. 50, pp. 913-921.

Senelle, Robert (1989). "Constitutional reform in Belgium: from unitarism towards federalism," in Murray Forsyth. ed. *Federalism and Nationalism*. London: Leicester University Press. pp. 51-95.

Van Drom, Andy (2010). " 'Perhaps this is not fiction': The discursive construction of national and regional identities in Belgium's public television broadcast hoax on Flemish independence," *European Journal of Cultural Studies*, Vol. 13, No. 1, pp. 81-97.

Vos, Louis (1998). "The Flemish national question," in Kas Deprez & Louis Vos. eds. *Nationalism in Belgium: Shifting Identities, 1780-1995*. New York: St. Martin's Press, pp. 83-95.

Witte, Els. & Harry Van Velthoven (1999). *Language and Politics: The Situation in Belgium in a Historical Perspective*. Balans: VUB University Press.

Witte, Els. & Jan Craeybeckx. & Alain Meynen (2000). *Political History of Belgium: from 1830 onwards*. Brussels: VUB University Press.

Zolberg, Aristide R. (1978). "Belgium," in Raymond Grew ed., *Crises of Political Development in Europe and the United States*. Princeton: Princeton University Press, pp. 99-138.

徘徊在歸附與自決之間——
烏克蘭東部與克里米亞的選擇[1]

趙竹成*

壹、烏克蘭分立的原生因素

　　烏克蘭（烏克蘭語：Україна）位於東歐，南臨黑海、東接俄羅斯、北邊與白俄羅斯毗鄰、西邊與波蘭、斯洛伐克、匈牙利、羅馬尼亞和摩爾多瓦諸國相連。烏克蘭面積約60萬平方公里，是歐洲面積第二大國，僅次於俄羅斯。人口約4,300萬（不包括克里米亞半島）。[2]烏克蘭地緣位置重要，是歐洲與俄羅斯地緣政治的交會點。

　　烏克蘭，俄羅斯及白俄羅斯皆起源於9世紀聶伯河畔的基輔羅斯（Kievan Rus）。1242年蒙古西征滅基輔羅斯，間接促成莫斯科的興起。原基輔羅斯所在的今天烏克蘭地區先後有金帳汗國、波蘭、立陶宛、俄羅斯、鄂圖曼、奧地利等不同政治軍事力量在此競逐，形成今天烏克蘭民族及文化的多樣性。

* 國立政治大學社會科學院民族學系教授。
1　感謝主編及兩位審查人的意見使本文得以完善，謹申謝忱。
2　自2014年3月以後，由於克里米亞已由俄羅斯實質治理，故關於烏克蘭的統計資料，原則上無法含括克里米亞部分。

　　直到20世紀初，烏克蘭大部分仍屬於俄羅斯帝國。在第一次世界大戰（1914-1918）和俄國革命（1917）的混亂時期，烏克蘭曾在1917年至1921年短暫獨立。1922年，烏克蘭蘇維埃社會主義共和國成為蘇聯創始的四個加盟共和國之一。第二次世界大戰結束後，原為波蘭領土的西烏克蘭併入烏克蘭蘇維埃社會主義共和國。1945年，烏克蘭成為聯合國創始國之一。1954年，赫魯雪夫（N. Khrushchev）當政時期，為慶祝烏克蘭加入俄羅斯300年，因此將原屬俄羅斯的克里米亞移劃歸烏克蘭。1991年烏克蘭獨立，成為獨立國協發起與創始國之一。

　　根據2001年烏克蘭的人口普查結果，烏克蘭人口中烏克蘭人占77.8%，俄羅斯人占17.3%，其餘包括白俄羅斯人，克里米亞韃靼人，莫爾多瓦人，保加利亞人都不超過0.6%。[3]

　　由於歷史進程，當代的烏克蘭並不是一個經濟，文化，語言及政治意識統一的實體。就經濟面而言，烏克蘭的工業主要集中在俄語人口為主的東部聶伯彼得羅夫斯克（Dnepropetrovsk）、頓內次克（Donetsk）、哈立科夫（Kharkov）。而西部的立沃夫（Lvov）、札卡爾帕特（Zakarpat）、切爾諾維次（Chrnovits）、特爾諾波（Ternopol）、羅沃夫（Rovov）等地在1940年代末以後才開始發展部分工業製造，但是仍然以農業為主要經濟生產形式。這種「東工西農」的經濟分工使得烏克蘭東西兩邊出現的經濟落差表現在東部各州，特別是聶伯彼得羅夫斯克，頓內次克自烏克蘭獨立以來，一直扮演西部各州財政補貼者的角色。[4]

3 Численность и состав населения Украины по итогам Всеукраинской переписи населения 2001 года. http://2001.ukrcensus.gov.ua/rus/results/general/nationality/.

4 Рой Медведев (2007). Расколотая Украина. Москва:Институт экономических стратегий. Международная академия исследований будущего, с. 73.

　　然而，影響烏克蘭最大的，主要源自其歷史文化上的不同進程所造成的分歧性。

　　1667年俄羅斯與波蘭締結安德魯索夫條約（Andrusovo contract），雙方議定以聶伯河為界：聶伯河左岸由莫斯科控制，右岸則由波蘭控制，而形成今日烏克蘭東西文化歷史分立的基本格局。[5]

　　俄羅斯與波蘭在聶伯河兩岸的分立，直到凱薩琳二世當政後出現徹底的變化。1772年，1793年，1795年俄羅斯、普魯士與奧地利瓜分波蘭的過程中，立沃夫地區在1772年就納入奧匈帝國版圖，其餘聶伯河右岸地區及今日的白俄羅斯則是逐次納入俄羅斯帝國版圖。這種漸次性的政治切割進程，造成今天的烏克蘭在文化、歷史感情上分歧的基本背景。而這種文化歷史上的基本分歧表現在宗教信仰及語言使用的選擇之上。

　　就文化上來觀察，宗教信仰在烏克蘭也是充滿矛盾。光是東正教會就有三個支派：主要信徒在東部地區的莫斯科牧首區烏克蘭正教會（Ukrainian Orthodox Church of the Moscow Patriarchate-UPTS MP），主要信徒在西部地區的烏克蘭自主教會[6]（Ukrainian Autocephalous Church）以及於1991年才出現的基輔牧首區烏克蘭正教會（Ukrainian Orthodox Church Kiev Patriarchate-UPTS-KP）。

　　除東正教以外，烏克蘭西部也有於1596年成立，承認羅馬教皇並受其管理，但是採用東正教儀式，以古斯拉夫語誦念的

5　*Михаил Грушевский* (2008). *Иллюстрированная история Украины с приложениями и дополнениями./ Составители И.И.Брояк,В.Ф.Верстюк.Донецк:ООО ПКФ «БАО», с.* 356-357.
6　這個教會並未獲得世界上其他東正教會的承認。

烏克蘭希臘天主教教會（Ukrainian Greek Catholic Church）。[7]

　　語言的使用更是長久以來烏克蘭在政治上的一個重要難解的課題。我們以下列幾個資料來說明烏克蘭在語言使用上出現的現象：[8]

　　首先，如同我們長久以來的理解，傳統上東部主要使用俄語及西部主要使用烏克蘭語，如下表1所示：

表1 不同地區語言使用比率

語言／地區	2000年4月民調				2000年1月民調			
	西部	中央區	南部	東部	西部	中央區	南部	東部
烏克蘭語	89.2	59.0	5.8	4.0	94.5	74.2	3.0	0.2
俄語	10.8	41.0	94.2	94.2	5.5	25.8	97.0	99.8

資料來源：Уникальная языковая ситуация в Украине. http://rusmir.in.ua/prob/106-unikalnaya-yazykovaya-situaciya-v-ukraine.html.

表2 母語認同

語言	比率
烏克蘭語	60.2
俄語	38.04
其他語言	1.3

資料來源：Уникальная языковая ситуация в Украине. http://rusmir.in.ua/prob/106-unikalnaya-yazykovaya-situaciya-v-ukraine.html.

7　又稱為聯合教會（УнятUniat）。

8　以下資料取自 Владимир Алексеев (n.d.). Уникальная языковая ситуация в Украине (2016. 04. 21). from http://rusmir.in.ua/prob/106-unikalnaya-yazykovaya-situaciya-v-ukraine.html.

　　表2顯示大多烏克蘭人的母語是烏克蘭語，但是如果比較2001年烏克蘭人口普查資料，烏克蘭人為77.8%，俄羅斯人為17.3%[9]的數據相較，可見約17-18%的烏克蘭人認為其母語是俄語。這些講俄語（Russian-Speaking）的烏克蘭人與俄羅斯人，即是構成烏克蘭東部人口的主要族群。

　　其次比較有意思的是，烏克蘭人在語言使用的選擇上具有階層化的差異。

表3　家庭生活中使用的語言

	2000年4月民調	2000年1月民調
只講烏克蘭語	49.5	39.1
只講俄語	48.4	36.0
其他語言	2.0	0.2
看情況決定	—	24.7

資料來源：Уникальная языковая ситуация в Украине. http://rusmir.in.ua/prob/106-unikalnaya-yazykovaya-situaciya-v-ukraine.html

　　表3指出在家庭生活中，使用烏克蘭語和俄語的情況各半，可見有部分烏克蘭家庭的生活用語是俄語。

表4　鄉村與都市地區家庭使用語言差異（2000年4月）

語言／居民點	基輔	其他城市	鄉村
烏克蘭語	30.0	33.2	82.7
俄語	70	64.0	16.5
其他語言	0	2.8	0.8

資料來源：Уникальная языковая ситуация в Украине. http://rusmir.in.ua/prob/106-unikalnaya-yazykovaya-situaciya-v-ukraine.html.

9　*Численность и состав населения Украины по итогам Всеукраинской переписи населения 2001 года.*

　　表4明白指出基輔以及城市地區以俄語為主要語言，而烏克蘭語主要是在鄉村地區。

表5　不同年齡組語言使用情況

語言／年齡	2000年4月民調			2000年1月民調		
	35歲以下	35-54歲	55歲以上	35歲以下	35-54歲	55歲以上
烏克蘭語	34.5	33.2	45.1	40.4	39.1	43.2
俄語	65.5	66.8	54.9	59.6	60.9	54.8

資料來源：Уникальная языковая ситуация в Украине. http://rusmir.in.ua/prob/106-unikalnaya-yazykovaya-situaciya-v-ukraine.html.

　　表5言明各年齡層使用俄語的情形普遍高於烏克蘭語，尤以54歲以下最為明顯。

表6　不同教育程度組語言使用情形

語言／教育程度	2000年4月民調				2000年1月民調			
	小學及初中未完成學業	普通中學	職業中學	高等及未完成高等教育學業	小學及初中未完成學業	普通中學	職業中學	高等及未完成高等教育學業
烏克蘭語	47.4	35.2	26.4	26.5	45.9	40.1	37.2	31.1
俄語	52.6	64.8	73.6	73.5	54.1	59.9	62.8	68.9

資料來源：Уникальная языковая ситуация в Украине. http://rusmir.in.ua/prob/106-unikalnaya-yazykovaya-situaciya-v-ukraine.html.

　　表6顯示教育程度高者較使用俄語。

　　由前述資料顯示，俄語使用者與烏克蘭語使用者相較之下，具有東部地域性，教育程度較高，年紀較輕及集中城市地區的現象。

　　另外，由表1的資料中顯示，在短時間內語言使用出現向兩端趨近趨勢，而表2及表3更表明文化認同的族群身分和語言使用之間不能畫上等號。由前述現象得知，把語言的使用作為一種標準去檢測是否忠誠愛國，或是認同烏克蘭與否，是完全不正確的作法。因為，就算是東部地區習慣使用俄語，生活習慣像俄羅斯人的寡頭企業家，也相信一個獨立，且是歐洲一部分的烏克蘭才能帶來最大利益。[10]也因此，現在的烏克蘭政府在掌握政治權力後，第一時間取消語言法（On State Language Policy）中俄語為地區官方語的權利一事，引起了東部地區和克里米亞的激烈反彈，終致政治情勢一發不可收拾，是一件嚴重的政治錯誤。[11]

10　*Рой Медведев* (2007). *Расколотая Украина.* с. 68.

11　*На Украине отменили закон о региональном статусе русского языка* (2014. 02. 23). *Лента.Ру*, from http://lenta.ru/news/2014/02/23/language.
　　隨著政治情勢的變動與內戰的展開，在排除烏克蘭東部的頓內次克共和國、盧甘斯克共和國與克里米亞的前提下，烏克蘭在2015年進行了母語認知的調查。根據調查結果，在排除前述三個地區的情形下，在整體部分，在烏克蘭，有60%認為母語是烏克蘭語，15%是俄語，22%同時是俄語和烏克蘭語，2%是其他語言。就區域分布來看，西部及中部認為母語為烏克蘭語的分別是93%及78%。在南部，認為母語為烏克蘭語為35%，同時是俄語及烏克蘭語為38%。在東部認為烏克蘭語為母語為37%，同時是俄語和烏克蘭語為34%。在頓巴次地區（交戰區周邊）則是40%認為母語是俄語，同時是俄語和烏克蘭語者為34%，20%認為是烏克蘭語。（*Украинцы рассказали, какой язык считают родным – опрос* [2016. 10. 03], from http://razumkov.org.ua/upload/Identi-2016.pdf.）這次的調查基本上和烏克蘭社會傳統以來語言使用的情況差不多，值得注意的是，回答「同時是俄語與烏克蘭語」的選項成為一種新的趨勢。

貳、2004年以來政治情勢的變化

　　2014年烏克蘭的政治劇變事實上是延續由2004年總統選舉所引起的政治危機，是烏克蘭獨立後政治發展過程中，導致國家動盪的根本因素。而這種危機所引致的衝突又表現在中央政府反地方俄羅斯化，進行烏克蘭化的政策推行，以及地區在中央控制下試圖保持自我獨特性的作為。因此，必須由2004年的橘色革命討論起。

　　2004年烏克蘭的總統選舉對烏克蘭，俄羅斯與整個歐洲政治都是一件重要的事件。「橘色革命」緣起於2004年烏克蘭總統大選在第二輪投票後，尤申科（V. Yushchenko）與提摩申科（Yu. Timoshchenko）的反對派號召成千上萬的支持者走上基輔街頭，抗議選舉舞弊並包圍政府，終於導致政黨輪替，反對黨執政並建立親西方的政府，改變了東歐及前蘇聯遺留下來的政治疆界與地緣政治關係，但也從此開始烏克蘭內部政治力量的三方合縱聯合。

　　自2004年迄今，觀察「橘色革命」後烏克蘭的內部政治發展，可以發現一個現象，即部分的烏克蘭政治菁英分子，特別是在2005年總統第二次選舉取得勝選的橘色集團，以及支持橘色集團的選民並沒有準備好與另一邊的選民進行對話。例如，每次總統與國會選舉都會引發爭議的俄語地位與語言使用問題，橘色集團對這類問題的強硬立場，不時招致東南地區地方的反彈。例如，當中央政府決定在烏克蘭高等院校全面禁止以俄語授課時，東南的盧甘斯克州（Lugansk

Oblast）卻把烏克蘭語視作國民學校教育中的外國語課程。[12]

　　面對尤申科支持者在第二輪投票後，在基輔的群眾運動，東南部是立即以「分離」、「脫離」等口號來回應，而非試圖與基輔的群眾對話。而東南部地區民眾則認為由「分離」而衍生出的「自治」與「聯邦制度」，在歐洲與「民主」、「自由」具有同樣的政治意義。

　　但是「分離傾向」所引致的，就是橘色集團主政後急切的進行統一化與中央化。前者表現在語言政策上，絕不同意俄語成為官方語。後者則是透過總統令與法院的操作，逐步限縮克里米亞自治共和國的自治權。

　　而對投票支持以「地區黨」（Partiia regionov）為首的雅努柯維奇政府的東南部選民而言，投票支持「地區黨」的目的是在於宣示，在面對「我們的烏克蘭」（Nasha Ukraina）這類被包裝在民主化、自由化口號民粹式政治主張時，東南部民眾凸顯自治化，甚至推動聯邦制是保證自我權利與利益的必要手段。

　　以往在研究烏克蘭的政治紛擾時，時常以權力競逐，權力鞏固等角度來看，甚至會加入外國力量的介入，特別是俄羅斯的政治立場來解釋。但是以地方主義與的角度切入，我們卻可以看到另一個面向。

　　對大多數東南部的選民而言，2004年的選舉是對烏克蘭國家未來走向的公投，因為對頓巴次（Donbass），斯洛博章辛（Slobozhashchiny），新俄羅斯（Novorossiya），克里米亞等地的居

12　*В Луганске украинский язык начал преподавать в качестве иностранного* (2007. 11. 12). *Лента.Ру*, from http://lenta.ru/news/2007/11/12/language.

民，特別是俄羅斯人而言，已經是其一生的故鄉。[13]其中，語言的寄託既是一種存在的標誌也是一種生活的依歸，因此，當一個俄羅斯人的公民身分由蘇聯籍轉換為居留國國籍時，俄語的使用與保存是前蘇聯各地區俄羅斯人一致的訴求，由烏克蘭到波羅的海，由中亞到高加索區無一例外。因為那不僅是生活上的實際存在，亦是感情上的期望，這種期望又會影響俄羅斯人的政治立場。烏克蘭橘色革命前後，講俄語的烏克蘭人與俄羅斯人堅定支持烏克蘭「地區黨」的雅努柯維奇，原因即在於雅努柯維奇對俄語採取較尤申科更開放與多元的態度。雅努柯維奇允許或保證講俄語的烏克蘭人與俄羅斯人仍有俄羅斯語學校可以就學的政策，自然會比尤申科強調烏克蘭化的政策受當地選民歡迎。

對這地區的選民而言，在2004年投票給雅努柯維奇並不是一種權力取得或依附的問題，而是要問，在這場選舉中哪個陣營能夠傾聽。這比「選舉舞弊」與否更重要，更有意義。

但是無論是否有選舉舞弊，2004年至2005年烏克蘭的選舉證明了一個事實：烏克蘭是個分裂成兩部分的烏克蘭。這種分裂就選舉的投票結果來看，是超越了族群的界線而顯示出強烈的地方區域主義，也就是西部加中部的集團與東南部地區的對立。這種事實就文化的深層心理因素來看，並不是因為投票時有群人投給尤申科，另外一群人投給雅努柯維奇，而是在烏克蘭，有一群人

---

13 由1996年的調查來看，大部分的俄羅斯人是因為原生因素留在烏克蘭，並認同烏克蘭為新祖國。參考趙竹成（2007），〈認同的選擇——以境外俄羅斯人為案例的分析〉，《問題與研究》，第2卷，頁53-81。
　　但是，在此必須指出，1996年時的調查，烏克蘭雖然尋求新的國家認同，但並非是以「排它」的概念為主軸，與俄羅斯雙邊關係未若2004年後的尖銳，烏克蘭東西兩部在政治上的分裂傾向並不如現今的劇烈。

在心理上認為「自己被烏克蘭這個祖國視為另一群人」。

　　東南部所以會投票支持「地區黨」並不是因為「權力」的因素，而是因為大部分的東南部選民，看到了橘色集團所表現的強烈國族主義傾向與思維。因此，與其將東南部選民的態度視為「支持當時執政黨」，倒不如解讀為，「為自己的文化與生活方式做選擇而投票」。因為，任何國家秩序的維持與國家統一的實踐，不能，也不可以建立在否認自我、否認自我過去、否認自我存在這樣的基礎上。

　　對於2004年至2005年發生的「橘色革命」，以往都以政治轉型或是民主化的角度來觀察並分析當時的這場政治事件。但是，衡諸烏克蘭歷史以及當代的烏克蘭政治、社會，與經濟結構，甚至是烏克蘭周邊關係，我們可以由政治轉型，民主化等相關焦點外，去檢視烏克蘭內部的本質進而分析「橘色革命」所展現的第二層意義，也就是說，我們以地方主義與族群多元的集中性作為一種「內視」（in-sight）的焦點，與以往透過「政治轉型」與「民主化」的「外視」（out-sight）焦點，做一個全面性的理解。基於此，由「橘色革命」的現象來看東南部以及克里米亞半島投票的結果，在族群集中性強化的地方主義，不只是一種大眾情緒，就某種角度上來看，更應該視之為一種集體的社會與政治運動，是對烏克蘭國族主義的正常反應，進而訴諸於地方自治與聯邦制度。

參、2013-2014年的政治局勢

　　而自2004年的總統選舉後，我們發現烏克蘭各個地區對於

烏克蘭國家未來走向看法的分歧，而這種分歧是烏克蘭在政治發展過程中，特別是自2004年以後最重要的議題。而2013年至2014年迄今的政治事件，事實上是2004年烏克蘭橘色革命的延長。

　　我們先來摘要這段時間主要的事件變化：

表7　烏克蘭事件簡要

時間	重要事件
2013/11/30	烏克蘭警方驅逐聚集在獨立廣場的群眾。 網路開始流傳警察驅逐抗議者的影片。 美國譴責驅逐行動。 基輔警察首長柯里亞克（V. Koryak）承認為其下令驅逐。 總統雅努柯維奇在電視表示對驅逐行動不滿，並要求總檢察長就此進行調查。
2013/12/02	立沃夫、伊凡－福蘭科夫、特爾諾波三地開始無限期罷工抗議。 頓內次克支持雅努柯維奇。 總統辦公廳主任列沃奇金（S. Levochkin）辭職。 基輔警察首長柯里亞克被解職。
2013/12/03	國會以186票未能通過對內閣不信任案。 美國希望烏克蘭政府傾聽民意。
2013/12/04	總檢察長要求群眾離開占據的基輔市政廳。 德國外交部代表訪視廣場群眾。
2013/12/05	第一副總理阿爾布佐夫（S. Arbuzov）表示，願意和反對派討論總統及國會提前選舉的問題。 加拿大外長貝爾德（Berd）訪視群眾。
2013/12/06	反對派要求美國參眾兩院對烏克蘭政府進行制裁。
2013/12/08	提摩申科認為邁向直接的人民權力，具有憲法基礎。
2013/12/10	歐盟外交代表艾希頓（Ashton）與雅努柯維奇會晤後訪視群眾。
2013/12/18	艾希頓認為烏俄協議不妨礙烏克蘭的歐洲化進程。

2013/12/22	示威者包圍內政部長住家。
2013/12/29	示威者包圍總統官邸。
2014/01/05-01/08	示威者包圍內政部長，教育部長，基輔代理市長住家。
2014/01/19	抗議群眾要求提前總統選舉。
2014/01/21	自由之家主席克拉美爾（Cramer）要求美國及歐盟採取積極行動解決烏克蘭危機。
2014/01/22	反對派宣布全國動員。
2014/01/23-01/25	立沃夫，羅沃夫，特爾諾波，切爾卡斯（Cherkas），伊凡─福蘭科夫，切爾諾維次，赫梅尼次克（Khmelnitsk）各地政府機關被反對派占領。
2014/01/24-01/25	雅努柯維奇承諾開除所有涉及11/30驅逐行動的官員。雅努柯維奇準備接受反對派條件，並建議由反對派領袖亞申紐克（A. Yatsenyuk）擔任總理。
2014/01/27	司法部被反對派群眾占領。
2014/01/28	雅努柯維奇解除總理阿札洛夫（N. Azarov）職務。
2014/02/04	亞申紐克宣稱，若採行2004年憲法修正案內容，則願意組閣。
2014/02/05	90名外交官公開支持抗議群眾加入歐盟的主張。
2014/02/17	警察嘗試收復基輔市政府，再度爆發衝突。
2014/02/21	雅努柯維奇與反對派簽署協議。
2014/02/22	雅努柯維奇被國會解職，國會並宣告5/25進行總統選舉。雅努柯維奇棄職出境。
2014/02/23	原國會議長圖奇諾夫（A. Turchinov）出任代總統。同日，國會廢除語言法。
2014/02/26	在克里米亞，俄羅斯人與克里米亞韃靼人爆發激烈衝突。
2014/02/27	烏克蘭新政府成立。
2014/02/27	俄羅斯武裝人員控制克里米亞並解除烏克蘭軍隊武裝。
2014/03/03	俄羅斯總理梅德韋杰夫宣布將給予克里米亞財政支援。
2014/03/11	克里米亞議會通過獨立宣言，宣告克里米亞是個獨立主權國家。

2014/03/16	克里米亞進行關於克里米亞政治歸屬的公投。投票率83%，支持成為俄羅斯聯邦一部分者占96.6%。
201403/17	克里米亞向俄羅斯聯邦提出申請。
2014/03/17	俄羅斯聯邦接受克里米亞之申請。
2014/03/17	歐盟及美國開始對俄羅斯進行制裁。
2014/03/18	克里米亞共和國，塞瓦斯托堡市及俄羅斯聯邦簽署重歸條約。
2014/03/21	克里米亞共和國，塞瓦斯托堡市正式成為第84及第85個俄羅斯聯邦主體。
2014/03-04	烏克蘭東部頓內次克（Donetsk），盧甘斯克（Lugansk），哈立科夫（Kharkov），奧德薩（Odessa），尼可拉耶夫（Nikolaev）各州爆發衝突。[14]
2014/04/07	烏克蘭代總統圖奇諾夫宣布在烏東地區進行「反恐行動」（Antiterrorist Operation-ATO）。烏克蘭內戰。
2014/04/07	頓內次克人民共和國（Donetsk People's Republic-DNR）成立，發表主權宣言。 哈立科夫人民共和國成立（Kharkov People's Republic-KHNR）。
2014/04/28	盧甘斯克人民共和國（Lugansk People's Republic-LNR）成立。
2014/0502	奧德薩工會大樓事件。[15]
2014/05/11	頓內次克人民共和國進行獨立公投，投票率為74.87%，支持為89.07%。 盧甘斯克人民共和國進行獨立公投，投票率為81%，支持為90.53%。[16]
2014/05/12	頓內次克人民共和國及盧甘斯克人民共和國宣布獨立。
2014/05/25	烏克蘭舉行總統選舉，由波洛申科（P.Poroshenko）當選。投票率59.48%，得票率54.7%。[17]
2014/07/17	馬航017於交戰地區上空被擊落。
2014/07/30-31	歐盟對俄羅斯進行進一步制裁：制裁俄羅斯航空子公司（Dobrolet），中止開採及探勘技術，禁止國有股份超過50%以上的俄羅斯銀行在歐盟活動，包括「儲蓄銀行」，「對外貿易銀行」，「俄羅斯天然氣銀行」，「對外經濟銀行」，「俄羅斯農業銀行」。

2014/08/07	俄羅斯針對歐盟、美國、澳洲、挪威進行農產品禁運一年，包括牛奶，奶製品，肉類，蔬果，香腸等。
2014/09/05	第一次明斯克協議。[18]
2014/10/26	烏克蘭進行國會選舉。[19]
2014/11/02	頓內次克人民共和國及盧甘斯克人民共和國舉行總統及國會選舉。 參加第一次明斯克協議的札哈成科（A. Zakharchenko）以及普洛特尼次基（I. Plotnitskii），分別以77.51%，63.08%的得票率當選總統。
2015/02/	「諾曼第四方」：第二次明斯克協議。[20]

14　親俄羅斯與支持基輔的兩派爆發街頭衝突，親俄羅斯派者被迫躲進工會大樓。支持基輔者縱火焚燒大樓，造成48人死亡，超過200人受傷。此案迄今沒有對縱火者進行追訴。
Годовщина трагедии: Одесса вспоминает жертв пожара в Доме профсоюзов (2015. 05. 02). *Вести.Ру*, from http://www.vesti.ru/doc.html?id=2548403.

15　頓內次克和盧甘斯克兩個地區的公投題目為「您是否支持頓內次克人民共和國／盧甘斯克人民共和國獨立法？」(«*Поддерживаете ли Вы Акт о самостоятельности Донецкой/Луганской Народной Республики?*»)
Референдум в Донецке и Луганске 2014, 11 *мая: итоги уже известны*. (2014, May, 12). *Topnews.ru*, from http://www.topnews.ru/news_id_67788.html.

16　*Выборы Президента Украины 25 мая* 2014. [Data file]. Kyiv: Ukraine Elections. from http://ukraine-elections.com.ua/election_data/vybory_result/prezident/2014-05-25.

17　由歐安會議代表塔莉亞維妮（Heidi Tagliavini）居中協調，俄羅斯駐烏克蘭大使祖拉伯夫（M. Zurabov）為見證人，烏克蘭前總統庫契馬（L. Kuchma）代表基輔與頓內次克人民共和國代表札哈成科（A. Zakharchenko）和盧甘斯克人民共和國代表普洛特尼次基（I. Plotnitskii）進行停火談判。協議共十二條。但是，這次協議無法停止基輔與兩個地區的武裝衝突，徹底成為廢紙。
Двенадцать пунктов минского соглашения по Украине (2014. 09. 07). *РИА Новости*, from http://ria.ru/world/20140907/1023121452.html.

18　*Двенадцать пунктов минского соглашения по Украине* (2014. 09. 07). *РИА Новости*, from http://ria.ru/world/20140907/1023121452.html.

19　烏克蘭國會選舉為兩票並立制，在小選區單一席次共225席。其中27席因為處於頓內次克人民共和國及盧甘斯克人民共和國的交戰地區內，所以未選出。故為198席。其中，總統波洛申科政團（Bloc Poroshchenko）：132席，總理亞申紐克領導的人民陣線（People's front）：50席，自由黨（Svoboda）：33席，反對集團（Opposition Bloc）：29席，提摩申科政團（Batykivshchina）：22席，自助黨（Samopomoshchi）：19席。
在政黨比率方面（門檻為5%）：人民陣線：22.14%（64席），波洛申科政團：

　　2013年底發生的政治紛擾可以由幾個角度去思考：

　　1. 厚達900頁的東方夥伴協議事實上並不是加入歐盟的協議，而是歐盟要求烏克蘭在與歐盟進行政治議題對話前，先改革自己的經濟環境，先與歐盟建立自由貿易區。然而，與歐盟建立自由貿易區並不表示歐盟的政治承諾。2013年11月初，烏克蘭向歐盟提出經濟改革總值1,600億歐元的財政援助，這包括了取消進出口關稅，放棄Gost規章改採歐盟規章，取消本國產品補貼，重建天然氣管線，天然氣價格自由化等等。結果歐盟拒絕這項要求，與此同時，烏克蘭應付俄羅斯的天然氣費150億

　　21.81%（63席），自助黨：10.97%（32席），反對集團：9.43%（27席），激進黨（Partiia O. Lyashko）：7.44%（22席），提摩申科政團：5.58%（17席）。
　　總計：總統波洛申科政團：195席，人民陣線：114席，自助黨：51席，反對集團：56席，提摩申科政團：39席，激進黨：22席。*Выборы в Верховную Раду 26 октября* 2014. [Data file]. Kyiv: Ukraine Elections. from http://ukraine-elections.com.ua/election_data/vybory_result/parlament/2014-10-26.

20 這次談判由兩個層次構成，第一層次所謂「諾曼第四方」，也就是俄、德、法、烏四國領袖的高峰會。四國領袖（俄羅斯總統普京，烏克蘭總統波洛申科，德國總理梅克爾，法國總統歐蘭德）就烏東問題取得共識後，形成具體文字，交由第二層次的實際「談判組」進行談判。談判組由烏東的盧甘斯克共和國「總統」普洛特尼次基，頓內次克共和國「總統」札哈成科，基輔代表——前總統庫奇馬，俄羅斯代表——俄駐烏克蘭大使祖拉柏夫以及歐安組織代表塔利雅維妮四方構成。待談判組皆同意簽字後，再由四國領袖發表共同聲明表達支持之意。
　　第二次明斯克協議包括13條主文及一份附則，分析其內容後可以發現，幾乎完全是依照俄羅斯及烏東兩共和國的設想與要求而來，主要包括：
1. 撤出重武器，依射程後撤50至140公里，確保了盧甘斯克和頓內次克兩市不會再受炮擊。
2. 大赦及不追究烏東民兵的法律責任。
3. 基輔必須支付原來對烏東地區停止支付的薪水以及退休金，並重新提供原先中斷的銀行服務。
4. 在國際機制下，確保對烏東的人道援助。
5. 解除所有非法團體武裝。
6. 2015年底前，烏克蘭進行憲改去中央化，並通過烏東兩地永久性特殊地位的法律。協議簽字30天內烏克蘭國會要通過關於烏東兩地特殊地位的決議。
　　Полный текст Минских соглашений (2015. 02. 12). *РИА Новости*, from http://ria.ru/world/20150212/1047311428.html.

美元即將到期，烏克蘭對俄羅斯債務到2013年年底已累積300億美元，在這種情形下，一個本就主張與俄羅斯友好的總統、政府，轉向俄羅斯不應該是一件奇怪的事情。

2. 雅努柯維奇與反對派簽訂的協議（Agreement on settlement of political crisis in Ukraine），並經歐盟代表見證簽字。其中，第一項決議：在協議簽署後48小時內提出特別法，以回復2004年的憲法條文。並在10天內成立團結政府。第二項協議：在2014年9月完成現行憲法修正，第三項協議：2014年12月以前提前進行總統選舉，並依政黨比例，根據歐安會議及威尼斯委員會之原則重組新的中央選舉委員會。第五項：政府不得戒嚴。

由這個協議引出幾個問題：

（1）21日簽字，22日反對派馬上動員在國會表決將雅努柯維奇解職。第二天23日雅努柯維奇流亡，在雙方都未履行協議前，反對派已直接撕毀協議。

（2）2004年的憲法修正條文大致如下：

　　a.總理由國會多數聯合政團提出。各部部長由總理提名經國會任命。國防、外交則由總統提名由國會通過。

　　b.國家財產局、反壟斷委員會、國家廣電委員會主任改由總理提名。

　　c.國會選舉取得席次之政黨，必須組成多數的聯合政團才能取得國會多數地位。

　　d.國會選後30天無法組成多數執政，則解散國會。60天內無法組成政府，亦解散國會。

　　e.國會可任意任免內政部長。國家安全局長、總檢察

長之任免由總統提請國會議決。

　　簡言之，就是把1996年版以總統為核心的半總統制轉換成以國會為核心。

　　但是，2004年這些的修正條文在2010年9月30日烏克蘭憲法法庭「No.-pn/2010」號裁定書已裁定是違憲的（The decision of the Constitutional Court No.-pn/2010 30.09.2010）。所以，一切的政治運作都必須依現行憲法運作才合乎法理。

　　因此，現行由反對黨主導成立的國會及其政府，既不合現行憲法，也無視於憲法法庭的裁定。這是俄羅斯政府一直不承認臨時政府合法性的因素。

　　3. 臨時政府1月22日的所謂罷免雅努柯維奇就法理上是不合憲之行為。

　　依烏克蘭現行憲法111條，關於罷免總統的程序如下：

（1）國會1/2多數提案成立調查委員會，調查總統犯罪事實。
（2）國會以2/3多數通過總統犯罪事實報告後，送憲法法庭及最高法院。
（3）憲法法庭及最高法院裁定書皆同意調查報告書內容。
（4）國會以3/4多數通過憲法法庭及最高法院裁定書。
（5）總統解除職務後由總理代行總統職務至新總統選出。

　　但是雅努柯維奇被解除總統職位一事，完全未經憲法程序進行，只是以國會多數決議為之，這是任何一個民主國家不可能發生的憲政變動。也因此，俄羅斯政府仍然承認雅努柯維

奇當時在法理上（de jure）仍為烏克蘭的總統。

　　4. 反對派的活動分成內部及外部兩部分。前者是在西部地區以及基輔，這些以烏克蘭民主主義者為主的地區，進行全面的集會、與警察進行暴力抗爭、占據廣場、占領政府機關形成一種壓迫。後者則是藉由外國政府，特別是歐盟、美國的介入，形成對烏克蘭政府的壓力。

　　5. 出現一個值得注意的現象，這次事件在網路上形成一種話語權的競爭。就是反對派及俄方在訊息傳播上出現一種強力的競爭，這是以往未曾出現過的事情。

　　6. 總統雅努柯維奇於2010年2月的第2輪選舉中，以48.95%的得票率擊敗對手提摩申科的45.47%得票率而當選總統（在第一輪投票中，雅努柯維奇得票35.32%，提摩申科25.05%）。而在2012年10月的第七屆國會（Rada）選舉中，與總統雅努柯維奇同一陣營的「地區黨」，以總席次186席（在小選區單一席次中取得114席，在政黨比例代表席次獲得72席）取得第一大黨地位後，在第7屆國會的黨團組成中以210席成為國會最大黨團，並與共產黨的32席組成242席（53.77%）的穩定多數。

　　換句話說，在2014年2月以前烏克蘭的政治運作是在一個具有高度授權幾乎沒有機制可以制衡總統，而且是建立在一個「多數總統」加一個在國會中具有「多數優勢執政黨」背景下發生。也因此，雅努柯維奇的潰敗並不是制度上沒有正當性或合法性，或者是沒有權力的情形，而是有其他非制度性因素存在。

肆、克里米亞的脫離以及烏東自決的分析

　　由克里米亞及烏克蘭東部的案例，可以就族群的政治歸屬及選擇整理下列結論。就克里米亞的案例來看，克里米亞的脫離並且重歸俄羅斯有其一定的脈絡。

　　首先，在人口結構上，根據2001年的官方普查結果，在克里米亞，俄羅斯人占58.5%，烏克蘭人為24.4%，克里米亞韃靼人為12.1%，其餘5%為其他各民族。[21] 俄羅斯人在人口結構上具有絕對優勢。

　　再者，在1954年以前，克里米亞是俄羅斯蘇維埃社會主義共和國聯邦的一部分。而在1954年蘇共中央以烏克蘭與俄羅斯統一300年之名義劃給烏克蘭加盟共和國。這件事情在1991年蘇聯瓦解後，就直接引爆克里米亞當地俄羅斯人要求回歸俄羅斯的運動，最終使得烏克蘭這個單一制國家，被迫在其國內成立一個具有部分自主權的「自治共和國」與烏克蘭其他各州形成例外。[22]

　　第三，分析克里米亞重歸俄羅斯的階段，可以發現是依下列階段進行：「危機」→「衝突」→「宣告獨立」→「全民公投」→「請願加入」→「俄羅斯同意」。

　　在這個過程中，「宣告獨立」以及「公投」兩個階段至為重要。

21　*Перепись населения 2001 года.* [Data file]. Simferopol: State Statistics Republic of Crimea, from http://gosstat.crimea.ru/perepis.php.

22　*М.Смирнов* (n.d.). *Кто и как передавал Крымскую область в состав УССР в 1952–1954 годах.* (2016. 04. 21) from http://svom.info/entry/452-kak-meshok-s-kartoshkoj.

由2014年3月11日克里米亞議會通過獨立宣言，宣告克里米亞是個獨立主權國家，到3月16日克里米亞進行關於克里米亞政治歸屬的公投。最終以投票率83%，支持成為俄羅斯聯邦一部分者為96.6%的結果作收。

這兩個階段是為俄羅斯在接納其為聯邦一部分時，先排除俄羅斯國內法的法理障礙。特別是，克里米亞的公投是以「重歸」為主題而非「加入」。

2014年3月11日在克里米亞已宣告獨立成為主權獨立國家的情形下，克里米亞於3月16日進行對克里米亞未來的政治歸屬確認的公投。

選票上有兩個選項。一是：「您支持克里米亞以俄羅斯聯邦主體的身分重歸俄羅斯？」（«Вы за воссоединение Крыма с Россией на правах субъекта Российской Федерации?»/ Vy za vossoedinenie Kryma s Rossiej na pravakh sub'ekta Rossijskoj Federatsii?）另一則是：「您支持回復1992年克里米亞共和國憲法效力及克里米亞作為烏克蘭一部分的地位？」（«Вы за возобновление действия Конституции Республики Крым 1992 года и за статус Крыма как части Украины?»/ Vy za vozobnovlenie dejstviia Konstitutsii Respubliki Krym 1992 goda i za status Kryma kak chast Ukrainy?）選票以俄文，烏克蘭文及克里米亞韃靼文三種文字敘明。但是，克里米亞韃靼人聚居地區抵制本次公投。[23]

此外，克里米亞公投在過程中使用「重歸」一詞，不僅確認克里米亞的歷史及感情歸屬，也為法律問題解套。

---

23 *В Крыму подвели итоги референдума* (2014. 03. 17). *Лента.Ру*. from https://lenta.ru/news/2014/03/17/crimea1.

俄羅斯的「俄羅斯聯邦主體法」（On the order of adoption in the Russian Federation and the formation within it of a new subject of the Russian Federation）的第4條到第6條規範得很清楚：一個國家的某部分要成為俄羅斯聯邦的一部分需要下列程序：

1. 這個國家的某部分是主動為之。
2. 俄羅斯必須和這地區的利益當事國進行磋商。
3. 磋商取得共識後，國內國會上下兩院也須同意。

但是第6條有一個非常重要的條件，就是前述行為皆須合於俄羅斯所簽的國際條約。這就出現幾個問題：

（1）如果依「俄羅斯聯邦聯邦主體法」的規定走程序，一定拖很久時間。
（2）俄羅斯不承認當時的烏克蘭政府，所以俄羅斯沒有磋商對象，事實上整個法定程序不能走。
（3）如果俄羅斯接受克里米亞，則和1994年的布達佩斯協議衝突。因為各國保證烏克蘭主權和領土完整，俄羅斯是簽字國，因此，存在俄羅斯憲法法庭判定違憲的可能性。

所以，克里米亞的獨立宣言，某種程度是為俄國在國內法這件事情上解套。就是避開一國某部分的限制，而是以一個主權獨立國家身分去和俄羅斯談判加入。

　　然而，就烏東的角度來觀察，雖然克里米亞的回歸引起烏東地區極大的回響，烏克蘭東部的頓內次克及盧甘斯克兩地也嘗試師法克里米亞。甚至西方媒體都預測俄羅斯會以軍事介入予以協助，[24]但是結果顯然並非如此。

　　在克里米亞成為俄羅斯聯邦一部分，俄羅斯在受到國際制裁的情形下，仍然堅持克里米亞成為俄羅斯聯邦主體之一的法理基礎，無視國際壓力。但是，烏東兩地的問題，俄羅斯將其視為烏克蘭內政以及透過國際協商來解決。這其中包含著幾個因素。

　　其中一個是原生因素，包括族群及地理因素。

　　烏克蘭東部如果依所謂「新俄羅斯」（Novorossiia）的概念，這是由哈立科夫，盧甘斯克，頓內次克，聶伯彼得羅夫斯克，尼古拉耶夫，札波洛耶（Zaporozhia），奧德薩所連成的一大片區域。這塊區域被分成數個行政區，其複雜性高於一個孤立的克里米亞半島。此外，不同於克里米亞族群結構上由俄羅斯人占絕大多數，烏克蘭東部地區雖然以俄語為母語的人口高於以烏克蘭語為母語的人口，但仍然是烏克蘭人占大多數。這是一個民族屬性上的極大障礙。

　　另外最重要的因素：大國意圖。

　　俄羅斯基於歷史、文化、政治、軍事等理由，不計任何代價地收回克里米亞。但是對於烏克蘭東部的情形一直保持小心翼翼的態度，避免讓西方找到任何直接干預的證據。除了默許

24　CNN: *Россия может напасть на Харьков, Луганск и Донецк* (2014. 03. 27). *BBC.* from http://www.bbc.com/ukrainian/ukraine_in_russian/2014/03/140327_ru_s_russian_ukraine_invasioin.

俄羅斯志願者加入烏東兩地民兵及人道援助以外，[25]並未對兩地是否加入俄羅斯聯邦一事有評論。甚至對於兩地人民是否享有俄羅斯國民待遇一事亦不置可否。[26]因此，頓內次克和盧甘斯克兩地迄今沒有進入「加入俄羅斯聯邦公投」的階段。[27]

　　由此，對於烏克蘭東部和克里米亞事件，可以歸納出幾個結論：

　　1.烏克蘭的內戰以及克里米亞的重歸，都是起自於2013年年底爆發的暴亂。烏克蘭政治衝突的解決以及政治主張的實踐，是透過暴力傾覆合法制度及秩序的手段造成。這種政治暴力加大了烏克蘭內部不同文化群體及族群的危機感，而採取了以暴易暴的手段回應，由此使烏克蘭陷入不可挽回的絕境。因此，以民粹式民族主義作為政治動員的號召，是多民族文化國家中最不負責任及冒進的行為。

　　2.一個國家的中央政府以「恐怖分子」定義與自己政治主張不同的國民，並且以「反恐行動」合理化在國內的軍事彈壓，既不合法亦不具正當性。

　　3.任何追求政治獨立或是民族自決的運動，在取得大國的

25　迄2016年4月俄羅斯已對頓內次克及盧甘斯克地區提供51次人道救援物資，合計超過6萬公噸。
　　Россия отправит следующий конвой с гумпомощью в Донбасс в мае (2016. 04. 21). *РИА Новости*, from http://ria.ru/society/20160421/1416217057.html.
26　2016年2月18日俄羅斯總統普京(V.V. Putin)簽署命令，正式承認由頓內次克共和國和盧甘斯克共和國所簽發的關於個人身分，財產，學歷，技術證照，駕照，住屋等文件的效力，並得以免簽出入境俄羅斯。
　　http://kremlin.ru/events/president/news/53895.
27　*В ДНР опровергли слухи о референдуме по вхождению в Россию* (2015. 08. 19). *Мир 24*. From http://mir24.tv/news/politics/13133919.

支持前，必須先展現集體堅決的主觀意志。克里米亞的回歸公投是如此，烏克蘭東部的頓內次克和盧甘斯克更是以武裝抗爭的行動，具體表示對基輔政權的否定。如此才能得到俄羅斯在外交上的斡旋，造成自立的既成事實。

4.由克里米亞和烏東的發展過程更清楚地顯示了：一種區域內的族群衝突，雖然衝突當事雙方是主角，但是整個區域的政治安排往往不是當事人所願即可，最終仍要回到國際權力遊戲的框架中去決定。民族自決在牽涉到大國的利益時，仍須回到大國的地緣及國際利益中去計算。

5.克里米亞回歸俄羅斯後，隨著與俄羅斯本土連接的逐漸鞏固，包括正在興建的克爾契跨海大橋（Kerch bridge）[28]以及2016年輸電網路的完成，[29]就算烏克蘭仍然認為克里米亞是烏克蘭的一部分，但是在事實上（de facto）已成為俄羅斯一部分。

　　烏東在內戰期間，在總人口300萬人的戰爭地區，造成超過9,000人的死亡，超過20,000人受傷。[30]這種內戰造成的大量死亡絕對不利於未來烏克蘭的整合。因此，烏克蘭的憲政體制改造是一件不得不做的政治工程。其中，包括實施聯邦制，文化及語言的多元性權利保障，中央政府權力的下放，這些在明

28　預計2018年年底通行汽車，2019年通行鐵路。
　　Началось строительство свайного фундамента Крымского моста (2016. 03. 10). *Лента.Ру*, from https://lenta.ru/news/2016/03/10/bridge/

29　*Энергомост в Крым — последние новости строительства и прокладки кабеля через Керченский пролив* 2015 (2015. 12. 02). *Перекоп.ру*. from http://www.perekop.ru/energeticheskaya-bezopasnost-kryma/.

30　*В ООН озвучили число жертв на Донбассе за два года конфликта* (2015. 03. 03). *Тут Бай Медиа*. from http://news.tut.by/world/487173.html.

斯克協議中羅列的重點必須在相關大國的保證下實現。否則，
最終烏克蘭會喬治亞化或摩爾多瓦化，而頓內次克和盧甘斯克
兩地會變成喬治亞的南奧塞提亞共和國（South Ossetia）與阿布
哈茲共和國（Abkhazia），或是摩爾多瓦的沿涅斯特河共和國
（Pridnestrovie）。這種情況最終會成為國際關係研究，國際法以
及民族問題上的重要案例。

參考文獻

趙竹成（2007），〈認同的選擇——以境外俄羅斯人為案例的分
　　析〉，《問題與研究》，第2卷，頁53-81。

CNN: Россия может напасть на Харьков, Луганск и Донецк. <http://www.
　　bbc.com/ukrainian/ukraine_in_russian/2014/03/140327_ru_s_russian_
　　ukraine_invasioin>

Алексеев, Владимир, Уникальная языковая ситуация в Украине. <http://
　　rusmir.in.ua/prob/106-unikalnaya-yazykovaya-situaciya-v-ukraine.html>

В ДНР опровергли слухи о референдуме по вхождению в Россию. <http://
　　mir24.tv/news/politics/13133919>

В Луганске украинский язык начал преподавать в качестве иностранного.
　　<http://lenta.ru/news/2007/11/12/language>

В ООН озвучили число жертв на Донбассе за два года конфликта. <http://
　　news.tut.by/world/487173.html>

Выборы Президента Украины 25 мая 2014. <http://ukraine-elections.com.ua/
　　election_data/vybory_result/prezident/2014-05-25>

Выборы в Верховную Раду 26 октября 2014. <http://ukraine-elections.com.

ua/election_data/vybory_result/parlament/2014-10-26>

В Крыму подвели итоги референдума. <https://lenta.ru/news/2014/03/17/crimea1>

Годовщина трагедии: Одесса вспоминает жертв пожара в Доме профсоюзов. <http://www.vesti.ru/doc.html?id=2548403>

Грушевский, Михаил (2008). Иллюстрированная история Украины с приложениями и дополнениями./ Составители И.И.Брояк,В.Ф.Верстюк.Донецк:ООО ПКФ «БАО»

Двенадцать пунктов минского соглашения по Украине. <https://ria.ru/world/20140907/1023121452.html>

Им нужны Россия и Сталин.Новая волна «русской весны» охватила Донецк, Харьков и Луганск. <http://lenta.ru/articles/2014/04/07/russianspring/>

Медведев, Рой (2007). Расколотая Украина. Москва:Институт экономических стратегий.Международная академия исследований будущего.

На Украине отменили закон о региональном статусе русского языка. <http://lenta.ru/news/2014/02/23/language>

Началось строительство свайного фундамента Крымского моста. <https://lenta.ru/news/2016/03/10/bridge/>

Перепись населения 2001 года. <http://gosstat.crimea.ru/perepis.php>

Полный текст Минских соглашений. <http://ria.ru/world/20150212/1047311428.html>

Референдум в Донецке и Луганске 2014, 11 мая: итоги уже известны. <http://www.topnews.ru/news_id_67788.html>

Россия отправит следующий конвой с гумпомощью в Донбасс в мае. <http://ria.ru/society/20160421/1416217057.html>

Смирнов, М. Кто и как передавал Крымскую область в состав УССР в 1952–1954 годах. <http://svom.info/entry/452-kak-meshok-s-kartoshkoj>

Украинцы рассказали, какой язык считают родным – опрос <http://razumkov.org.ua/upload/Identi-2016.pdf>

Указ о признании документов, выданных гражданам Украины и лицам без гражданства, проживающим на территориях отдельных районов

Донецкой и Луганской областей Украины <http://kremlin.ru/events/president/news/53895>

Энергомост в Крым — последние новости строительства и прокладки кабеля через Керченский пролив 2015. <http://www.perekop.ru/energeticheskaya-bezopasnost-kryma/>

Федеральный конституционный закон от 17 декабря 2001 г. N 6-ФКЗ "О порядке принятия в Российскую Федерацию и образования в ее составе нового субъекта Российской Федерации" (с изменениями и дополнениями) (俄羅斯聯邦聯邦主體法) <http://base.garant.ru/184002/#ixzz4M11my800>

Об основах государственной языковой политике. (烏克蘭語言法) <http://odnarodyna.org/node/9746>

Численность и состав населения Украины по итогам Всеукраинской переписи населения 2001 года. (烏克蘭2001年人口普查) <http://2001.ukrcensus.gov.ua/rus/results/general/nationality/>

Перепись населения 2001 года. (克里米亞人口普查) <http://gosstat.crimea.ru/perepis.php>

車臣的獨立運動及俄羅斯的回應

連弘宜*

壹、前言

車臣問題無疑是近二十年來重要的民族衝突事件之一,俄羅斯和車臣雙方曾於1994年及1999年先後爆發兩次大規模戰爭。第一次車臣戰爭時,俄國國內經濟凋敝亟需西方國家的經濟援助,使得在車臣問題的處置上綁手綁腳,最終俄軍以慘敗收場,車臣得以保持其獨立地位。第二次車臣戰爭正逢俄國政治權力交替之際,普京時任代理總統,需要藉由對外戰爭來加強自身在國內的政治勢力,而戰爭的結果也不令普京失望,俄軍成功地占領車臣,車臣復歸俄國統治。

俄羅斯車臣問題的背後除了民族與文化的衝突外,鄰國的介入亦複雜化原本單純的獨立事件。此外,複雜的國際因素亦使俄羅斯處理車臣問題受到掣肘。長期以來西方國家一直指責俄羅斯在車臣的軍事行動違反人權。911事件後,俄積極支持美對阿富汗塔利班(Taliban)實施軍事打擊,並希望美國等西方

* 國立政治大學外交學系副教授,俄羅斯聯邦外交部國立莫斯科國際關係大學(MGIMO)國際關係系政治學博士。研究領域:俄國政治與外交政策、國防政策與軍事戰略、國際安全與國際衝突、國際關係與國際關係史。

國家改變在車臣問題上的立場。但西方國家仍對俄羅斯的車臣政策持保留態度，並一再要求俄政府通過政治對話解決車臣問題。俄羅斯認為，西方國家在反恐問題上的雙重標準，助長了車臣恐怖分子的聲勢。

　　杭廷頓（Samuel P. Huntington）曾提出文明衝突論來解釋並預言未來國際政治的衝突狀態。在其所分類的六大文明（伊斯蘭、儒教、西方、東正教、日本及印度）中，車臣正好分布在東正教文明與伊斯蘭文明之間，杭氏並將此種位於文明板塊之間的衝突稱之為斷層線戰爭（Fault line war）。本文首先探討車臣問題中複雜的民族、文化、歷史與國際因素，其次則敘述兩次車臣戰爭的經過及俄方的因應，最後以車臣問題來驗證杭氏斷層線戰爭概念的運用及解釋能力。

貳、車臣問題背景

一、歷史背景

　　車臣民族主要形成於16世紀，17世紀便遭沙俄占領統治，沙俄的統治在17世紀末期開始遭到抵抗，車臣氏族的領袖成為凝聚反俄勢力的重心，此係由於車臣民族信仰伊斯蘭教，社會由氏族組成所致。北高加索的反俄行動雖以失敗告終，卻已確立當地反俄勢力的組織與活動核心。19世紀中葉，車臣的反俄行動再度活躍，而沙俄也實施嚴厲的鎮壓行動，俄車雙方的關係開始陷入長期的衝突狀態。

　　1917年二月革命後沙皇統治結束，臨時政府成立，該政

府係由高階軍官與中產階級所支持成立，與布爾什維克黨
（Bolshevik, большевик）在政治的意識形態上差異過鉅；布爾什
維克黨遂於同年10月發動武裝革命推翻臨時政府建立新政府。[1]
然而當時國內的反對力量仍遍布全國，俄國內部因此陷入紅
（蘇維埃）白（效忠沙皇或臨時政府的反對勢力）分裂的狀態，
車臣的民族獨立分子曾利用國家分裂的狀態，來達成自己民族
獨立的美夢，北高加索的伊斯蘭勢力與紅軍合作，共同掃蕩該
區的白軍勢力。當時的伊斯蘭勢力領袖哈吉（Uzun Haji Saltinskiy,
Узун-Хаджи Салтинский），建立北高加索酋長國（Kavkazskiy
Emirat, Имарат Кавказ），成為整合伊斯蘭勢力的重要組織，而
紅軍也答應給予北高加索地區高度的自治地位。紅軍於驅逐白
軍勢力後便建立「山區蘇維埃社會主義自治共和國」（Mountain
Autonomous Soviet Socialist Republic, Го́рская Автоно́мная Сове́тская
Социалисти́ческая Респу́блика）。[2] 然而該共和國高度的自治地位
僅是蘇聯獲取全國統治權力的過渡時期手段，待全國政治局勢
穩定後，1924年莫斯科當局便解散該共和國。蘇聯時期對於車
臣所採取的政策與沙俄時期的鎮壓政策有別，將之歸納如下：

（一）分而治之的行政區規畫
　　該政策主要採取類似中國清朝初期以漢制漢的方式，將
北高加索地區的民族分成兩兩一組，成立自治共和國，使兩
民族相互監督鬥爭，分而治之，例如，車臣—印古什蘇維埃

1　李邁先（1978），《俄國史》，台北：正中書局，頁415-422。
2　該共和國成立於1920年，1924年被解散，而後車臣另外成立車臣—印古什蘇維
　　埃社會主義自治共和國。

社會主義自治共和國（Chechen-Ingush Autonomous Soviet Socialist Republic, Чече́но-Ингу́шская Автономная Советская Социалистическая Республика）。這樣的統治方式加深了車臣與周遭不同民族之間的對立與矛盾，反抗蘇聯的勢力失去多民族聚合的可能，該政策雖可使蘇聯在北高加索的統治愈形穩固，卻無形中讓這些反蘇勢力與各民族意識融合，而後轉變為單一民族獨立運動。

（二）二戰時期的民族遷移與融合政策

　　蘇聯在二戰時期採取更為高壓的民族政策，其目的係為防止戰爭期間國內各民族趁機獨立或與敵國勢力勾結。車臣族亦被控協助德軍入侵北高加索，而被歸類為這些不忠誠民族，在1944年開始，共計約有38萬人被迫遷移至哈薩克斯坦與吉爾吉斯斯坦共和國。[3]另一方面則有計畫地將俄羅斯人與烏克蘭人遷入國內少數民族的居住地，意圖促進民族融合，消滅或稀釋原本的少數民族。

　　儘管莫斯科當局在壓制民族獨立運動上不遺餘力，並推行一連串以前沙俄時期所無的高壓政策，車臣的民族獨立運動者卻從未放棄，仍持續努力。自1924年「山區蘇維埃社會主義自治共和國」被解散後，車臣的民族獨立運動便再度轉趨活躍。綜觀蘇聯時期車臣的反蘇與獨立建國運動可分為幾個時期：合法組織時期（1919-1924）、武裝與地下組織時期（1924-1938）、爭取外援時期（1938-1944）、民族遷徙迫害時期（1944-1957）、司法迫害時期（1958-1991）。在各個時期之中，體現蘇聯對於少

3　Rajan Menon and Graham E. Fuller, "Russia's Ruinous Chechen War," *Foreign Affairs*, Vol. 79, No. 2(2000), pp. 33-34.

數民族的壓制政策，這些不同時期的迫害皆是車臣戰爭爆發重
要因素，加深俄車雙方的仇恨，使車臣堅決走向獨立建國之路。

二、族群、民族與文化問題

　　欲研究俄羅斯車臣問題背後的民族與文化問題，首先要辨
明的是民族與族群的區別。有學者認為，民族與族群的主要不
同便係前者強調政治上的疆界化，後者則僅需具備共同的社會
經濟地域關係即可。[4]如此的定義可以清楚區別民族意識與族
群意識的差異，僅有前者係以獨立建國為目的，而後者則不要
求政治上的疆界，本文採之。車臣的民族獨立運動有其重要的
民族與宗教文化背景，車臣族在北高加索地區已存在兩千年多
年，由於該族的文字形成較為晚近，因此多以其他民族的歷史
記載來了解自身歷史淵源。車臣（Chechen）一詞最早的記載可
見於亞美尼亞歷史中納赫奇（Nokhchii）的出現，而最早車臣的
文字記載則出現在喬治亞地區的阿拉伯史籍中，有些名為薩珊
（Sassanid）。[5]

　　伊斯蘭教係於16世紀開始傳入北高加索，逐漸影響車臣的
宗教信仰，到了19世紀，車臣族大多數人已經信奉伊斯蘭教。
車臣的伊斯蘭信仰成為與周遭民族矛盾的重要原因，首先車臣
長久以來的敵人──俄羅斯為信奉東正教的民族，天主教與伊
斯蘭教在歷史上曾爆發多次衝突，其中廣為人知的便是十字軍
東征。雙方為了聖地的歸屬展開將近200年的戰爭，其中東正教

4　John Hutchinson and Anthony D. Smith (1996). *Ethnicity.* Oxford: Oxford University Press, pp. 10-11.
5　"*ИСТОРИЯ ЧЕЧЕНСКОЙ РЕСПУБЛИКИ*," *Представительство МИД Россиив городе Грозном*, http://www.grozny.mid.ru/ist.htm (2016).

徒亦曾參與其中。而後拜占庭帝國與塞爾柱土耳其帝國長期對
峙，兩大帝國的衝突逐漸加深進而成為宗教文化之間的矛盾。
而沙俄身為拜占庭帝國唯一的繼承者，亦概括承受對伊斯蘭教
的反感與矛盾，更何況沙俄以希臘正教（東正教）為國教。車
臣既然成為信奉伊斯蘭教的民族，必然與俄羅斯族在宗教與文
化上存在衝突。[6]

三、國際因素

　　一個國家的國內問題如果引起國外勢力的介入，通常將使
情勢更趨複雜，使原本的問題變得難以解決。而俄羅斯的車臣
問題便係如此，自從1994年第一次車臣戰爭爆發以後，國際
社會開始關注車臣的事態發展。尤其是俄國獨立以後，便大量
接受西方國家的經濟援助，因此西方國家可以決定是否中斷對
俄金援，藉以懲罰或制止俄羅斯在車臣的作為。西方國家多以
維護人權的角度來觀察車臣事件，而當時的車臣總統亦藉機利
用西方媒體，來宣傳車臣人權問題的嚴重性，並呼籲各國干預
此事，然其所引起的效應極其有限。美國一些媒體認為，車臣
的狀況與美國在歷史上的獨立運動大不相同，且依據美國的利
益，本不應干預之，應該致力於減少車臣的傷亡。[7]

　　然而美國政府並未採取主流媒體的意見，仍對車臣問題
加以干預，譴責莫斯科當局踐踏人權，而杜達耶夫[8]（Dzhokhar

6　Marco Buttino (1992). *Annali della Fondazione Giangiacomo Feltrinelli* . *In a collapsing empire. Underdevelopment, ethnic conflicts and nationalism in the Soviet Union,* Milano: Feltrinelli Editore, pp. 175-176.
7　William Safire, "Essay; Whom to Root for in Chechnya," *The New York Times,* http://www.nytimes.com/1994/12/19/opinion/essay-whom-to-root-for-in-chechnya.html (2016).
8　杜氏為第一任車臣共和國總統（1991年11月至1996年4月）。杜氏在蘇聯時

Musayevich Dudayev, Джохар Мусаевич Дудаев）亦非省油的燈，杜
氏呼籲西方各國干預此事。另一方面則利用俄國亟需經濟援
助，[9]逼迫時任俄羅斯總統葉爾辛（Boris Yeltsin, Борис Ельцин）同
意車臣需求，藉以求取車臣獨立的可能。然而杜氏亦預料到葉
爾辛將會選擇從車臣動武，遂積極補充戰備，並擬定完善的戰
略計畫，抵擋俄軍未來可能的進攻。莫斯科當局在西方國家的
目光下，對車臣展開軍事行動，俄軍於1994年12月開始空襲車
臣，然車臣早一步將軍力撤出可能被空襲之處，車臣軍隊所受
的損傷相當有限。第一次車臣戰爭最終以俄軍戰敗收場，西方
國家扮演絆腳石的角色，使俄軍無法及時按照戰略完成目標。

　　雖然西方國家的介入使車臣可繼續維持其獨立地位，然
如此的安排卻無法使莫斯科當局放棄車臣。俄羅斯在車臣地區
的重大戰略利益便是維持對北高加索地區的控制並將影響力深
入擴展到南高加索地區，以打破美國通過聯合該地區的喬治亞
（Georgia）和亞塞拜然（Azerbaijan）兩國對俄羅斯構成的包圍
圈，並防止美國操縱裡裏海（Caspian Sea）的石油。1997年俄羅
斯和車臣的妥協，和車臣擁有合法和事實的獨立地位對俄羅斯
的核心戰略利益都是重大的打擊。俄羅斯在高加索地區有地緣
政治和地緣戰略利益，車臣則是該地區的中心；而與此同時，
北約組織的大國在高加索地區也有這種利益。美國作為北約組
織的領導國家，對俄羅斯加強在高加索地區的控制便採取反制

期為空軍將領，1990年5月返回車臣開始參與地方政治，他獲選為反對派領導
人，公開主張車臣應自蘇聯獨立。1991年9月車臣反對派民兵攻占車臣最高蘇
維埃，車臣政府被解散，此時車臣當地電視台及主要政府機構亦遭到占領。
1991年11月杜氏擔任車臣第一任總統，宣布車臣主權獨立。1996年4月杜氏在
使用行動電話遭到俄軍鎖定，被炸身亡，享年52歲（1944-1996）。
9　Tracey C. German (2003). *Russia's Chechen War*. New York: Routledge, pp. 65-67.

的行動，其中包括支持車臣反抗軍。就美國的立場上來看，只
要車臣不變成世界伊斯蘭革命的基地，俄羅斯在車臣遭遇重大
的挫折未必是壞事。在俄車雙方完全無法達成共識的情形下，
雙方之間的矛盾尚未解決，於是發生了第二次車臣戰爭。

　　俄羅斯在時任總理普京（Vladimir Putin, Владимир Путин）的
領導下進行第二次車臣戰爭，由於普京迅速解決車臣戰事，不
僅在國內贏得聲望，並獲得時任總統葉爾辛（Boris Yeltsin, Борис
Ельцин）的青睞，於1999年12月31日提早讓位給普京，使其
以總理身分擔任俄羅斯代理總統，並進而參與2000年3月俄羅
斯總統選舉，高票獲選為總統。此外，車臣戰事快速解決，也
使得國外勢力較無著力點。此外，普京在進行車臣戰爭時使用
對抗恐怖分子的字眼，亦即車臣反抗勢力係被俄羅斯官方定義
為恐怖分子，以此來讓西方國家，不要對俄羅斯的行為加以批
評，尤其是美國。但美國始終加以批評俄羅斯在車臣地區的
行動，不承認俄羅斯官方所稱車臣反抗勢力係恐怖分子。直至
2001年911事件後，美國欲領導全球反恐，積極爭取國際間重要
國家的支持。普京在美國遭受恐怖攻擊的第一時間便致電時任
美國總統的小布希（George W. Bush），對死傷者表達慰問之意，
並承諾提供各項援助。美國對俄羅斯此項善意的回報便是不再
批評俄羅斯當局在車臣的作為，但對俄羅斯在車臣的行為仍持
保留態度。

　　在俄羅斯境內發生的恐怖攻擊行動，背後的主使者通常指
向車臣反抗勢力，此舉更能使俄羅斯當局向西方國家證明車臣
反抗分子便係恐怖主義分子的真實性。尤其是2004年8月至9月
間，發生數起死傷慘重的恐怖攻擊事件。8月24日，莫斯科的

一個公共汽車站發生爆炸案，造成4人受傷。同一天傍晚，兩架民航機從莫斯科南部的一個機場起飛，幾個小時後兩架飛機分別墜毀，共計89人罹難。8月31日晚上，莫斯科的里加地鐵站外一名婦女引爆身上的炸彈，造成10死61傷的慘劇，還有9月1日發生在北高加索地區鄰近車臣的北奧塞提亞（Republic of North Ossetia-Alania, Республика Северная Осетия-Алания）別斯蘭（Beslan, Беслан）中學的慘劇。俄羅斯在不到兩週的時間內，因為恐怖攻擊造成500人死、800人傷，以及200人失蹤。而就在此兩週發生恐怖攻擊期間，俄羅斯聯邦的車臣自治共和國正在進行總統選舉。新任總統接替遇害的卡德羅夫（Akhmat Kadrov, Ахмат Кадыров），卡氏在2003年10月5日當選車臣總統後，大力清剿武裝勢力，於2004年5月9日在勝利日慶祝活動中被炸身亡。

　　總之，長期以來西方國家一直指責俄羅斯在車臣的軍事行動違反人權。911事件後，俄積極支持美對阿富汗塔利班實施軍事打擊，並希望美國等西方國家改變在車臣問題上的立場。但西方國家仍對俄羅斯的車臣政策持保留態度，並一再要求俄政府通過政治對話解決車臣問題。俄羅斯認為，西方國家在反恐問題上的雙重標準，在客觀上助長車臣恐怖分子的聲勢。在2004年俄羅斯境內發生數起傷亡慘重的攻擊事件後，美國政府表達願意與車臣溫和派分離人士再度展開會商的可能性，但強調絕不與恐怖分子對話。俄方立即對此政策表達反對，指稱其曾不止一次地提醒美方，任何類似的接觸都是不能接受的。而正是這些車臣恐怖分子在俄羅斯製造許多血腥的恐怖活動，才強調出車臣重建正常生活的進程是俄羅斯的內部事務。

參、車臣問題的經過與莫斯科當局的因應

一、車臣獨立與第一次車臣戰爭

（一）車臣獨立始末

　　1985年蘇共總書記戈巴契夫（Mikhail Gorbachev, Михаил Горбачёв）上台後實施政經改革，鬆動蘇共對於蘇聯境內各加盟共和國的統治，民主化的改革使得各加盟國加速脫離蘇聯，而加盟共和國的獨立氛圍亦鼓動其下轄的各自治共和國，車臣也不例外。車臣在民族獨立運動上有著數百年的經驗，因此讀者了解其獨立運動時不宜躁進。1989年扎夫格耶夫（Doku Gapurovich Zavgayev, Доку Гапурович Завгаев）當選車臣—印古什自治共和國第一書記，可標誌為車臣民族獨立運動的伏筆，此時車臣人已經有數十年未擔任該自治共和國第一書記。翌年11月，車臣宣布脫離車臣—印古什自治共和國獨立。杜達耶夫隨後被選為車臣全國人民代表大會（All-National Congress of the Chechen People, NCChP）執行委員，車臣自行宣布獨立後便不再參與蘇聯召開的相關會議。

　　1991年7月，車臣召開第二次人民代表大會，正式宣布車臣不再隸屬於蘇聯及俄羅斯。蘇聯由於內部政局的紛擾暫時無暇顧及車臣的獨立行動，「819政變」[10]爆發後，杜達耶夫譴責叛亂

10　819政變是指1991年8月19日至8月21日，蘇聯政府內部一些高級官員試圖罷黜蘇聯領導人戈巴契夫的職務並企圖控制蘇聯中央政府，然最終失敗的一場政變。此次政變在短短3天內便結束，其後戈巴契夫恢復權力。策畫此次政變的領導人原本的構想係為減緩當時在蘇聯已逐漸擴大的分離運動，但最終效果卻

者的行為，故意使蘇聯內部摸不著車臣未來的動態。同年8月22日始顯露其真正目的，杜氏發動武裝分子占領首府格羅茲尼（Grozny, Гро́зный）的最高蘇維埃大樓，並封鎖周邊道路。車臣的獨立行動使蘇聯中央猝然不及預防，而819政變亦奪去戈巴契夫的政治權力；葉爾辛在政變中的表現贏得民心，為其未來的執政鋪路。惟此時車臣獨立運動成功僅是趁著蘇聯孱弱，並不代表車臣將可永遠維持獨立狀態。再者，一個國家的獨立更重要的因素之一是受到國際間普遍的承認。

　　儘管俄羅斯於車臣發動獨立行動後翌日便出來表示，車臣的獨立屬於非法無效之行為，然而此時國內政局尚未底定，俄方無力制止。車臣的獨立在第一時間無法獲得世界各國的承認，因此轉而尋求周遭國家與伊斯蘭勢力的支持與承認。1992年9月，杜達耶夫出訪土耳其等伊斯蘭國家。杜氏表示，土耳其作為一個區域性大國，應該支持車臣的獨立，而後又承認北賽普勒斯土耳其共和國，意圖藉此獲得土國的承認。[11]但是杜氏的訪問並未收到實際的效果，各國幾乎仍不承認車臣的獨立，喬治亞曾經短暫地支持，惟最後仍因阿布哈茲（Abkhazia, Абха́зия）獨立問題告終。[12]在北高加索地區的其他民族與自治

是適得其反。戈巴契夫原本推動讓蘇聯在鬆散體制下維持統一的希望被破壞，該政變實際上加快蘇聯解體的進程。戈氏當時擔任蘇聯共產黨中央委員會總書記及蘇聯總統，而政變領導人中有多名成員係戈氏所提拔，其均為蘇聯共產黨內的強硬派成員，包括蘇聯的副總統亞納耶夫（Gennadiy Yanaev; Генна́дий Ива́нович Яна́ев）、總理帕夫羅夫（Valentin Pavlov; Валенти́н Серге́евич Па́влов）、國防部長雅佐夫（Dmitrii Yazov; Дми́трий Тимофе́евич Я́зов）、內政部長蒲過（Boris Pugo; Бори́с Ка́рлович Пу́го）等人。

11 Vassilis K. Fouskas (2010). *Politics of Conflict: A Survey*. New York: Routledge, pp. 175-176.
12 Thomas D. Grant (2000). "Current Development: Afghanistan Recognizes Chechnya," *American University International Law Review*, Vol. 15, No. 4, http://digitalcommons.wcl.american.edu/cgi/viewcontent.cgi?article=1276&context=auilr (2016. 04. 25), pp. 872-873.

圖1　俄羅斯南方及高加索地區全圖
引自：wikipedia, https://en.wikipedia.org/wiki/Chechnya.

共和國對於獨立的態度與車臣迥然不同，印古什（Ingushetia, Ингушетия）與達吉斯坦（Dagestan, Дагестан）皆希望繼續留在蘇聯或俄羅斯聯邦中。因此車臣的獨立運動勢單力薄，無法獲得周遭鄰近民族、鄰國及國際間承認（有關俄羅斯北高加索地區各共和國分布，請參見圖2）。

（二）韁轡模式的失敗與車臣戰爭爆發

　　第一次車臣戰爭起因於北高加索第三方的領土爭端，俄羅斯派軍隊前往協調，卻被車臣認為是入侵之舉，起兵反抗俄軍。儘管後來雙方撤軍，卻使莫斯科當局了解，解決車臣問題必須使用武力。此後，俄羅斯在車臣問題上並無太多表示，此係因為俄內部的意見分歧所致，和戰兩派爭執不下，直至1994

年，俄羅斯聯邦境內韃靼共和國（Republic of Tatarstan, Республика Татарстан）事件成為主和派失敗的關鍵點。由於該共和國與車臣同樣訴求獨立，在俄羅斯與其簽訂聯邦條約後，賦予其更多的自治權，雙方的矛盾以和平解決收場。俄的主和派將韃靼模式視為一種車臣問題可能的解決方式，然而杜達耶夫並不同意這種模式，使俄國內的主和派受到挫折。杜氏要求俄方以平等的領導人會議協商此事，然俄方自然不可能同意這種主權獨立國家模式的「領導人會晤」，雙方的談判於是陷入僵局。

在主和派失敗後，主戰派開始著手解決車臣問題。1994年車臣境內反車臣當局勢力開始蠢動，俄羅斯一方面資助並策動車臣境內反當局勢力上街抗議，另一面又與車臣當局持續進行談判，混淆其真正動武意圖。1994年11月，車臣境內反當局分子在格羅茲尼暴動，共計有1,500名武裝分子參與其中，試圖占領首府，惟最終被杜達耶夫鎮壓逮捕。杜達耶夫指稱俄方牽涉此次暴動，俄方除了否認之外，藉此要求車臣軍方解除非法武裝，並釋放被逮捕的相關人員。杜氏不同意俄方要求，俄軍便於同年12月11日出兵車臣，兵員共計3萬餘人，分別從車臣的西部、西北部及東部進逼，於12月底包圍格羅茲尼。車臣的守軍布下重重防線，相較於車軍，俄軍的資訊與準備明顯不足，尤其是車臣的相關資料與軍隊推進的陣勢，皆讓進攻方得不到有效的進展，俄軍的傷亡慘重，在第一輪的攻擊中共計有500多名軍人陣亡。此時國際社會開始注意車臣戰爭的發展，歐安組織（Organization for Security and Cooperation in Europe, OSCE）、美國、芬蘭、聯合國於12月27日紛紛表達關切，而紅十字會亦與葉爾辛的助理會面，表達車臣已符合國際法上的交戰團體，應受到

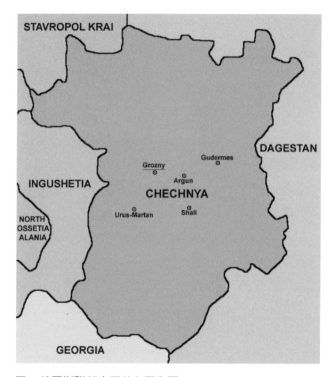

圖2 俄羅斯聯邦車臣共和國全圖

引自：維基百科，https://zh.wikipedia.org/zh-tw/%E8%BD%A6%E8%8
7%A3%E5%85%B1%E5%92%8C%E5%9B%BD.

國際法規範的保護。[13] 惟此後俄軍仍調派大量武器支援，於1995
年1月中旬發動第二波攻勢，成功攻入車臣總統府，經過多次
反覆攻擊，最終於1月18日占領總統府。惟此次的攻占行動不
具任何實質意義，因車臣軍隊仍維持大部分實力[14]（有關車臣境

13 Matthew Evangelista (2002). *The Chechen Wars: Will Russia Go the Way of the Soviet Union?* New York: Brookings Institution Press, p. 144.

14 *"Битва за Грозный," ВойнеНет.ру*, http://www.voinenet.ru/voina/istoriya-voiny/572.html (2016).

內重要城市分布，請參見圖2：俄羅斯聯邦車臣共和國全圖）。

（三）停火協議的阻撓與戰事的轉型

1995年4月，俄軍始真正取得較有利的主導權。然而葉爾辛卻為了紀念衛國戰爭勝利50週年（1945-1995），各國政要及領導人將赴俄參加紀念典禮，而停止戰事的進行。[15] 停戰給予車臣軍隊喘息之機，車軍趁機重新部署部隊，雖然之後的戰事仍由俄軍掌控，卻使俄軍喪失一舉消滅車軍的機會。而後俄軍繼續作戰，於戰事順利有望全殲車軍之際的1995年6月，俄方又提出停戰協議，原本幾乎敗亡的車臣軍隊由於實力不足，轉型成為恐怖分子。車臣陸軍將領巴薩耶夫（Shamil Salmanovich Basayev, Шамиль Салманович Басаев）率領100名武裝分子闖入醫院脅持1,000多名平民人質，要求俄軍撤出車臣，最終俄准許巴薩耶夫的要求。雖然大部分的人質被釋放，在談判之間卻已造成120餘人死亡，200多人受傷。而後戰事的發展已轉變為俄車之間的游擊戰，1996年4月，杜達耶夫被導彈轟炸而死，5月舉行車臣總統補選，葉爾辛打算以停火來換取車臣人民對親俄候選人的支持，然而最終仍告敗選。

此次停火協議其實是為了葉爾辛所生，由於葉氏7月將競選連任總統，為爭取選民支持，該協議成為營造和平與對車臣戰爭勝利的重要工具。總統大選過後，車臣軍隊又開始發動攻擊，8月俄車雙方簽訂正式的停火協定《卡薩尤爾特協定》（Khasavyurt accord, Хасавюртовские соглашения）後，第一次車臣

---

15 根納季‧特羅舍夫著，王尊賢譯（2004），《我所親歷的車臣戰爭》，北京：新華出版社，頁70-71。

戰爭始告結束。綜觀第一次車臣戰爭，其實俄軍早可一舉殲滅車軍，然而由於停火協議的阻撓、各國的壓力及葉爾辛個人的政治算計，使得車臣戰爭延長戰局，最終以停火協議收場，且車臣的獨立地位仍未取消，俄羅斯在此役中可說是完全失敗的一方。

二、第二次車臣戰爭

《卡薩尤爾特協定》簽訂後，俄車雙方的衝突雖告一段落，然而車臣的獨立問題仍未解決。如果維持現狀，俄羅斯不啻變相承認（或不否認）車臣已實質上獨立，因此俄不可能坐視車臣問題繼續懸宕下去，僅是在找尋適當時機解決而已。1999 年普京出任總理，使得俄羅斯內部的權力結構產生變化，普京此時政治勢力不足，國內政局動盪，因此有必要透過對外的戰爭來加強內部的凝聚力與自身的政治勢力，車臣變成普京對外發動戰爭的良好目標之一。1997 年 1 月，馬斯哈多夫（Aslan Alievich Maskhadov, Аслан Алиевич Масхадов）擊敗巴薩耶夫當選為車臣總統。在獨立問題上，馬氏採取較為和平的手段，與主張武力解決的巴薩耶夫相異。車臣內部的分歧導致馬氏成為缺乏實權的總統，由於國內激進的政治勢力過於龐大，馬氏不得不藉由伊斯蘭極端勢力的擴張，來壓制並加強自身的政治勢力。而伊斯蘭極端勢力的崛起使得車臣與俄羅斯之間關係迅速惡化，車臣境內的極端分子常挾持外國及俄國人質，這些犯罪行為無法在馬氏的統治之下獲得解決，埋下第二次車臣戰爭的禍源。

第二次車臣戰爭的時代背景與第一次相異的是，此時俄羅

斯已不再仰賴西方的經濟援助。儘管在葉爾辛時期私有化政策
出現許多弊端，導致國內經濟仍然嚴峻，金融寡頭紛紛掌控國
家大權。然這些金融寡頭的出現亦代表著俄國的經濟發展正在
緩步推進，僅是財富與權力高度集中在少數人手中，俄羅斯的
軍事行動已經不再受制於這些西方所施惠的經濟援助。第二次
車臣戰爭的起因為達吉斯坦的叛亂活動，巴薩耶夫潛入該地與
伊斯蘭極端分子聯合，占領兩個村莊後宣布成立達吉斯坦穆斯
林國，俄軍因此於1999年8月中旬進入達吉斯坦，8月底成功收
復兩村莊，並殲滅達吉斯坦穆斯林國的武裝勢力。進入達吉斯
坦的俄軍順勢於9月封鎖車臣，同年9月29日，普京在提出難以
達成的談判條件的翌日隨即攻入車臣，直到1999年底，俄軍控
制了大部分的車臣，並開始包圍格羅茲尼。2000年2月初，格羅
茲尼全市被俄軍占領，車臣殘餘的武裝勢力逃竄至山區，同年3
月中旬，首腦拉杜耶夫（Salman Raduyev, Салма́н Раду́ев）被擒，
車臣全境底定。

　　除了國際因素的不同外，俄國全民對於第二次車臣戰爭的
爆發，似乎已有共識，車臣的武裝分子常與伊斯蘭極端勢力合
作，接連發動數次的恐怖行動，[16]這使俄國人民群起激憤，一致
決心剷除車臣武裝勢力。車臣戰事的順利，亦成為普京上台執

16　2002年10月23日車臣武裝分子闖入莫斯科一家劇院，逾850人被扣為人質，
　　並要求俄羅斯軍隊撤出車臣。俄國軍警強行攻入，130名人質和41名車臣武裝
　　分子喪生。2004年9月1日30名武裝分子占領俄羅斯南部北奧塞提亞共和國城
　　鎮別斯蘭的一所學校，在兩天的對峙後，至少有超過330名平民死於交火和爆
　　炸。巴薩耶夫聲稱策畫此案。2005年武裝分子對鄰近車臣的卡巴帝諾—巴爾卡
　　共和國（Kabardino-Balkar Republic; Кабарди́но-Балка́рская Респу́блика）的警察局發
　　動一系列襲擊，巴薩耶夫聲稱策畫此次襲擊事件。139人在襲擊事件中喪生，
　　其中包括94名武裝分子。

政的助力，鞏固了他的政治勢力，民調支持度節節攀升。

　　2004年5月9日，車臣發生炸彈爆炸，車臣共和國總統卡德羅夫（Akhmat Kadirov, Ахмат Кадыров）被當場炸死。2005年俄羅斯軍隊擊斃車臣前總統馬斯哈多夫。2006年巴薩耶夫被俄羅斯特種部隊擊斃於印古什共和國[17]（Republic of Ingushetia, Респу́блика Ингуше́тия）。2006年3月4日，卡德羅夫之子拉姆贊・卡德羅夫[18]（Ramzan Kadirov, Рамзан Кадыров，以下稱小卡德羅夫）被普京任命為車臣共和國總理。2007年4月5日，小卡德羅夫宣誓就任車臣總統。2009年4月16日，俄國當局宣布車臣戰爭正式結束。自車臣武裝勢力被殲滅後，至今已過了十六個年頭，目前的車臣係親俄勢力執政，在俄羅斯的對外行動於政策上多扮演著助力的角色。[19]

　　然而在親俄勢力執政下，俄羅斯境內仍發生數起由車臣反對勢力策畫的恐怖攻擊事件，[20]其中最引起世人注意的事件是發生於2011年1月24日莫斯科多莫傑多沃國際機場（Domodedovo International Airport, Международный Аэропорт Москва-Домодедово）

17　〈新聞資料：車臣戰爭爆發以來大事記〉，中新網，http://www.chinanews.com/others/news/2006/07-11/755967.shtml。
18　小卡德羅夫在其父親遇害後，出任車臣新政府第一副總理。2004年11月車臣總理阿布拉莫夫（Sergei Abramov）遭遇車禍，此後小卡德羅夫出任代總理，並於2006年3月4日被正式任命為總理。在年滿30歲，達到車臣憲法中規定的總統年齡規定後，小卡德羅夫於2007年3月1日獲得普京提名為車臣總統候選人，次日經車臣議會投票，當選車臣新總統。"Chechen PM Abramov files resignation," *Sputnik International* (2006. 02. 28), https://sputniknews.com/russia/2006022843824577/。
19　齊瑩，〈車臣共和國總統：車臣人民支持總統普京〉，環球網國際新聞，2016年4月14日，http://world.huanqiu.com/exclusive/2016-04/8810931.html。
20　2010年3月30日，車臣戰爭的陣亡者遺孀（或稱黑寡婦，Black Widow, черная вдова），在莫斯科進行自殺式炸彈襲擊，訴求為要求車臣獨立自主。2010年10月19日車臣首府格羅茲尼的車臣議會大樓遭到武裝分子攻擊，有6人死亡17人受傷。

的自殺式炸彈爆炸，共造成30餘人死亡，近200人受傷。車臣
反政府武裝聲稱策畫此案，並聲明該組織將致力於在北高加索
建立一個「自由的伊斯蘭國家」，而此次實施的「特別行動」
正是對俄羅斯在高加索地區「犯罪行為」的回應。對於車臣人
民來說，極端與民族獨立運動者被剷除也許僅是一時的，並不
必然代表未來車臣的下一代皆會願意服從莫斯科當局的統治。

肆、斷層線戰爭：車臣問題的主要根源？

一、杭廷頓的文明衝突論及其批評

　　杭廷頓（Samuel Huntington）提出文明衝突論後，引起了國
際關係學界廣泛的回響。這些回應有批評者亦有肯定者，2001
年911事件爆發後，學者普遍認為杭廷頓準確預言了該事件的
爆發。杭氏的文明衝突論認為，蘇聯解體後，美蘇兩大陣營對
峙的權力格局已不復存在，人類的認同開始轉變，文化的認同
成為最重要的認同，並逐漸重構世界新的權力格局。按照杭氏
的分類，世界上有六大現代文明，分別為：伊斯蘭、儒教、西
方、東正教、日本及印度；此外，另有三大候選文明：佛教文
明、拉丁美洲文明及非洲文明（可能互相衝突的文明）。由於
文明的意識加深與文明內部的認同，所謂的認同便是「我們」
與「他們」的區分，因此這些文明認同加劇了文明之間互相
的矛盾與衝突。文明之間尚會互相結盟與對抗，形成西方文明
與非西方文明的對抗；儒教文明與伊斯蘭文明的合作與同盟，
就體現在儒教文明的核心國家──中國，與伊斯蘭文明核心國

家——伊朗及巴基斯坦之間的相互軍事武器的生產與買賣，以及國家間的元首會晤上。杭氏認為，儒教文明與伊斯蘭文明的結盟主因並非在於雙方文明的基本思想具有共通性，僅是出自於對西方文明領導世界的反感與不滿。[21]

文明衝突論儘管具備一定的國際關係解釋力，卻多受學者批評，可將其批評之論述歸納如下幾點：

1. 文明衝突論中，文明的定義不夠明確，導致文明概念可能被濫用。[22]
2. 該理論忽視文明內部的衝突，亦即國家間與民族間的衝突。[23]
3. 文明衝突論隱含著以西方為中心的思想，對於非西方文明的論述有失偏頗。[24]

以上三點批評本文認為第一點足以影響到整個理論的建構，與適用的問題，倘若一個理論的基本假設概念的內涵無法確定，這個理論將淪為各說各話，可以擴張適用到任何的案例中。因此杭氏的文明定義自應明確，以免危及理論的解釋效用；第二點可以用理論簡化來反駁，當該理論著重在解釋並分

21　Samuel P. Huntington (1996). *The Clash of Civilizations and the Remaking of World Order*. New York: Penguin Press, pp. 207-238.
22　Jonathan Fox (2001). "Two Civilizations and Ethnic Conflict: Islam and West," *Journal of Peace Research*, Vol. 38, No. 4, pp. 460-461.
23　Rolin Mainuddin (2000). "Review of the Future of Islam and the West: Clash of Civilizations or peaceful Coexistence?" *Journal of Third World Studies*, No. 17, p. 277.
24　金觀濤，〈西方中心論的破滅：評全球文化衝突論〉，香港中文大學，2016年4月25日，https://www.cuhk.edu.hk/ics/21c/issue/articles/019_93212.pdf。

析文明之間的衝突時，文明內部衝突論述的缺漏或簡略便不可過度要求；第三點是許多西方學者常犯的錯誤，但是理論所講求的是解釋的效用，即使這個理論隱含西方為中心的思想，亦不可否認該理論仍有存在的必要。而本文所要思考的，是文明衝突論中所敘述的以文明為主體的國際衝突研究，是否妥適，亦即文明可否上升作為一個國際間的行為者？

　　國際關係理論的本體論（Ontology）約略可分為物質（Material）論與理念（Ideal）論，前者認為這個世界的構成全然是由物質所構成，因此在研究國際關係時，可以將這些物質加以量化進行研究，例如：理性主義；後者則相反，認為世界係由理念所構成，我們身處的世界許多東西都是由人的意念所建構，所以當我們在研究國際關係的時候，如果僅做量化研究，或是觀察物質的因素，將無法顧及理念在國際關係的影響，例如：反思主義。若以文明衝突論來觀察，該理論所著重的乃係文明、文化與認同，並將之作為文明衝突的主要因素，因此我們可以說文明衝突論的本體論為意念論。通常採取意念論為本體論的國際關係理論，都將理念因素視為國際關係現象中的獨立變項，但是本文認為，或許文明之間的衝突在國際衝突中的比重與重要性日漸升高，但也不能完全武斷地認為，當前或未來所有的國際衝突都是由文明所引發，或者是文明之間的衝突。文明在國際關係現象中，尚不到獨立變項的程度，至多僅為中介變項，許多國際現象與國際衝突還需要參酌其他獨立變項，例如：權力、利益等重大要素。

二、車臣戰爭——斷層線戰爭的適例？

　　杭氏認為，車臣戰爭便係文明衝突論中，斷層線戰爭的重要事例。車臣本身屬於伊斯蘭文明，俄羅斯為東正教文明，雙方分別屬於六大現代文明之一，而車臣正位於兩個文明之間。斷層線戰爭的定義便是分屬於不同文明或集團之間的暴力衝突，衝突兩方可以是國家對國家、非政府集團間，或國家與非政府集團間。對於斷層線戰爭的特徵，杭氏則認為有以下幾項特點：[25]

1. 持久性的衝突，如果發生在國內，將是國際間衝突的6倍。
2. 該衝突難以透過談判和妥協來解決，即使達成協議亦不持久。
3. 除非種族滅絕，否則對立的群體認同與仇恨將難以解決。
4. 通常在不同宗教信仰的民族之間發生。
5. 衝突的雙方會各自動員第三方同文明的勢力。

　　杭氏的斷層線戰爭指標，車臣戰爭幾乎每一項都符合，因此可以說車臣戰爭是名副其實的斷層線戰爭。然而斷層線戰爭僅是杭氏文明衝突論中，一個用以支撐其理論的概念，其目的係要突顯文明衝突在國際衝突事件中已經占據重要角色。惟本文認為，車臣戰爭中文明的因素固然不容小覷，卻無法將其視為獨立變

25　Samuel P. Huntington (1996). *The Clash of Civilizations and the Remaking of World Order*, pp. 246-259.

項，若以上述的車臣戰爭經過，可歸納為幾項重要的因素：

（一）權力因素

　　權力因素在車臣戰爭中的作用，在國際層次與國內層次皆相當重要，以國際層次觀之，第一次車臣戰爭適逢蘇聯解體，國際權力體系呈現單極多元，美國成為無可挑戰的世界霸權。俄羅斯則因為蘇聯的解體，國際地位與權力一落千丈，在國內則面臨嚴峻的經濟情勢，如此的俄羅斯亟需西方國家的經濟援助，是以給予車臣獨立運動可趁之機。而俄羅斯國內的政治權力結構亦尚未穩固，葉爾辛斯時正著手實施經濟改革，然由於成效不彰，導致國內政治勢力急墜，需要藉由對車臣的停火協議來挽救低迷的民調。國際與國內權力結構的態勢與變化，使葉爾辛做出自己的政治判斷，因此在俄軍屢屢告捷之際，斷然達成停火協議，使俄羅斯在第一次車臣戰爭中以失敗告終。

　　第二次車臣戰爭中，國際的權力結構已經轉變，俄羅斯的國力與經濟正在恢復，不再需要西方的經濟援助，因此不再需要顧忌西方國家的眼光。國內權力結構方面，由於普京剛上任，政治權力尚未穩固、需要對外發動戰事以爭取國內人民的支持，是以對普京來說，第二次車臣戰爭有利無害。

（二）利益

　　車臣的獨立使俄羅斯國家利益受損，在轄輵模式失敗的情形下，只好轉而發動戰爭，而車臣為了捍衛自己的「國家利益」抑或民族獨立的政治利益（甚至可能是杜達耶夫個人自己的政治利益），於是俄車雙方在利益上嚴重衝突，戰事終不可免。

就俄羅斯的絕對利益（absolute interest）看來，倘若與車臣達成
共識，使車臣遵照韃靼模式抑或簽訂新的和平協議，皆會增進
俄車雙方的絕對利益，不必耗費戰爭所需的資源與人員傷亡。
然而在韃靼模式失敗後，絕對利益的求取變得更加困難，因此
俄方轉而尋求自身的相對利益（relative interest）。第一次車臣戰
爭爆發後，國際組織（歐安組織、紅十字會及聯合國等）同聲
呼籲雙方理性並促成停火協議，葉爾辛在戰爭中所簽訂的停火
協議儘管絕大部分係為了自身的政治利益，另一方面卻不可否
認雙方如果真正停火，對於俄車雙方都是絕對利益的增加。

　　在第二次車臣戰爭中，普京的利益考量不再以絕對利益為
主要目標。主要原因在於此時的車臣武裝勢力已經與伊斯蘭極
端勢力合流，並發動多次恐怖行動，而車臣內部的政治結構已
不若第一次車臣戰爭時存在一個較為主流的政治勢力。因此車
臣已經不能再以一個非國家行為體視之，如此的情勢要求取雙
方的絕對利益將會更加困難（即使簽訂停火協議，車臣的極端
勢力仍不受控制），因此普京為了個人的政治權力與國家的相
對利益，發動了第二次車臣戰爭。

（三）認知
　　此部分就是杭廷頓所提出的文明、文化意識及文化認同。
當然，車臣的認同上包括民族認同與國家認同等。車臣與俄羅
斯分屬不同的文明與宗教，伊斯蘭文明與東正教文明的宗教信
仰截然不同，在文化的認同上逐漸區分出「我們」與「他們」
的不同。相異的文化認同加深了俄車雙方的矛盾與衝突，對俄
羅斯來說，信奉伊斯蘭教的車臣族不僅非我族類，在宗教與歷

史上更已經對峙數百年之久，例如：東羅馬帝國與土耳其帝國的對抗、十字軍東征等皆是。車臣開始找尋周遭伊斯蘭勢力的支持，尤其是土耳其與達吉斯坦境內的伊斯蘭極端分子，這種斷層線戰爭的特性，將會使車臣與俄羅斯複的糾紛複雜化，或延伸衝突持續的時間。因此車臣問題之所以難解與耗時過鉅，絕大部分原因在於雙方的文化認同相異，直至2000年車臣武裝勢力被殲滅，車臣問題才告一段落。

伍、結論

　　車臣戰爭的衝突因素相當複雜，第一次車臣戰爭到第二次車臣戰爭的國際與國內權力結構大相逕庭，而無論從權力、利益或認知的觀點來解析車臣事件，都會得到不同論點。倘若單就杭廷頓的文明衝突論來理解車臣問題，將會著重在斷層線戰爭的探討，與以文明為主體論述的國際衝突研究。卡贊斯坦（Peter J. Katzenstein）曾提出分析折衷主義（Analytic Eclecticism），其目的在於分析國際關係現象時，不必局限於國際關係三大學派（新現實主義、新自由制度主義及社會建構主義）的任何一派，三個學派的核心觀念：權力、利益及認知皆可相互套用，使國際關係研究更加全面與完整。因此本文認為，杭氏的斷層線戰爭概念僅可以解釋文明在車臣問題中的認知部分作用，尚無法全盤的解析車臣問題中其他重要的因素。

　　以權力、利益及認知分析車臣問題後可知，其實除了文明這個因素之外，尚有權力與利益兩大要素影響著車臣問題的發展。普京在1999年擔任總理期間即規畫並發動第二次車臣

戰爭，並在極短的時間內有顯著的成果。他用行動彰顯俄羅斯聯邦政府強烈掃蕩境內民族分裂勢力的決心，並顯著地提振俄羅斯人民對聯邦政府的信心。在後續執政中，普京採取措施陸續削弱地方政府的勢力，有效地強化聯邦政府對俄羅斯全國的掌控力。普京任命小卡德羅夫擔任車臣共和國總統，固然是基於卡氏效忠俄羅斯聯邦政府，但也代表普京已與車臣當地實力派勢力妥協。登上總統大位首場演出便是在車臣戰爭中獲勝，因此，普京在位期間理論上其個人必然不會使車臣再度脫離俄羅斯聯邦的實質掌控。亦即車臣任何分裂行動將遭到聯邦政府強烈的打擊，因其再度動盪將是代表普京所努力的成果功虧一簣。然而，正如前文所述，對於車臣人民來說，極端與民族獨立運動者被剷除也許僅是一時的，並不必然代表未來車臣的下一代皆會願意服從於莫斯科當局的統治，因此車臣問題是否真的解決，或許仍潛藏著許多變數，值得世人關注。

參考文獻

李邁先（1978），《俄國史》，台北：正中書局。

根納季‧特羅舍夫著，王尊賢譯（2004），《我所親歷的車臣戰爭》，北京：新華出版社。

〈車臣戰爭爆發以來大事記〉，中新網，2006 年 7 月 11 日，http://www.chinanews.com/others/news/2006/07-11/755967.shtml。

金觀濤，〈西方中心論的破滅：評全球文化衝突論〉，香港中文大

學，2016年4月25日，https://www.cuhk.edu.hk/ics/21c/issue/articles/019_93212.pdf。

齊瑩，〈車臣共和國總統：車臣人民支持俄總統普京〉，環球網國際新聞，2016年4月14日，http://world.huanqiu.com/exclusive/2016-04/8810931.html。

Buttino, Marco (1992) *Annali della Fondazione Giangiacomo Feltrinelli. In a collapsing empire. Underdevelopment, ethnic conflicts and nationalism in the Soviet Union.* Milano: Feltrinelli Editore.

Evangelista, Matthew (2002). *The Chechen Wars: Will Russia Go the Way of the Soviet Union?* New York: Brookings Institution Press.

Fouskas, Vassilis K. (2010). *Politics of Conflict: A Survey.* New York: Routledge.

Fox, Jonathan (2001). "Two Civilizations and Ethnic Conflict: Islam and West," *Journal of Peace Research*, Vol. 38, No. 4, pp. 460-461.

German, Tracey C. (2003). *Russia's Chechen War.* N.Y.: Routledge.

Grant, Thomas D. (2000). "Current Development: Afghanistan Recognizes Chechnya," *American University International Law Review*, Vol. 15, No. 4. <http://digitalcommons.wcl.american.edu/cgi/viewcontent.cgi?article=1276&context=auilr> (2016.04.25) , pp. 872-873.

Huntington, Samuel P. (1996). *The Clash of Civilizations and the Remaking of World Order.* New York: Penguin Press.

Hutchinson, John and Anthony D. Smith (1996). *Ethnicity.* Oxford: Oxford University Press.

Mainuddin, Rolin (2000). "Review of the Future of Islam and the West: Clash of Civilizations or peaceful Coexistence?" *Journal of Third World Studies*, No. 17, p. 277.

Menon, Rajan and Graham E. Fuller (2000). "Russia's Ruinous Chechen War, " *Foreign Affairs*, Vol. 79, No. 2, pp. 33-34.

"Chechen PM Abramov files resignation," *Sputnik International*, <https://sputniknews.com/russia/2006022843824577/> (2006.02.28).

Safire, William, "Essay; Whom to Root for in Chechnya," *The New York Times*, <http://www.nytimes.com/1994/12/19/opinion/essay-whom-to-root-for-

in-chechnya.html> (2016).

"Битва за Грозный," *ВойнеНет.ру*, <http://www.voinenet.ru/voina/istoriya-voiny/572.html> (2016).

"*ИСТОРИЯ ЧЕЧЕНСКОЙ РЕСПУБЛИКИ*," *Представительство МИД Россиив городе Грозном*, < http://www.grozny.mid.ru/ist.htm> (2016).

多元文化主義與族群認同——
西班牙案例研究

壹、前言

多元文化主義（multiculturalism）問題長久以來圍繞著歐洲國家的政治中心議題。今日我們使用「多元文化」隱喻包含不同族群的社會，然而，隨著國家內部族群衝突案例越來越多，多元文化主義被解讀為一種負面教材。當不同種族或族裔爆發衝突混亂時，往往歸罪於多元文化主義。這類衝突被視為會危害到一個國家的社會團結，而這又視為是對抗多元文化主義的理由。

在西班牙，多元文化主義不是新鮮事。政治上，西班牙作為一個多元種族所建立的國家，境內劃分為17個自治區。[1]自

---

* 原文載於：張台麟主編，《歐洲聯盟推動建構多元文化主義的發展與挑戰》（台北：政治大學外語學院歐盟莫內教學模組計畫編印），頁51-80。經政大歐盟莫內教學模組計畫主持人張台麟教授同意，無償授權本文轉收編於此專書中。

** 淡江大學歐洲研究所教授，研究領域為歐盟對外關係、區域主義、西班牙政治與外交。

1 17個自治區分別為安達魯西亞（Andalucía）、亞拉岡（Aragón）、阿斯圖里亞斯（Asturias）、坎達布里亞（Cantabría）、卡斯提亞—拉曼恰（Castilla-La Mancha）、卡斯提亞—里昂（Castilla-León）、加泰隆尼亞（Cataluña）、巴斯克

1975年西班牙進入民主化時期，該國經歷社會、經濟、文化的
快速轉型，且憲政體制採用複雜的制度，植基於「西班牙國家
統一原則下，由區域及民族組成的自治」，主要目標之一即在
回應少數民族的歷史要求，賦予區域自治之權限。然而，憲法
對中央與地方職權定位模糊，造成了許多政治及司法的爭議。
從西班牙憲法賦予地方的自治權力而言，各自治區享有的政治
權力並不相同，具有悠久歷史傳統的區域，如：加利西亞、加
泰隆尼亞及巴斯克三個自治區，就比其他地區擁有更多的自治
權。經濟上，西班牙內部無論在人口分布情況、產業結構、國
民平均所得及失業率方面，各自治區之間的差異性頗大。區域
之間政治的差別待遇以及不均衡的經濟發展，成為地方（自
治區）對西班牙社會凝聚力的主要障礙。文化上，因一些少數
民族自治區本身擁有獨特的語言、文化及歷史淵源，西班牙憲
法除規定西班牙語為國家官方語言之外，同時將少數族群母語
（加泰蘭語、巴斯克語、加耶哥語等）訂定為該自治區的官方語
言，保留地方文化特色。

　　在歷史文化、政治、經濟三重因素影響下，儘管西班牙
統一至今已歷經數百年的融合，境內族群政治依舊相當蓬勃發
展，造成今日西班牙區域問題的複雜性：大多數自治區對西班
牙這個國家有高度認同；但有追求獨立的巴斯克自治區，也有
要求高度自治的加利西亞、加泰隆尼亞兩自治區。

　　通常一個國家內部族群意識興起的主因在於國家認同出了

問題，而造成認同危機的因素通常有兩個層面：一個涉及民族構成的各個要素，即種族、語言、文化、宗教、歷史背景等；另一涉及政治理念、制度、經濟發展程度差異，同時需考量國內政治情勢與國際局勢轉變，也就是意識形態與實質利益的衝突。

　　本文探討多元文化與族群意識的關聯性，嘗試解決三項核心問題：一是以多元文化主義中差異政治（politics of differences）以及承認政治（politics of recognition）的概念來解釋多族群社會中所呈現的文化多樣性（diversity）與差異性（difference）；二是從原生論、建構論、結構論三個面向檢視西班牙民族組成、分離運動起源、西班牙政府的對策等作為；最後從解讀歐洲內部族群意識的興起，及其對西班牙境內族群議題的聯繫。

貳、多元文化差異與認同

　　多元文化主義是政治哲學中關於如何回應文化多樣性的理論。之後被一些國家運用在處理少數民族（包括弱勢族群和移民）的政策。在多元族群建構的社會中，多元文化被視為保護文化多樣性與尊重差異性的可行策略，用以對抗主流或強勢文化對弱勢文化的打壓，同時關注不同文化的展現與平等性上。[2]

　　多元文化主義代表性學者泰勒（Charles Taylor）指出，對於承認的「需要」（the need）或「需求」（demand）已經成為多元文化主義政治的中心議題。「需要」是族群運動的原動力。「需求」則是代表少數族群或弱勢族群不同形式的要求。泰勒認

2　郭建慧（2012），〈非一是多？辨析多元文化主義的認同問題〉，《環境與藝術學刊》，第 11 期，頁 19。

為，傳統社會到現代社會的轉變，決定了現代人重視認同與承認的問題：[3] 第一，是對同化政策的質疑。若檢視既存的社會現象，主流文化對弱勢文化往往透過常規與規範來認定。人們常賦予特定文化正統地位，並為追求之典範，而將其他不同的文化視為一種偏差。故多元文化強調的破除「他者」（others）迷思，其內涵就是讓弱勢文化不再是主流文化眼中的他者，並認同文化差異的價值。也就是說，認同本質性地依賴於「我群」（we）與「他者」之間的對話關係；第二，是追求差異性對待。多元文化主義對現代社會中處於弱勢文化的族群提出平等承認的要求，運用積極的政策給予保護，並以具體行動不斷的實踐。這種積極的行動目的在去除因傳統社會所存在的歧視，導致某些特定的族群（婦女、少數族群、弱勢族群）在某些事務（教育、就業）相對於主流群體處於劣勢，而需要以特殊方式及政策提供其協助，使這些特定族群在社會上與其他族群競爭時享有較特殊的機會。[4]

楊（Iris M. Young）從「差異政治」的角度來看，由於社會上仍然有所謂的「優勢族群」，因忽視差異、追求同化，非但形成對弱勢族群的宰制與壓迫，而也有可能造成「文化帝國主義」的風險。正是因為少數族群被優勢族群排除，所以才有貶抑、宰制、剝削與壓迫的情況發生。因此更應重視彼此之間差異性，給予少數族群肯定並保障其政治、經濟或社會中不同文

3　Charles Taylor (1994). *Multiculturalism: Examining the Politics of Recognition*. (New Jersey: Princeton University Press, p. 25.

4　陳素秋（2009），〈多元文化主義〉，洪泉湖等著，《台灣的多元文化》，台北：五南出版社，頁8-11。范勝保（2010），《多元文化、族群意識與政治表現》，台北：翰蘆出版社，頁7-8。

化、宗教與族群的互相認同與各方面參與的平等機會，並在制度上採取積極的作為。這與泰勒提出的主張，認為主流群體應承認弱勢群體的文化特質，並檢討霸權宰制的現象，兩者概念其實是相符的。[5]

　　故不論是「差異政治」或「承認政治」，其主要論點在批判公共領域忽視族群的「差異性」，缺乏對少數文化的「承認」，企圖對抗文化同質化，主張一個新的文化平等，建立一個新形式的認同政治。國家認同與族群認同兩者並非是對立的、排斥的，而是兩者相容的。追求一個共同的國家認同並不意味著宣導一種排他的或靜態的文化霸權。

參、族群認同與分離

　　多元種族建構的國家，內部不同族群相互依賴的程度，決定族群之間的關係，而有族群認同（group identity）或相對剝奪（relative deprivation）／分離主義（separatism）兩種極端相反的現象。族群認同是如何產生的？就理論上來看，「民族認同／國家認同」可以從原生論（primordialism）、建構論（constructuralism），以及結構論（structuralism）[6] 三種理論來解釋西班牙民族組成、分離運動起源、西班牙政府的對策等，作為檢視西班牙境內少數族群的文化、政治、經濟同化政策。

5　Iris M. Young (1990). *Justice and the Politics of Difference*. New Jersey: Princeton University Press, pp. 163-182.; Charles Taylor, op. cit., pp. 39-40; Samuel Huntington 著，高德源等譯（2008），《「誰是美國人？」：族群融合的問題與國家認同的危機》，台北：左岸文化。
6　施正鋒（2004），《台灣客家族群政治與政策》，台北：翰蘆出版社，頁93。

一、族群的組成

　　原生論強調族群認同來自於共同的血緣、語言、宗教，或是文化等本質（essence），藉此強化集體認同。首先，語言被認為是構成民族（認同）要素之一。拉丁文中commun原為共同、一致之意。族群內成員之間有意識的互動與溝通（communication），而形成共同的特質，轉化成社群（community）。如秦始皇統一六國首要工作是「車同軌、書同文」，先統一語言、制度；又如西班牙王國統一後，主導之卡斯提亞王國使用之語言（卡斯提亞語）成為全國通用之語言，即今日之西班牙語；其次是種族血緣關係。民族國家（nation-state）指的是由單一民族作為建國的指標，但世界上屬於此類型的國家是少之又少，大多數國家是由多元種族建構而成。一個強大種族興起後或採取武力攻打或採取聯姻方式，逐步將鄰近國家民族及領土納入自己國家。而不同族群相互依賴程度，則決定族群之間的關係（認同或分離）。多元種族之間有兩種關係模式：[7] 第一，是未被排序（unranked），所有族群並存於社會中，同質性強。即使是多元種族原有不同語言，在歷經一段時間融合後，就有可能將他們各自不同的認同感轉移至集體認同（group identity）。例如：瑞士境內包含德國人（占70%以上）、法國人、義大利人，以及少數民族佛朗明人，使用4種語言，卻無損瑞士統一完整。美國本身為世界各國移民建構的國家；第二，是各團體被排序（ranked），即一個族群明顯比國內其他團體擁有較高社會地

7　Donald L. Horowitz (2000). *Ethnic Groups in Conflict*. Los Angeles: University of California Press, 2nd Edition; and Rachel M. Gisselquist (2013). "Ethnic Politics in Ranked and Unranked Systems: An Exploratory Analysis," *Nationalism and Ethnic Politics*, Vol. 19 Issue 4, pp. 381-402.

位，較易導致族群衝突，甚至分離主義產生。如前南斯拉夫塞爾維亞人在斯洛維尼亞、克羅埃西亞境內人口不到10%，卻掌控政、經、社優勢。西班牙國內各族群之間處於平等地位，但境內卻有分離主義意識產生，顯見需考量其他因素。

最後是宗教因素。早在歐洲殖民帝國興起，迫使殖民地改變原來信仰，宗教便成為帝國主義的表象，間接改變種族文化特質與認同。因宗教信仰不同導致族群之間衝突的例子，有北愛爾蘭、以色列與巴勒斯坦衝突、西藏問題，或基督文明與回教文明之間的衝突；反之，相同的信仰比較容易形成共同之價值觀，如：歐洲聯盟。現今對不同宗教信仰比較寬容，或有不同種族信仰同一宗教的情況。因此，衝突根源應溯及民粹主義，少數族群宗教基本教義派對掌權者的反抗，或社會內部不公（種族排序）的現象，即相對剝奪概念。

若從原生論角度分析西班牙族群議題，西班牙深受天主教文化的影響，不同族群間並未不會因宗教信仰不同而產生衝突。換言之，宗教並非西班牙族群認同或分離的要素，但境內種族、語言很複雜。在西班牙17個行政自治區（Comunidad Autónoma）中，僅6個自治區（安達魯西亞、坎達布里亞、卡斯提亞─拉曼恰、拉里歐哈、馬德里及加納利亞群島）使用單一語言，其餘11個自治區皆使用雙語。[8]若用語言來劃分，西班牙境內至少包含5個以上族群語言。不同語言區的確造就西班牙多元文化特色，同時也影響中央與地方政治權力的分配。自西班牙民主化發展以來，在憲法基本精神下尊重語言平等與多樣性，制定出一連串行動方案或措施。依據憲法第3條第1項規

8　José Carlos Herreras (2006). *Lenguas y Normallización en España*. (Madrid: Editorial Gredos, p. 80.

定：「卡斯提亞語為西班牙官方語言，人民均有熟悉之義務與
使用的權利。」第2項亦說明：「西班牙各地區語言依自治法規
定得為自治區之官方語言。」第3項：「西班牙多樣化的語言
傳統為文化遺產的一部分，應受到特別的尊重與保護。」[9]換言
之，憲法賦予所有自治區平等的地位，允許多個族群的語言同
時共存，並給予少數族群選擇定訂保存自己原有的語言。在各
民族語言都列為官方語言以及受到文化特別保護的情況下，建
立起一個多語言和多元化的社會。[10]

　　上述條款解釋了西班牙語言政策兩項基本原則：其一是
西班牙文與少數民族語言在其自治區內同為西班牙共同官方
（co-official）語言。這些少數民族地區得依憲法保障恢復使用方
言權利及地位；其二是雖然少數語言及西班牙語在其自治區內
處於平等地位，少數族群對其民族語言的使用率也有增加的跡
象，但憲法要求人民有義務學習與使用西班牙語，此舉卻可能
壓縮部分自治區少數語言使用的情況，導致自治區人民對其族
群語言的認知差異。[11]從技術上考量，西班牙語是該國「共通」
的官方語言，也就是從公家機關、日常生活、初級教育開始
就使用的溝通語言。同時，自治區少數族群的語言受到憲法的
保護也成為「自治區」的官方語言，將西班牙語和少數民族語
言視為和官方語言平等，各自治區再依憲法制定出相關的語言
法案，確保少數語言的合法性與使用權利，並有配套的語言計
畫，以及成立專責的機構負責研究與教學。然因雙語自治區人

9　西班牙憲法條文譯本請參閱國民大會秘書處（1996），《新編世界各國憲法大
　　全》，第二冊。
10　José Carlos Herreras, op. cit., pp. 71-72.
11　Francisco Marcos-Martín, A. (1995). "Política Lingüística y Lenguas Iberoeuropeas,"
　　Razón y Fe, 331, pp. 144-147.

民對其母語理解程度差異頗大，這些族群在制定母語教育政策
採取因地制宜措施，各自治區保障少數語言的作法並不一致，
呈現「一國數制」模式。[12]

二、族群／分離意識的興起

　　建構論認為族群認同是自我選擇而建構的過程，強調彼此
共同經驗與歷史的共同記憶，甚至於是一種集體的想像。西班
牙位處歐洲西南邊陲，歐、非兩洲的交界處，控制地中海來往
大西洋主要通道，戰略地位重要。最早原住民為伊比利人以及
塞爾他人（Celta）。在中古世紀先後受到菲尼基人、希臘人、
伽太基人、羅馬人（201BC- 409AD）、汪達爾人（Vandals）（409-
497）、西哥德人（Visigoth）（497-711）以及北非摩爾人（Morish）
（711-1492）統治。[13]

　　摩爾人統治期間將阿拉伯人幾何、算數知識傳至伊比利半
島，成為中世紀歐洲二處有文明的地方之一。之後伊比利半島局
勢發展，成為北部基督教王國與南部摩爾回教王國的長期抗爭：

1. 阿斯圖里亞斯—里昂王國：最早建立的基督教王國。後
王國分裂，其中葡萄牙公爵Odoño得到加利西亞與葡萄牙
北部，後發展、建立葡萄牙王國。
2. 卡斯提亞王國：與里昂王國原為兄弟之邦。後兄弟鬩
牆，卡斯提亞消滅里昂王國，成為伊比利半島勢力最強

---

12 有關自治區採取之語言保護措施，請參閱卓忠宏（2007），〈西班牙多元語言
　教育與政策評析〉，張台麟主編，《全球化下的歐洲語言與文化政策——台灣
　的觀點》，台北：政治大學外語學院歐洲文化研究中心出版，頁35-70。
13 曾義明（1985），《西班牙史》，台北：環球書局。

大的基督教王國。

3. 納瓦拉王國：伊比利半島最早的原住民伊比利人（巴斯克人）所建。

4. 亞拉岡王國：伽太基時期就已經發展，在政治、經濟、文化的發展上都比西班牙其他地區進步。

5. 格拉那達王國（回教王國）：1492年退出伊比利半島。

　　1492年基督教王國聯合將回教勢力趕走。1469年卡斯提亞與亞拉岡經由聯姻方式結合，1516年改稱西班牙王國。1515年再併吞納瓦拉王國。從此，伊比利半島維持西班牙與葡萄牙分治局面至今。

　　西班牙王國統一後，仍尊重各王國原擁有的自治地位，賦予這些小王國享有歷史「特權」（Fueros），可成立政治委員會（Consejo），對地方事務及法律條文有極大裁量權，有財政自主權，可自組軍隊，可彼此聯軍。[14]彼此之間維持數世紀的和平相處。直至20世紀，西班牙發生內戰（1936-1939），當時第二共和政府為拉攏民族主義分子對抗法西斯主義的佛朗哥（Francisco Franco Bahamonde）軍隊。此舉導致佛朗哥取得政權後，對境內高漲的族群問題採取高壓政策：不僅僅限於政治機構或法律制度；更擴大到語言、文化以及代表民族認同的象徵，如：旗幟、歌曲、徽章等；制定單一語言政策，在公開場所禁止使用

14 歷史「特權」意指11世紀卡斯提亞王國為拉攏其他天主教王國對抗南部回教摩爾人，承諾以城市及其周圍鄉鎮為單位，賦予自治的權力。1517年西班牙王國建立後，成為地方貴族與國王對抗的本錢。Montserrat Guibernau (1999). *Nations without States: Political Communities in a Global Age*. Oxford: Blackwell Publishers Ltd., pp. 132-133.

族群母語，一律以卡斯提亞語（現今通用的西班牙語）為主；
地方民族文化活動、廣播、電台全被禁止；同時鼓勵西班牙其
他地區人民移居至少數族群地區。

　　佛朗哥強迫語言、族群同化作法是政治化的一種表現，導
致族群矛盾惡化為公開的政治衝突和族群意識的抬頭。儘管西
班牙民主化以來藉由憲法保障少數族群自治，但仍無法滿足一
些激進民族主義分子的要求，而有爭取獨立的巴斯克自治區，
另有要求高度自治的加泰隆尼亞及加利西亞兩地區。

　　巴斯克人在史前時代就已經居住在庇里牛斯山南北兩麓，
其種族的起源至今仍是個謎，所使用的語言不屬於拉丁語系，也
不同於斯拉夫語系，人民大多信奉天主教，民族意識非常強烈。
西班牙第二共和時期（1931-1936），共和政府賦予地方自治的作
法，得到民族主義分子高度的認同。內戰期間（1936-1939），巴
斯克人民與佛朗哥（Francisco Franco Bahamonde）軍隊發生激烈
衝突。佛朗哥取得政權後，實施語言種族的同化政策，除禁止
使用巴斯克語，同時強迫巴斯克人遷移家鄉，造成巴斯克現有
人口中幾乎有一半是外來移民，導致巴斯克語及文化的衰微。
佛朗哥此舉造成巴斯克人極度的反彈，1959 年在巴斯克地區出
現一個名為「巴斯克祖國與自由」（Euskadi Ta Askatasuna, ETA）
組織，以恐怖、暴力手段作為抗爭，要求獨立建國。從此，巴
斯克問題從地方自治權之爭，演變為脫離西班牙獨立的訴求。
直到民主化時期，ETA 問題始終是西班牙內政上的一大隱憂。[15]

　　加泰隆尼亞在 11、12 世紀臣屬於亞拉岡王國，政治上享有

15　Roger Collins (1990). *The Basques*. Oxford: Blackwell Publishers Ltd.,

「歷史特權」，經濟上加泰隆尼亞首府巴塞隆納（Barcelona）是地中海貿易港口，文化上該區承襲古羅馬文明，有自己的語言及高度發展的社會與文化。無論在政治、經濟、文化的發展上，加泰隆尼亞都比西班牙其他地區進步。

　　加泰隆尼亞於內戰期間強烈支持第二共和反抗佛朗哥，造成此地區與巴斯克同樣下場。但加泰隆尼亞與巴斯克不同，並不認同分離主義，主張採取溫和路線，在民主體制下以政治協商的方式，爭取更多的自治權利。同時，獨自發展對外經貿關係，除加強區域間合作及交流外，還擴大到整個歐盟領域，導致西班牙其他地區起而效之，造成西班牙中央政府相當大的困擾。[16]

　　加利西亞居民為塞爾特（Celtic）人後裔，所使用的方言與葡萄牙文近似。加利西亞比起巴斯克及加泰隆尼亞兩地區，民族主義發展較晚，經濟也不發達，居民多以漁業及相關產業為主。直到1930年代第二共和時期，加利西亞才開始所謂的地方自治運動。在佛朗哥統治時期，因佛朗哥出生於此，政治菁英與佛朗哥政府關係友好，政治上並未受到太大打壓，但受語言同化政策影響，現在加利西亞語僅存於該區鄉下及漁村。[17]

三、西班牙政府因應對策

　　結構論重視族群認同對現狀的回應能力。族群認同在於族群對現有政治權力、經濟資源、社會地位獲文化認同的相對剝奪，產生對現有社會不平等結構的反抗。因此，被動、外塑的

16　Michael Keating (1996). *Nations against the State: The New Politics of Nationalism in Quebec, Catalonia and Scotland.* New York: St. Martin's Press, Inc., pp. 115-160.

17　John Gibbons (1999). *Spanish Politics Today.* Manchester and New York: Manchester University Press, p. 14.

成分多於自我反思。

（一）政治制度

　　多元種族建立之國家多從政治體制著手，採用聯邦體制化解多元種族引發之困擾。由於在聯邦制度下，各邦或地區擁有相當大的自治權，在聯邦與地方權限劃分下，將文化、語言、教育、地方政經事務交由地方自己管理。學者對聯邦體制能否促進不同種族之間向心力看法兩極，一派認為聯邦體制藉由憲法保護允許雙語或多語存在，將地方事務交由地方自治，或設定保障名額，讓少數民族有參與國家政策管道，如此比較能顧及不同族群之權益；另一派認為有可能利用聯邦體制設計成為分離主義前奏。一般說來，在政治理念上，近似種族較易產生凝聚力，如美國、瑞士聯邦體制運作良好；反之易有危機產生，如印度、前蘇聯、前南斯拉夫都採用聯邦制，但仍無法滿足一些分離主義分子的訴求。

　　西班牙民主化初期，有鑑於中央與地方權限劃分非常棘手，擁護地方自治人士主張區域自決，而保守派人士希望限制區域自治權，避免分離意識抬頭。在主要政黨協商下，最後採取折衷方案，於憲法中明文規定：「西班牙奠基於國家統一與各民族所組成的區域自治。」（based on the unity of the Spanish nation and the autonomy of the nationalities and regions which constitute it）。依照西班牙憲法第2條規定：「西班牙為西班牙人民所共有且不可分割的祖國，其憲法建立於此一不能分的國家個體之上，承認並保障國家內各民族與地區之自治權利與其間的團結性。」[18]

18　憲法條文譯本請參閱國民大會秘書處，前揭書。

　　此外，在憲法第8篇第3章制定「自治區」專章（第143至158條），由中央授權地方高度自治，同時保有國家統一與不可分割性。為行使憲法第2條所承認之自治權，第143條第1項規定：「有共同歷史、文化與經濟特徵相臨之省分、島嶼，或屬於同一歷史實體之省分，得決定組織自治政府，並依相關章程中的規定成立自治區。」同條第2項：「自治區之創始，由有意自治之省政府或島嶼，經所管轄2/3的市，及每一省或島內多數人口支持。此項條件應於有意自治之組織提議後六個月內完成之。」同條第3項：「實施自治之提議如未通過，同一提議須於五年後方能提出。」根據上述規定，西班牙地區依照本身自治發展程度的不同，得以下列二種方式取得自治地位，而擁有的政治權力不同：[19]

　　第一類為快速路線（fast route）：依照憲法第151條規定，由有意組織自治之省政府或島嶼依照憲法第143條第2項規定提出申請，經由公民投票過半數同意通過，即取得自治地位。這類自治區包括自16世紀以來就享有歷史「特權」的加利西亞、加泰隆尼亞、巴斯克三個自治區，享有完全自治權（full autonomy）。除此之外，安達魯西亞在當時執政黨中間民主聯盟（Union Central Democratica, UCD）強力支持下，於1980年獲得完全自治地位。瓦倫西亞及加納利亞群島經由西班牙國會同意修改兩自治區自治章程後，賦予其高度自治權。

　　第二類為慢速路線（slow route）：依照憲法第143條規定取得自治地位，但由於區域內各省差異性較大，地方政治運作尚

19 Paloma Román (2002). *Sistema Político Español.* Madrid: McGraw Hill, S.A., 2ª edición, pp. 293-294.

不成熟，財政無自主能力，仰賴中央政府統籌管轄。依照第148條第2項規定：「自治區於自治5年後，得經由自治章程之修改，在第149條規定的範圍內，繼續擴大其職權。」依此路線取得自治權的包括阿斯圖里亞斯、坎達布里亞、亞拉岡、卡斯提亞—里昂、拉里歐哈、馬德里、艾斯特略馬都拉、卡斯提亞—拉曼恰、木西亞、巴列亞斯群島等10個自治區。

　　另外，不同於上述兩種路線取得自治地位的，尚有納瓦拉自治區。納瓦拉與巴斯克兩地區自古為納瓦拉天主教王國屬地。1936年至1939年內戰期間，納瓦拉人民不認同巴斯克對抗佛朗哥，致使戰後佛朗哥政府同意保留納瓦拉自治權力，與巴斯克被打壓的情況完全不同。1979年巴斯克依憲法實施自治後，雖堅持納瓦拉地區應劃歸巴斯克自治區，但遭到納瓦拉公民投票否決。直到1982年西班牙國會通過納瓦拉成為單一省自治區，兩自治區之間的紛爭才告一段落。而位於摩洛哥北邊休達（Ceuta）與美利亞（Melilla）兩殖民城市，則在1995年取得自治權。[20]

　　如此一來，各族群可根據歷史、文化劃分，如加泰隆尼亞、巴斯克、加利西亞少數族群各自成立單一自治區。其他地區則是經由人為劃定不存在單獨之民族認同感的區域，如馬德里、艾斯特略馬都拉自治區、木西亞自治區等。這種帶有妥協色彩的分權模式，回應加泰隆尼亞、加利西亞少數族群自治的要求，也避免直接回應巴斯克民族主義獨立的激進主張。

20　Charlotte Villiers (1999). *The Spanish Legal Tradition: An Introduction to the Spanish Law and Legal System*. Brookfield, USA: Ashgate Publishing Company, p. 89.

（二）經濟開發程度

在一個國家中，經濟發展不均衡的現象相當普遍，經濟發展程度的差異，會導致地區之間產生隔閡、摩擦，落後地區則有被剝奪、被歧視的感覺，進而認為在政治、社會上都處於邊陲地帶（peripheral regions），這造成地方與中央政府之間的距離、差異與依賴（distance, difference, dependence），成為少數民族分離意識及民族主義興起的原因。[21] 不過，這種說法對部分歐洲鬧分離意識的地區卻有其局限性。一些少數族群經濟（政治）處於弱勢、邊陲地帶，雖可藉由政治力介入，提供弱勢族群經濟上援助，如西班牙加利西亞自治區，但一些少數族群也許在政治上居於弱勢，但相對經濟上卻處於強勢地位，如加泰隆尼亞以及巴斯克兩地區；率先脫離南斯拉夫獨立之克羅埃西亞、斯洛維尼亞兩共和國，也都是經濟高度發展的地區。這些富有的區域不願其經濟發展受到貧窮地區拖累，加上種族、文化上優越感，更加凸顯地區之間的差異性。換言之，無論經濟上貧、富，都會導致地區之間產生隔閡、摩擦，而有被剝奪、被歧視感覺。

然而要不要獨立？或能不能獨立？是兩回事。在這件事上經濟會是主要考量。西班牙無論中央或地方政府，在改善區域不均衡發展時面臨最大的問題就是財源不足。西班牙政府對自治區的財政援助有兩種，第一種是中央統籌分配款，第二種是中央自一般稅收中設立「領域內補貼基金」。中央政府對貧窮地區以補貼基金方式平衡各區域間經濟發展的差異，目的在改

21　張麟徵（1994），〈分離主義內省與外觀〉，《問題與研究》，第33卷第10期，頁5-6。

善南部農業地區與北部工、商業富有區域在收入及生活品質上的懸殊差距。西班牙17個自治區中總共有9個區域得到中央政府補助。[22]此外，受到歐盟區域政策改革的幫助，歐洲區域可以參與制定歐盟區域政策，西班牙17個自治區皆有派駐區域代表常駐布魯塞爾。[23]同時，在歐盟尚未東擴之前，西班牙是歐盟區域政策最大受惠國，接受歐盟在結構及凝聚基金的財政援助。但在財政補助款分配上，一切由中央政府主導直接分配給地方，使得基金分配及運用的有效性備受質疑。尤其，被歐盟列入西班牙三個最貧窮的自治區：艾斯特略馬都拉、加利西亞及安達魯西亞，皆為接受西班牙與歐盟財政援助最多的地區，但經濟轉型並不成功。[24]可見，單純的財政補助雖可改善這些地區的經濟水平，區域間經濟水平的差距仍無法拉近。然而區域在財源上多了歐盟基金的援助，使區域減少對國家的依賴，使得區域自主能力增加，這不但鼓舞區域自主意識，也使得區域跳過國家層次，反倒認同歐洲整合，積極參與歐盟事務。

2006年加泰隆尼亞擴大自治公投，允許加泰隆尼亞經濟上單獨在國外設立貿易辦公室發展關係。如在歐盟各國、台灣，除西班牙經濟與文化辦事處外，也設有加泰隆尼亞貿易辦公室。自歐債危機爆發以來，加泰隆尼亞自治區的民眾更要求脫離西班牙獨立以自保。之後加泰隆尼亞人更多次湧入巴塞隆納街頭示威，不滿西班牙國家經濟拖累自治區，要求脫離西班牙獨立。加泰隆尼亞此舉未必是尋求真正對外獨立的國際人格，

22　Mary Farrell, (2001). *Spain in the EU: The Road to Economic Convergence*. (New York: Palgrave, pp. 132-34.

23　L. Hooghe (1995) "Subnational Mobilisation in the European Union," *West European Politics*, Vol. 18, No. 3, p. 186.

24　Mary Farrell, op. cit., p. 140 and appendix 8a.

更可能是希望獲得經濟上的獨立自主。

肆、影響與評估

　　在全球族群衝突案例中，主要族群會要求取得自治或獨立的地位，而有些族群衝突則起源於其從屬族群（subordinate group）要求改善其現有在國家內的地位，而且大部分都以其曾有過自治或獨立歷史經驗來合理化其訴求。這些族群主義運動有些是跨越國家邊界進行活動，因此，要求自治的政治衝突或獨立戰爭會吸引鄰近國家在軍事、政治乃至經濟上支持。

　　對少數民族問題，國際社會一般採用兩種途徑解決：一種是引用公民投票決定，像一次大戰後美國總統威爾遜提倡之民族自決原則，造成殖民地脫離前帝國獨立的浪潮。但這類公投形式面臨幾項難題：首先，民族分布未必集中，散居情況普遍，故南斯拉夫為採用此一原則辦理；其次，公投後，輸的一方成為新的少數民族，問題依舊存在，如：波士尼亞獨立後境內塞爾維亞裔成為新的少數民族；其三，無法確保外國勢力中立不介入，如：賽普勒斯島獨立公投，希臘與土耳其立場明顯相左；其四，國內優勢民族未必採用此原則，如：印度拒絕喀什米爾問題引用公投解決、中國拒絕國際勢力介入西藏問題。另一種是藉由國際保護訂定少數民族保障條款，如：少數民族可透過像聯合國安理會申訴，交由國際法庭訴訟審理；新興國家中皆有保障少數民族條款，歐盟對外援助也以人權、民主保障作為撥款依據等案例。[25]

25　有關公民投票案例，請參閱陳隆志、陳文賢主編（2010），《國際重要公民投

　　上述公民投票途徑成為歐洲分離主義分子積極爭取自身權力的手段，尤其在英國答應蘇格蘭在2014年9月舉辦獨立公投後，[26] 歐洲那些少數族群長期致力於獨立運動有了新希望。蘇格蘭獨立公投議題拋出之後，在歐洲已經引起了連鎖反應。在西班牙，加泰隆尼亞人也迅速跟進，提出獨立公投的訴求；比利時法蘭德斯的分裂主義者更稱：如果蘇格蘭成功脫離英國，那麼他們將會立即效法。自此，整個歐洲的獨立運動將陷入不可收拾的地步，有可能走向像前南斯拉夫分裂的困境。

　　加泰隆尼亞脫離西班牙獨立的要求已經吵了幾十年，這類型公投訴求也不是第一次，2006年有擴大自治權限的公投，2009年至2012年則在上百個鄉鎮舉辦非正式諮詢性的獨立公投，但只具參考價值，並無法律效力，主要是凝聚族群共識。旁邊民風強悍的巴斯克自治區，則採取比較激烈的手段追求獨立。加泰隆尼亞人比較理性、溫和，長期透過議會手段以蠶食鯨吞方式去爭取自治權限，恢復以前的歷史特權。按2013年11月西班牙民調，加泰隆尼亞內部贊成獨立與維持現狀的比例是52%對24%，非常明顯有優勢。但如果加入第三選項，則要求獨立的人有：40.6%；維持現況的人則有：17.6%、享受更大自治權限的人為：25.6%。民眾中10人有8人會參與獨立公投。[27] 民調顯示了多數民眾對政治的熱中程度。

　　從歐洲整合的經驗可發現，國與國之間的疆界雖然逐漸

票案例解析》，台北：財團法人台灣新世紀文教基金會編印。

26 "Salmond calls for independence referendum in 2014," *BBC News,* 10 January 2012. <http://www.bbc.co.uk/news/uk-scotland-16478121>, Retrieved 15 June 2014.

27 "El 52% de los catalanes está a favor de la independencia," *El Pais*, 11/09/2013. <http://ccaa.elpais.com/ccaa/2013/09/11/catalunya/1378883416_126787.html>（檢索日期：2014. 06. 30）。

模糊化，且歐盟大前提、歐洲大一統，意圖結合所有歐洲國家
成立一個大的統一的歐洲國，但分離運動卻是企圖分裂出更多
的國家，跟歐盟原則相違背。歐盟立場對歐洲內部族群意識興
起是勸和不勸離，如：歐盟對前南斯拉夫（斯洛文尼亞、克羅
埃西亞）初期態度是傾向維持該國統一完整。賽普勒斯是透過
聯合國與歐盟介入，要求兩個族群舉行統一公投（而不是分裂
公投），只是結果以失敗收場。歐盟對會員國，傾向不介入其
內政問題。就蘇格蘭與加泰隆尼亞例子，歐盟已聲明前述地區
真獨立後，其歐元區與歐盟會員國身分將自動消失，等同新國
家重新申請歐盟，再看其經濟條件能否加入歐元區，斷絕蘇格
蘭、加泰隆尼亞希望獨立後還是待在歐盟，享受歐洲共同市場
各項好處的希望。[28] 歐盟雖然不介入，但態度很明顯。相信這
在蘇格蘭 2014 年 9 月的獨立公投，或西班牙加泰隆尼亞 11 月公
投時（西班牙中央政府已經宣告違法），會成為左右公投結果
很大的因素。

伍、結論

多元文化認同與族群意識興起關係與該族群歷史、文化是
密不可分的。多元與完整，是否能重塑國家認同？種族、族裔
和其他「次國家認同」是否能置於國家認同之上？或之下？亦
即究竟是國家認同優於族群認同？或族群意識高於國家意識？

28 "Scottish independence: Think tank report backs EU membership," *BBC News*, 29 May 2014 <http://www.bbc.com/news/uk-scotland-scotland-politics-27623271>（檢索日期：2014. 06. 20）.

關鍵點在於不同文化體之間在承認與尊重的前提之下，能否以差
異、寬容、平等、多元這些原則為依據，進而達成社會的融合。

　　西班牙在處理境內民族主義發展時，經由憲法恢復少數民
族之自治權及母語地位，各民族語言都列為官方語言，其文化
受到特別的保護。這類要求固然強化少數民族的地位，但不同
種族之間的隔閡仍難完全消除。少數族群獨立的訴求或要求擴
大自治權限，在西班牙國家建構工作上也將增添許多困難。巴
斯克與加泰隆尼亞獨立公投在西班牙是刻意炒作出來的，既是
選舉操作的一種手法，同時也是區域凝聚族群向心力的一種手
段。加上歐洲類似議題在刻意炒作下引起歐洲各國關注；尤其
是英國已經同意了蘇格蘭公投，箭在弦上，對英國對蘇格蘭都
是一場政治上的豪賭，對歐洲以及西班牙的影響也不容小覷。
但無論過程如何，這至少鼓舞了歐洲那些少數族群，給了他們
長期致力於獨立運動的新希望。

參考文獻

Butler, David and Austin Ranney 著，吳宜容譯（2002），《公民投票的
　　理論與實踐》，台北：韋伯文化。
Samuel Huntington 著，高德源等譯（2008），《「誰是美國人？」：
　　族群融合的問題與國家認同的危機》，台北：左岸文化。
Wood, Kathryn 著，林文琪譯（2006），《認同與差異》，台北：韋伯
　　文化。

卓忠宏（2007），〈西班牙多元語言教育與政策評析〉，張台麟主編，《全球化下的歐洲語言與文化政策——台灣的觀點》，台北：政治大學外語學院歐洲文化研究中心。

國民大會秘書處（1986），《新編世界各國憲法大全》，第二冊。

曾義明（1985），《西班牙史》，台北：環球書局。

施正鋒（2004），《台灣客家族群政治與政策》，台北：翰蘆出版社。

范勝保（2010），《多元文化、族群意識與政治表現》，台北：翰蘆出版社。

陳隆志、陳文賢主編（2010），《國際重要公民投票案例解析》，台北：財團法人台灣新世紀文教基金會。

陳素秋（2009），〈多元文化主義〉，洪泉湖等著，《台灣的多元文化》，台北：五南出版社。

郭建慧（2012），〈非一是多？辨析多元文化主義的認同問題〉，《環境與藝術學刊》，第11期，頁16-30。

張茂桂等著（1996），《族群關係與國家認同》，台北：業強出版社。

張麟徵（1994），〈分離主義內省與外觀〉，《問題與研究》，第33卷第10期，頁1-21。

鄭又平等譯，Gurr, Ted Robert等著（1981），《國際政治中的族群衝突》，台北：韋伯文化。

Cerro Santamaría, Gerardo del. (2008). "Sovereignty, Nationalism and Globalization in Bilbao and the Basque Country", <http://web.mit.edu/dusp/dusp_extension unsec/people/faculty/delcerro/delcerro-2008-sovereignty.doc>, pp. 1-38.

Collins, Roger (1990). *The Basques*. Oxford: Blackwell Publishers Ltd.

Crespo MacLennan, Julio. (2000). *Spain and the Process of European Integration, 1957-85*. New York: Palgrave.

Díaz Gijjon, José R. et. al. (1998). *La Historia de la España Actual 1939-1996*. Madrid and Barcelona: Marcial Pons, Ediciones Jurísdicas y Sociales, S. A.

Discurso del Lehendakari (2007). "Pleno del Parlamento Vasco debate sobre politica general", <http://www.elpais.com/elpaismedia/ultimahora/ media/200709/28/ espana/20070928elpepunac_1. Pes.PDF.doc>, septiembre, pp. 1-31.

Espiau Idoiaga, Gorka (2006). "The Basque Conflict: New Ideas and Prospects for Peace", *Special Report 161, United States Institute of Peace*, April, pp. 1-12.

Farrell, Mary (2001), *Spain in the EU: The Road to Economic Convergence*, New York: Palgrave.

Gibbons, John (1999). *Spanish Politics Today*. Manchester and New York: Manchester University Press.

Gisselquist, Rachel M. (2013). "Ethnic Politics in Ranked and Unranked Systems: An Exploratory Analysis," *Nationalism and Ethnic Politics,* 19(4): 381-402.

Guibernau, Montserrat (1999). *Nations without States: Political Communities in a Global Age*. Oxford: Blackwell Publishers Ltd.

Herreras, José Carlos (2006). *Lenguas y Normallización en España,* Madrid: Editorial Gredos.

Horowitz, Donald L. (2000). *Ethnic Groups in Conflict*. Los Angeles: University of California Press, 2nd Edition.

Hughes, Neil (2000). "The Problems and Future of Spain," in Peter J. Anderson, (ed.), *New Europe in Transition*, New York: Continum, pp. 149-161.

Jáuregui, Gurutz (1997). *Los Nacionalismos minoritarios y la Unión Europea.* Barcelona: Editorial Ariel, S. A.

Jones, Rachel (2000). *Beyond the Spanish State: Central Government, Domestic Actors and the EU.* New York: Palgrave.

Keating, Michael (1996). *Nations against the State: The New Politics of Nationalism in Quebec, Catalonia and Scotland.* New York: ST. Martin's Press, Inc.

Keating, Michael (1998). *The New Regionalism in Western Europe.* Cheltenham, UK: Edward Elgar.

Keating, Michael (ed.) (2004). *Regions and regionalism in Europe.* Cheltenham: Edward Elgar.

Kok, Wim (2003). *Enlarging the European Union: Achievements and Challenge.* European University Institute, Robert Schuman Centre for Advanced Studies.

Landdaburu, Eneko (1998). "España y la Política de Cohesión Europea", *Política Exterior*, 65, pp. 29-40.

Magona, Jose M. (2003). *The Politics of Southern Europe: Integration into the European Union.* Westport, Connecticut: Praeger Publishers.

Martín, Carmela et. al. (2002). *La Ampliacion de la Unión Europea: Efectos sobre la economía española.* Barcelona: la Caixa.

Medhurst, Kenneth (1984). "The Spain's Evolution Pathway from Dictatorship to Democracy, *West European Politics,* 7(2), pp. 31-49.

Morata, Francesc (1995). "Spanish Regions in the EC," in Barry Jones and Michael Keating, eds., *European Union and the Regions.* New York: Oxford University Press.

Pérez-Díaz, Víctor (1999). *Spain at the Crosscroads.* London: Cambridege.

Prevost, Gary. (1993). "The Spanish Peace Movement in a European Context," *West European Politics,* 16(2), pp. 145-164.

Román, Paloma (2001). *Sistema Político Español.* Madrid: McGraw Hill, S.A.

Salmon, Keith (1998). *The Modern Spanish Economy: Transition and Integration into Europe.* London: Cassell Publishers Limited.

Taylor, Charles (1994). *Multiculturalism: Examining the Politics of Recognition.* New Jersey: Princeton University Press.

Villers, Charlotte (1999). *The Spanish Legal Tradition: An Introduction to the Spanish Law and Legal System.* Vermont, USA: Ashgate Publishing Company.

Young, Iris M. (1990). *Justice and the Politics of Difference.* New Jersey: Princeton University Press.

捷克及斯洛伐克的分合與國族主義

鄭得興*

壹、前言

　　捷克人與斯洛伐克人同屬西斯拉夫人，¹但分屬不同民族，1918年之前分別由不同國家統治。捷克從1526年起劃入奧地利哈布斯堡家族版圖，斯洛伐克更早在11世紀初即由匈牙利吞併。二個民族經過19世紀百年的民族復興運動長路，終於在一次大戰之後共組一個國家「捷克斯洛伐克共和國」（Czechoslovakia Republic），這是一個全新的民族國家，首都在布拉格，這是二個民族歷史上的第一次「合」。1918年至1938年是捷克斯洛伐克共和國的第一民主共和時期，慕尼黑協議（1938）之後納粹德國於1939年入侵捷克，並迫使斯洛伐克獨立，最後二國都落入納粹德國的統治區域，捷克被迫改名為波希米亞和摩拉維亞保護國，斯洛伐克成為斯洛伐克共和國；1939年至1945年是捷克及斯洛伐克的第一次「分」。1945年至1948年是捷克及斯洛伐克第二次「合」，這時期稱為第二民主

---

* 東吳大學社會學系副教授。捷克查理大學社會科學院社會學博士。學術興趣：歷史社會學、海外華人、中東歐研究。本文章非常感謝二位審查老師的寶貴意見。
1　斯拉夫民族分為東斯拉夫民族、西斯拉夫民族及南斯拉夫民族，西斯拉夫民族包括波蘭、捷克及斯洛伐克。

共和。1948年2月捷克斯洛伐克共和國大選，結果由共產黨獲得執政權，直到1989年「絲絨革命」（velvet revolution）結束共產政權，1993年捷克及斯洛伐克「絲絨分裂」（velvet divorce），二個民族協議和平分裂，至此是捷克及斯洛伐克的第二次「分」。捷克及斯洛伐克從1918年至1993年的75年之間，歷經二次「合」及二次「分」，這些分合中有自願的，也有被迫的。

捷克及斯洛伐克的二次「分合」，都跟國族主義有關係，而捷克斯洛伐克的國族主義又因內外部的實際衝突情況不同而有內外之分。對外的國族主義是指捷克及斯洛伐克共同對抗外部的統治者或侵略者，分別是1918年前的奧匈帝國（捷克的統治國是奧地利，斯洛伐克的統治國是匈牙利），1939年的納粹德國，1948年至1989年的蘇聯（期間發生1968年的「布拉格之春」，結果蘇聯軍隊鎮壓捷克及斯洛伐克的自由化運動）。對內的國族主義是指捷克及斯洛伐克二個民族內部因國族地位及關係緊張而引發，在75年的合作歷程中，捷克及斯洛伐克曾透過協議更改了二次國號，除了1918年至1938年，1945年至1960年的「捷克斯洛伐克共和國」（Czechoslovak Republic）之外，1960年改為「捷克斯洛伐克社會主義共和國」（Czechoslovak Socialist Republic, 1960-1990）及1990年改為「捷克及斯洛伐克聯邦共和國」（Czech and Slovak Federative Republic, 1990-1992），每次更改國號除了因應時代背景差異外，亦顯露出斯洛伐克民族期待更平等國族地位之訴求。此外，1968年之前的國家領導人都來自捷克，1968年之後皆改由斯洛伐克人擔任，這在布拉格之春運動失敗之後，亦導致了二個民族內部合作的不可協調性。最終在1989年民主化之後，國家領導人再度由捷克人（哈維爾）擔任

時，二個民族的政治、經濟、社會及文化矛盾最終導向了協議和平分裂。二國是透過政府間的協商，未經全民公投，儘管二國人民友誼仍保持密切，1992年底二國還是正式結束關係。

　　本文首先是針對捷克及斯洛伐克的分合與國族主義這個命題，探討國族主義在捷克及斯洛伐克二次「合」「分」脈絡中的作用，及其引發的相關問題。其次，再探討二國獨立之後的政治、經濟、社會發展，以此檢驗「絲絨分裂」的正當性。最後，本文再以歷史記憶與國族主義現時的社會框架，檢視及反思人們對二國共同過去的評價。

貳、捷克及斯洛伐克國族的分合紀要

　　捷克民族及斯洛伐克民族在異族統治數百年之後，都強烈希望能夠脫離被統治狀態，19世紀是中東歐許多國家的民族復興運動時期，這段期間起於18世紀末，終於一次大戰結束之後。根據本尼迪克特・安德森（Benedict Anderson）、厄內斯特・蓋爾納（Ernest Gellner）及安東尼・D・史密斯（A.D. Smith）等學者的看法，國族主義（nationalism）是建構出來作為分辨我族與他族之區別的，他們並不認同基於血統的民族原生論之國族主義。血統、族裔、文化（語言、生活方式、歷史等）主要是作為建構國族的要素，「我是誰」是被建構出來的，而非政治社會現實狀態的自然承受者。「我是捷克人」及「我是斯洛伐克人」成為19世紀二個民族復興運動的最重要訴求，「捷克人」及「斯洛伐克人」首先從過去的傳說、語言、文學、歷史等尋找文化民族主義的共同性，進而追求「我族」的經濟與社會發

展地位，希望藉此先凝聚共識為一國族的「想像共同體」，最終再實現政治上的民族獨立地位。[2]

　　19世紀的捷克及斯洛伐克民族復興運動基本上是分別進行，捷克人反抗的對象是奧地利，斯洛伐克人反抗的對象則是匈牙利，儘管1867年「奧匈帝國」成立，這並不影響捷克及斯洛伐克繼續反抗其主要統治者的歷史脈絡，亦即捷克及斯洛伐克分別對抗的對象並未因此而共同成為奧地利及匈牙利。捷克及斯洛伐克的民族、語言、生活習慣等文化習性相近，但並非因此而在19世紀初就自然形成民族復興運動的聯盟形式。亦即19世紀以來的捷克及斯洛伐克民族復興運動各有其發展脈絡，少有橫向連結。捷克民族復興運動要建構的是「我是捷克人」，而斯洛伐克民族復興運動要建構的是「我是斯洛伐克人」。然而在一次大戰結束之前，出現了一種新的可能性，馬薩里克（Tomas G. Masaryk）在美國呼籲捷克及斯洛伐克僑界在戰後共組一個國家的訴求逐漸被廣泛接受。再加上一次大戰期間美國總統威爾遜「十四點聲明」中的民族自決，共同推動了1918年「捷克斯洛伐克共和國」的成立，在捷克及斯洛伐克長

2　有關捷克國族主義及其19世紀的民族復興運動，請參考筆者以下文章：〈捷克斯洛伐克分裂下的記憶與認同——兼論捷克歷史教科書之觀點〉，《台灣國際研究季刊》，第11卷第1期，2015／春季號，頁97-115；〈捷克斯洛伐克分裂下的記憶認同——捷克歷史教科書之觀點〉，《歷史記憶與國家認同——各國歷史教育》，施正鋒主編，台北：台灣國際研究會，頁201-222；〈捷克民族復興運動之路——十九世紀之於今日〉，2014年6月號，第27期，台北：巴黎視野（季刊），頁10-20；〈中東歐國家之歷史遺緒與轉型正義——以捷克及斯洛伐克為例〉，《台灣國際研究季刊》，第10卷第2期，2014年／夏季號，頁63-81；〈國家認同差異性下之集體記憶框架——捷克及斯洛伐克分裂後的年輕世代〉，《台灣國際研究季刊》，第4卷第4期，2013年／冬季號，頁91-117；〈斯洛伐克獨立20年〉，2013年6月號，台北：巴黎視野（季刊），共同作者，葉馨蓂，第23期，頁13-17。

期國族主義的自我建構下，出現了「捷克斯洛伐克人」這樣新形式的國族認同。就像1993年捷克及斯洛伐克分裂的時候並未有暴力相向，1918年捷克及斯洛伐克的結合似乎來得很自然，而未有反對聲浪。

1918年捷克斯洛伐克共和國是一個新興國家，「捷克斯洛伐克人」成為捷克人及斯洛伐克人共同分享的新國族身分。1918年至1938年長達20年之久的第一共和期間，捷克斯洛伐克共和國的政治經濟社會文化發展是穩定而有重要成就的。因此，我是「捷克斯洛伐克人」（Czechoslovak）似乎成為捷克民族及斯洛伐克民族皆能夠接受的新身分。1939年納粹德國刻意離間捷克及斯洛伐克成為二個「國家」，納粹德國將捷克改名為「波希米亞和摩拉維亞保護國」，而斯洛伐克則改為「斯洛伐克共和國」，不過二國最終都進了納粹德國的統治版圖裡。在二戰期間（1939-1945）捷克人及斯洛伐克人是以「捷克斯洛伐克共和國」的名號在英國成立流亡政府，「捷克斯洛伐克人」是以復興「捷克斯洛伐克共和國」的國族認同進行對抗納粹德國。1945年納粹德國戰敗，「捷克斯洛伐克共和國」立即恢復了1938年以前的統治脈絡及延續其政權的正當性。

1948年捷克斯洛伐克共和國成為蘇東集團的一員，捷克及斯洛伐克在過去經濟的發展上有很顯著的不同，捷克的經濟工業有的傳統很強，一次大戰結束，捷克的工業經濟產值是全球前十。斯洛伐克長期在匈牙利的統治下，並無太多工業的發展，經濟發展基礎是在農業。總體來說，斯洛伐克的現代化，包括工業經濟及現代教育的發展遠不及捷克水準。捷克斯洛伐克第一共和期間，捷克政府派遣許多公務人員、教員及技術人

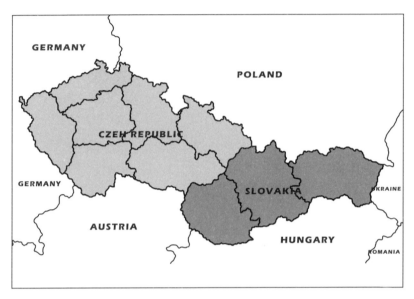

圖1　捷克共和國與斯洛伐克共和國

員支助斯洛伐克。二地發展水平一直存在著明顯差距，然而在進入共產政權統治時期，共產政權刻意抑制捷克發展，尤其在1968年布拉格之春運動之後，進入「回歸正常化」時期（1970年代及1980年代），捷克的工業經濟明顯遭受壓抑，斯洛伐克則被鼓勵發展「重工業」及「軍火工業」，工業產值及就業率明顯改善許多。共產政權時期的捷克及斯洛伐克民族有雙重國族認同的矛盾，其一是對外有共同對抗蘇聯的國族意識，其二是對內有捷克及斯洛伐克爭取民族地位平等的新國族主義運動。

　　1989年捷克斯洛伐克社會主義共和國（1960年更改國名）民主化之後，最先爆發的國族衝突就是「國號」問題，最後

雙方妥協的國號是「捷克及斯洛伐克聯邦共和國」（Czech and Slovak Federative Republic, 1990-1992），國號問題的解決關鍵就在「捷克及斯洛伐克」中間的連接詞（and），這是二個民族相處數十年之後所發生的摩擦，捷克及斯洛伐克民族的心理感受有明顯差距，斯洛伐克人覺得捷克人就像過去的匈牙利人，是新的統治階級，而捷克人覺得斯洛伐克人不知感恩。1918年捷克人與斯洛伐克人和平理性的共組國家，1993年捷克人與斯洛伐克人再次和平理性地進行分家。1918年及1993年的結合及分裂，都是政治人物的意志與行動，全都沒訴諸民意，人民被動地要去適應「我是捷克斯洛伐克人」（1918）及「我已不是捷克斯洛伐克人」（1993）的新身分。捷克及斯洛伐克民族的國族主義隨著國族歷史脈絡中的外在強權與內在矛盾，而產生了複雜的變化，但最難得可貴的是雙方都能理性和平收場。圖1是捷克與斯洛伐克於1993年分離成二個國家的地圖，捷克共和國（Czech Republic）的鄰國為斯洛伐克、波蘭、德國與奧地利，斯洛伐克的鄰國為捷克、波蘭、烏克蘭、羅馬尼亞、匈牙利及奧地利。

參、從絲絨革命到絲絨分裂

　　1968年1月斯洛伐克人亞歷山大杜布切克（Alexandr Dubcek）當選為捷克斯洛伐克共產黨第一書記，杜布切克隨之實施一連串的自由化運動，稱之為「布拉格之春」（Prague Spring）。蘇聯領導人布里茲涅夫總書記，反對捷克斯洛伐克的自由化運動，並宣稱蘇聯有權因安全問題武裝干預「社會主義大家庭中的任一成員」，於1968年8月21日發動華沙公約組織五國的武

力進攻捷克斯洛伐克，1969年4月杜布切克下台，另一位斯洛
伐克人古斯塔夫胡薩克（Gustav Husak）在蘇聯的協助下，繼
任為捷克斯洛伐克共產黨的第一書記，並推行「正常化運動」
（Normalization），所有的改革運動被迫取消。1970年共產黨進行
黨員清查，約有50萬人被取消黨員身分。政治恢復高壓統治，
社會再度進行嚴密監控，國民禁止自由旅行，經濟恢復中央控
制的計畫經濟。社會氣氛相當沉迷，1977年1月在劇作家哈維爾
（Vaclav Havel）、哲學家楊帕托去卡（Jan Patocka）、作家路德維
克瓦出力克（Ludvik Vaculik）及巴維爾蔻荷特（Pavel Kohout）等
人的運作下，推出了「七七憲章宣言」（Charter 77 Declaration），
強調政治寬容與尊重人權。七七憲章成了捷克斯洛伐克社會及
人民的新連結，1980年代中期，蘇聯領導人戈巴契夫（Mikhail
Gorbachev）推行改革（perestroika）及開放（glasnost）的主張，再
度鼓舞了捷克斯洛伐克的反對派人士。1989年8月21日「布拉
格之春」鎮壓21週年，民眾在各地自發集結紀念，並反對共產
政權，此時政府的壓制力量已明顯不足。11月17日（納粹德國
於1939年槍殺查理大學9名學生50週年）於布拉格爆發大規模
的學生示威遊行，同時吸引更多民眾加入，並因為和平示威遊
行導致共產政權的瓦解，史稱「絲絨革命」（velvet revolution）。[3]

　　絲絨革命爆發後，捷克的反對勢力集結在「公民論壇」
（Civic Forum, OF）之下，斯洛伐克主要以「公民反暴力」（The
People Against Violence, VPN）領導。1989年12月29日改組後的
國家議會（National Assembly）選出了哈維爾（Vaclav Havel）為

3　Cconej, Petr & Pokorny, Jiri (2004). *A Brief History of The Czech Lands to 2004*. Prague: Prah Pres, pp. 73-81.

捷克斯洛伐克總統。1990年6月舉行第一次自由大選，公民論
壇與公民反暴力二大組織分別在捷克及斯洛伐克獲得壓倒性多
數席位。公民論壇與公民反暴力彼此間所關懷的政治議題無
法取得共識，同時各自內部又爆發分裂，往後捷克及斯洛伐
克的分裂與這二大組織的分裂具有密切關係。1991年4月由克
勞斯（Vaclav Klaus）主導的公民民主黨（Civic Democratic Party,
ODS），從公民論壇出走，屬右翼政黨。斯洛伐克方面，由梅
奇亞（Vladimir Meciar）領導的自由斯洛伐克運動（Movement of a
Democratic Slovakia, HZDS）則從公民反暴力分裂出來，屬左翼政
黨。1992年6月捷克斯洛伐克舉行第二次自由大選，結果是捷
克的公民民主黨及斯洛伐克的自由斯洛伐克運動分別勝選。由
於克勞斯及梅奇亞在國家定位無法取得共識下，這次國會大選
結果導致了捷克及斯洛伐克在1992年12月31日分裂。1993年1
月1日捷克成立了「捷克共和國」（Czech Republic），而斯洛伐克
則成立了「斯洛伐克共和國」（Slovakia Republic），由於二國的
分裂是在寧靜及尊嚴的氣氛下產生，史稱「絲絨分裂」（velvet
divorce）。[4]

　　捷克斯洛伐克在絲絨革命之後，對國家未來的走向有了
明顯的歧異。捷克希望能維持1968年所制定法律中對捷克斯
洛伐克定位在聯邦體制之架構上，斯洛伐克則希望將國家體制
更改為邦聯體制（confederation），捷克強調聯邦政府的中央權
力，斯洛伐克則希望縮小聯邦政府職權，而強調民族國家的自
主性。斯洛伐克認為捷克堅持的聯邦體制，基本上僅對捷克有

4　同註3, pp. 82-88。

利，因此反對新國家的定位是由捷克完全主導的聯邦體制。再者，斯洛伐克主張國號也需要一併更改。1990 年 1 月 23 日，哈維爾總統將共產時期的國號「捷克斯洛伐克社會主義共和國」（Czechoslovak Socialist Republic）中的社會主義（Socialist）取消，改成為「捷克斯洛伐克共和國」（Czechoslovak Republic），但這個國號與第一共和時期的國號是一樣的。斯洛伐克的國會議員希望他們的國名能更清晰，提議在捷克及斯洛伐克之間使用連字號（捷克—斯洛伐克共和國），最後妥協出的新國號是「捷克及斯洛伐克聯邦共和國」（Czech and Slovak Federative Republic, CSFR）。[5]

　　捷克的克勞斯政權及斯洛伐克的梅奇亞政權在絲絨革命之後，他們所關心的主要議題是不同的。捷克關心的是經濟改革與清算過去（轉型正義），而斯洛伐克關心的是國號及國家自主性。克勞斯利用休克療法的經濟改革，想以激進手段盡快完成私有化，這獲得捷克民意支持。不過，斯洛伐克因為共產時期經濟體制的調整，很難跟得上捷克的私有化政策，結果導致斯洛伐克的失業率大增。捷克政府認為布拉格之春遭鎮壓後，共產政權對捷克進行全面性的壓制及迫害，因此共產政權的過去應該要被清算。斯洛伐克在布拉格之春後，由於其共產政權大力推動重工業、軍事工業的建設，促進了斯洛伐克的經濟成長，及降低了失業率，共產政權「有功」於斯洛伐克，因此絲絨革命之後，斯洛伐克對過去的清算並不像捷克那樣感到緊迫。斯洛伐克認為捷克霸占了聯邦政府預算分配權及外交權，

5　Zak,Vaclav (2000). "The Velvet Divorce—Institutional Foundations," edited by Jiri Musil, *The End of Czechoslovakia*. Budapest: Central European University Press, pp. 246-253.

導致外國資源無法真正進到斯洛伐克境內，因此斯洛伐克重視國號的代表性。克勞斯認為斯洛伐克已妨礙到他進行經濟改革的速度，捷克政府也認為沒有斯洛伐克，應該會更有利於「回歸歐洲」（Return to Europe）。[6] 雙方政治人物在絲絨革命之後，是處在高度不信任的情況下，一步步走到分裂的局面。克勞斯與梅奇亞的政治考量裡並未真正想透過公民投票的形式來做最終的政治決定，根據1992年7月的民調顯示，贊成二國分裂的民意只有16%左右，不過到了11月，已有九成的受訪者認為二國的分裂已「無可避免」了。克勞斯指責二國的分裂是由斯洛伐克的分離主義造成的，梅奇亞則認為責任應該是在捷克的霸權。[7]

　　捷克及斯洛伐克能夠和平分裂，有其內外在環境的因素。首先，1993年捷克斯洛伐克所面對的國際局勢與地緣政治不同於1938年及1968年，1938年納粹德國入侵捷克，1968年蘇聯鎮壓布拉格之春運動。冷戰後的俄國忙於內政問題，德國也在國家再統一及歐洲整合的進程。因此，捷克及斯洛伐克的分裂過程並未有外在的危機。[8] 其次，捷克想加入歐洲共同體（EC），克勞斯認為捷克斯洛伐克會因為國家或憲政上的爭議，而被拒絕於歐洲整合之外。因此，克勞斯認為沒有斯洛伐克，捷克會比較容易及快速進入歐洲。梅奇亞認為沒有捷克，斯洛伐克在外交能見度及吸引外資上會更有利。第三，和平分裂才能維持

6　Dowling, Maria (2002), *Brief Histories Czechoslovakia*. London: Oxford University Press, pp. 160-167.

7　Agnew, Innes, Abby (2001). *Czechoslovakia: The Short Goodbye*. Yale University Press, pp. 207-210.

8　Hugh (2004). *The Czechs and The Lands of the Bohemian Crown*. Hoover Institution Press, pp. 300-302.

國家穩定，當時南斯拉夫內戰及蘇聯分裂所導致的景象，並非是捷克及斯洛伐克所想見到的結果。第四，當時在斯洛伐克境內的捷克人僅占總人口的1%，在捷克境內的斯洛伐克人則為4%，種族或少數民族並非二國衝突的原因。民調也顯示捷克人及斯洛伐克人彼此並不相互憎惡對方，儘管民調也顯示大部分的斯洛伐克人並不信任捷克人，並認為捷克人比較無法理解斯洛伐克人的民族意識也缺乏同理心。[9]自從1918年捷克斯洛伐克共和國的奠基者馬薩里克及貝耐斯等人開始，至1993年捷克及斯洛伐克分裂，在二國人民共同生活的過去歷史當中，並未真正成功地建構出「我們捷克斯洛伐克人」（Czechoslovak WE）的共識，斯洛伐克人為何需要自己的國家認同，這也是他們認為在一次大戰之後，斯洛伐克民族還在爭民族生存。與捷克分裂，則是斯洛伐克將為自己未來單獨負責的開始。[10]要理解斯洛伐克的民族意識要從二段歷史脈絡來看，其一是匈牙利王國的歷史，其二是捷克斯洛伐克共和國的歷史。對斯洛伐克而言，左右邊界的地緣政治標示出斯洛伐克的中歐內涵，這樣的地緣與歷史意涵，是推動斯洛伐克回歸歐洲的動力，包括維斯葛拉德集團、北約組織及歐盟。[11]1993年之後的斯洛伐克，藉由一連串的歐洲化，更強化了斯洛伐克民族意識的存在感。

9　Leff, Carol Skalnik (1997). *The Czech and Slovak Republics — Nation Versus State*. Westview Press, pp. 140-143.

10　Kirschbaum Stanislav J. (2005). *A History of Slovakia — The Struggle for Survival*. Palgrave Macmillan, pp. 268-271.

11　Liptak, Agnew ubomir (2000). "Slovakia in the 20th Century," edited by Elena Mannova, *A Concise History Slovakia*. Slovakia: Academic Electronic Press, pp. 296-305.

肆、絲絨分裂後的社會、政治及經濟發展

　　捷克及斯洛伐克儘管在歷史上有二次的分合紀錄，但一般
認為1939年的分裂並非二國真正的獨立，因為二國皆受制於納
粹德國。1989年捷克斯洛伐克的「絲絨革命」以和平方式推翻
共產政權，民主化開啟了二國理性思考分裂的可能性。1992年
捷克國會與斯洛伐克國會大選的結果，卻促成捷克及斯洛伐克
分裂的意外結果，這可能是二國人民在投票時所始料未及。捷
克與斯洛伐克二國於1993年1月1日正式分裂之後，二國獨立發
展在初期有很大的差異性。捷克承襲過去的工業傳統及民主成
就，很快就能融入西方民主與資本體系，反觀斯洛伐克由於共
產時期過於倚重重工業及軍火工業的發展，民主化之後許多軍
火工廠被迫停工，失業率人口大增。再加上新政府的前朝官員
仍占有許多重要位置，也不利於民主發展。結果是捷克順利地
在1999年加入北約（NATO），斯洛伐克由於民主及經濟發展停
滯而被拒絕，直到2002年才得以加入。同時，捷克在談判加入
歐洲聯盟的過程也比斯洛伐克順利，儘管捷克與斯洛伐克都在
2004年加入歐盟，但斯洛伐克卻因為政治民主化與經濟自由化
發展的遲緩，一度被歐盟拒絕談判。如今，隨著二國民主化的
進程，捷克與斯洛伐克不僅以各自獨立主權國家地位參與國際
事務，也成為歐盟內的重要成員。捷克與斯洛伐克分別於2009
年及2016年作為歐盟輪值主席國，證明了二國在獨立之後的發
展有了更多國際政治表現的機會，斯洛伐克更早於捷克加入了
歐元區。獨立後的二國政治發展，也完成了多次政黨輪替的民
主常態。二國自從1993年獨立之後，雙方的國家領導人都有首

站互訪的傳統，象徵二國的友誼。

　　捷克面積約78,000平方公里，約為台灣的二倍大，人口一千多萬。斯洛伐克面積約49,000平方公里，也比台灣大，人口五百多萬。捷克首都布拉格（Praha），人口一百多萬，斯洛伐克首都布拉迪斯拉瓦（Bratislava），人口約四十多萬。二國皆位於歐洲的心臟地區。捷克的族群包括波希米亞人（64.3%）、摩拉維亞人（5%）、斯洛伐克人（1.4%）、其他（1.8%）及未確認（27.5%）。斯洛伐克的族群包括斯洛伐克人（80.7%）、匈牙利人（8.5%）、吉普賽人（2%）及其他（8.8%）。捷克官方語言為捷克語，約有95.4%的人口使用，斯洛伐克語1.6%，其他語言3%。斯洛伐克官方語言為斯洛伐克語，約有78.6%的人口使用，使用吉普賽語言的人口占2.3%，其他語言約9.8%。在捷克中信仰羅馬天主教的人口約占10.4%，基督新教（包括捷克兄弟會及胡斯教派）1.1%，其他宗教54%，未信教者為34.5%。在斯洛伐克中信仰羅馬天主教者約占62%，基督新教者8.2%，希臘天主教者3.8%，其他宗教者12.5%，未信教者13.4%。[12] 捷克人口的組成比斯洛伐克來得多元，不過斯洛伐克因為仍有為數不少的匈牙利裔人口，因此官方語言使用上不像捷克那樣集中（捷克語95.4%，斯洛伐克語78.6%）。在宗教信仰方面，因為捷克有胡斯宗教改革的歷史，捷克人在歷史上常將羅馬天主教當作統治捷克的工具，因此信仰人口比率（10.4%）不像斯洛伐克比率（62%）那樣高，不過捷克無宗教信仰的比率相對是比較高的。以上從當今捷克及斯洛伐克的社會與文化概況來看，事實上是

12　https://www.cia.gov/library/publications/the-world-factbook/geos/lo.html（美國 CIA The World Factbook），2010 年資料。（2016.05.05）

存有不少差異性的。

　　捷克及斯洛伐克皆採行議會民主制，原則上國會是四年改選一次，總理基本上是由國會大選中最大黨的主席擔任，不過仍需要經過總統任命的程序。二國目前的總統皆是人民直接選舉產生，並未有重要實權。捷克內閣的穩定性不及斯洛伐克，一般來說，各項選舉的投票率都不高。二國加入歐盟之後的民主發展，在歐盟整合的必要條件上，人民的民主素養幾乎與西歐並無太大差別。在經濟發展方面，捷克的GDP, per capita（PPP, 2015）是31,500美元，占全球第56位，斯洛伐克的GDP, per capita（PPP, 2015）是29,500美元，占全球第61位。捷克的失業率是6.5%（2015），斯洛伐克的失業率是10.9%（2015），[13]捷克失業率低於歐盟平均，為9.0%（2015），[14]斯洛伐克與歐盟的失業率差不多。捷克的工業比斯洛伐克發達，許多斯洛伐克人選擇到捷克就學及就業。以人均國民所得來看，捷克為25,530美元，世界排名第39位。斯洛伐克為25,500美元，世界排名第40位（2013）。[15]斯洛伐克於2009年加入歐元區，捷克目前為止仍拒絕加入歐元區，儘管斯洛伐克加入歐元區之後的物價及生活成本大為提高，不過同時也增加了斯洛伐克的工業機會，歐洲許多汽車大廠紛紛到斯洛伐克設廠，斯洛伐克目前已成為歐洲的汽車工業製造中心。從政治發展來看，捷克與斯洛伐克目前有如兄弟之邦，在二國分裂之後的政治摩擦反而比過去統一時期少

13　https://www.cia.gov/library/publications/the-world-factbook/geos/ez.html（美國 CIA The World Factbook），2015 年資料。（2016.05.05）

14　http://ec.europa.eu/eurostat/tgm/table.do?tab=table&language=en&pcode=teilm020&table Selection=1&plugin=1（歐盟網頁）。（2016.05.05）

15　https://en.wikipedia.org/wiki/List_of_countries_by_GNI_(PPP)_per_capita，2013 年資料。（2016.05.05）

很多。捷克及斯洛伐克的民主發展已邁入更為成熟的階段，政黨輪替已成為常態。從經濟發展來看，捷克與斯洛伐克雖然歷經了獨立之初的發展摸索階段，二國卻在2008年的金融危機中安然度過，尤其是斯洛伐克的經濟成長，在歐盟地區是相當快速的。

　　從社會、政治及經濟層面來看捷克及斯洛伐克在獨立之後國族主義發展，有以下幾點看法：一、歐洲認同與懷疑論：儘管捷克已加入歐盟，不過捷克的歐洲懷疑論主張在歐盟地區是相當特別的。從捷克歷史來看，「歐洲」對捷克具有雙重性，其一是歐洲性的認同，其二是侵略性的他者。所以，獨立後的捷克國族主義與歐洲懷疑論，經常被相提並論。反觀斯洛伐克對歐洲認同就比較持正面態度，斯洛伐克透過歐洲性的建構及深化，以提升斯洛伐克作為歐洲小國的存在感及在歐盟內部的重要性，同時增強了作為斯洛伐克國族認同的內涵。二、國族認同的內部緊張性：目前捷克內部國族認同的緊張性基本上已不存在，不過波希米亞及摩拉維亞的內部認同對抗仍是存在的，但不至於因國族認同的差異而引起內部衝突或甚至是內戰。斯洛伐克境內因仍有為數不少的匈牙利裔常住人口，由於歷史及種族因素，斯洛伐克與匈牙利至今仍不時發生國際緊張及衝突的情況。三、工業經濟發展模式的延續：斯洛伐克延續共產時期發展重工業的模式，引進歐洲各大車廠到斯洛伐克生產，雖然降低了斯洛伐克的失業率、提升了斯洛伐克人民的國民所得，不過汽車工業對環境的污染以及汽車工人低社會階級印象等不利因素，讓斯洛伐克人覺得自己是二等的歐洲公民。反觀捷克，則不斷致力於工業或製造業的轉型，及提升服務業

與研發的比例，讓捷克與西歐國家發展的差距不致擴大。從經濟國族主義來看，捷克人比斯洛伐克人更有自豪感，因為捷克目前為止仍有許多優異的民族工業產品。

伍、歷史記憶及國族主義

捷克學者Jiri Subert等人，結合社會科學的理論及量化方法，來探討當今捷克人對歷史意識的看法，他們著重在二次大戰之後一般人民的集體記憶與歷史經驗的探討。[16]他們的研究結果有以下幾點看法：[17]一、捷克人對歷史的興趣並不高（2009年的調查結果）且具有選擇性，他們對捷克史最感興趣，通常都是透過電視及紀錄片方式得知。二、捷克人認為歷史主要是由政權、政治利益、有權人士等要素所主導。歷史是有週期性的，好的時期會緊接著壞的時期發生。三、剛好有過半的捷克人對自己的國族歷史感到自豪，但有1/3的捷克人沒有這種感覺。歷史記憶是人們對自己國族不久過去的親身體驗，或是教育傳承的印象或見解，捷克人對20世紀的過去仍有深刻的記憶，不過記憶通常不會是根深柢固，而是不斷地再建構而有變化。隨著捷克社會進入21世紀，全球化、市場化與民主化的社會變遷，新世代對國族歷史的看法，未必與上一代相同。

鄭得興與張家銘，於2010年針對捷克及斯洛伐克分裂後

---

16 Tomášek, Marcel and Šubrt, Jirí (2014). "Jak se vyrovnáváme s naší minulostí? eské a eskoslovenské nedávné d jiny prizmatem teorie kolektivní pam ti a kvalita-tivní metodologie," *Sociologia*, Vol. 46 Issue 1, pp. 88-115.

17 Šubrt, Ji í, Vinopal, Ji í, and Vávra, Martin (2003). "The Czechs and Their View of History," *European Societies*, Vol. 15 Issue 5, pp. 729-752.

年輕世代的歷史記憶，進行了一項問卷調查，調查結果顯示：
一、捷克及斯洛伐克雖擁有共同的「過去」，但不代表他們有
相同的歷史論述：「國家認同」的框架是主要影響歷史記憶及
歷史意識的重要外在條件，斯洛伐克在後共產時期尋求的是去
捷克化的國家認同途徑，取而代之的是以歐洲認同作為建構框
架。捷克人則在歐洲認同上抱持著更多的質疑態度。二、1918
年捷克及斯洛伐克民族，建構一個從不存在的捷克斯洛伐克民
族國家認同。1993 年的絲絨分裂，創造了捷克民族國家與斯洛
伐克民族國家，這未嘗不是承接 19 世紀中東歐民族復興運動的
結果，亦即，捷克及斯洛伐克接續 19 世紀各自國族命運未完成
的道路。三、捷克及斯洛伐克的共同過去結果，創造出不同的
歷史記憶，中間變項就在「國家認同」這個框架作用。斯洛伐
克在去捷克化的國家認同架構裡，試圖以「歐洲認同」取代捷
克斯洛伐克的國家認同框架。反觀捷克並無捷克斯洛伐克的國
家認同情結，亦即捷克人常將捷克斯洛伐克等同於捷克，以及
對歐洲認同持有一定的懷疑論之下，捷克的國家認同及歷史記
憶的相互證成衝突較少。2010 年所進行的這項調查，捷克及斯
洛伐克的受訪者（年輕世代）並沒有太多捷克斯洛伐克共組國
家時期的生活記憶，他們對過去的認識都是經由記憶傳承或歷
史知識的學習而來。在斯洛伐克年輕人對過去的認知裡，1993
年的絲絨分裂是斯洛伐克最重要的歷史事件，就在這一年，斯
洛伐克真正獨立了。但對於捷克的年輕人而言，1993 年的絲絨
分裂只成為他們認知中的一般歷史事件，這顯示捷克人一直都
把捷克斯洛伐克共和國等同於捷克共和國看待，因此少了斯洛
伐克也沒什麼差別之心理認知，捷克年輕人似乎也傳承這樣的

歷史見解，所以他們對斯洛伐克的感覺就是徹頭徹尾的「外國
人」。調查結果也顯示捷克及斯洛伐克的年輕人，對二國的分
裂及獨立發展狀態是滿意的，大部分年輕人都認為1993年的分
裂是歷史正確的抉擇，儘管當初二國人民的情感仍是對捷克斯
洛伐克依依不捨。[18]

　　Jan Kaledna及Tomas Karger二位學者利用1989年之後的捷克
總統演說，來闡釋哈維爾及克勞斯利用歷史記憶說明其政治理
念。研究發現捷克總統喜好利用歷史事件來正當化他的政治立
場及批判政治對手，他們利用的政治記憶，可以說是文化記憶
的特殊形式。哈維爾比較強調捷克的跨國記憶，以此來提升捷
克的國際化，排除狹隘的國家利益。[19]哈維爾及克勞斯也是捷
克人民的集體記憶，哈維爾在絲絨革命之後，立誓擔任全民總
統，因此他排除個人組織政黨的可能性。他自認是一脈相承於
捷克歷史精神──楊・胡斯、考門斯基及馬薩里克，他堅持捷
克價值在於由下而上的公民精神。他也呼籲超越國家利益，實
踐歐洲整合的文化價值。克勞斯與哈維爾剛好是不同的政治典
型，哈維爾於2002年卸任捷克總統，克勞斯接續擔任捷克二任
總統。克勞斯利用公民論壇的組織，將之轉型為公民民主黨的
政黨形式。克勞斯認為唯有政黨政治，才能夠有效推動捷克民
主化的轉型。克勞斯的歷史意識也代表著許多捷克人的歷史記
憶與經驗，亦即捷克被友邦出賣的經驗。因此，克勞斯主張國

18 鄭得興、張家銘（2013），〈國家認同差異性下之集體記憶框架──捷克及斯
　　洛伐克分裂後的年輕世代〉，《台灣國際研究季刊》，第4卷第4期，2013年／
　　冬季號，頁91-117。
19 Kalenda, Jan and Karger, Tomáš (2016). "Political memory and symbolic boundaries:
　　Czech presidential speeches after 1989." *International Journal of Media & Cultural Politics*,
　　Vol. 12 Issue 1, pp. 43-58.

家利益高於國際利益，並持歐洲懷疑論的立場。

　　捷克查理大學經濟與歷史研究所所長Michal Pullmann指出，[20]捷克在國族主義研究的學術傳統裡，有一位重要的學者Miroslav Hroch。他在1960年代就已完成了國族主義（nationalism）的論述，1968年以捷克文出版了他的重要代表作，不過直到1980年代才由劍橋大學出版英文翻譯（《國族復興的社會前提》，*Social Preconditions of National Revival*）。他以東歐國族復興運動的經驗，提出了弱小國族運動的三階段論：知識分子對國族文化的覺醒、國族政治計畫的推行及群眾動員。國族主義學者Gellner及Hobsbawn都曾受到Hroch的影響，然而，Hroch的國族主義理論，似乎比較能夠解釋絲絨革命之後斯洛伐克的國族發展現象。有部分斯洛伐克人民認為捷克是繼匈牙利之後的霸權國家，因此斯洛伐克之所以反對捷克，就有如在歷史上反對匈牙利的統治一樣。1993年捷克與斯洛伐克的分裂，才是斯洛伐克真正民族獨立的日子，1993年1月1日是斯洛伐克重要的紀念日（國慶日）。捷克學界基本上並不認為1989年或1993年是接續1918年民族主義發展的脈絡，「捷克共和國」有如「斯洛伐克共和國」一樣，在國際上都是新興國家，不過捷克仍強調的是1918年10月28日的獨立紀念日（國慶日），而非1993年1月1日。

　　絲絨分裂之後，捷克與斯洛伐克在「回歸歐洲」與「轉型正義」二方面亦出現不同的見解，這與其歷史脈絡有關聯性。捷克與斯洛伐克在民主轉型之後，首先，尋求加入北約組織

20　Pullman, Michal (2012) "Writing history in the Czech and Slovak republics: an interview with Michal Pullmann," *Social History*, Vol. 37 Issue 4, pp. 384-401.

（NATO），以尋求集體安全之保障。其次，二國也都致力加入歐
洲聯盟。不過，捷克因歷史經驗而強調國家利益優先，捷克的
歷史記憶使得捷克成為「歐洲懷疑論」的代表性國家。斯洛伐
克的歷史經驗異於捷克，其歷史記憶比較單純地發生在與捷克
及匈牙利相關的歷史脈絡上，不像捷克有慕尼黑協定（1938）的
記憶。[21]此外，「轉型正義」亦跟歷史記憶有關係，捷克及斯洛
伐克雖有共同的過去，但彼此看待歷史的態度不同，捷克強調
轉型正義的重要性，斯洛伐克則認為1970年代之後共產政權做
了對的決策。七七憲章很少有斯洛伐克人加入，主要都是捷克
知識分子／異議分子的組成。[22]國族認同導致了歷史記憶的不同
意涵，1993年捷克及斯洛伐克的絲絨分裂，從國族復興運動、
歷史記憶及國族主義等不同視角來解讀，捷克及斯洛伐克都具
有完整而不同的國族主體性。以今日全球化的視野，再來檢視
捷克及斯洛伐克的民族與國家二者間的關係，探討國族主義是
否仍具有重要性，Klara Vlachova及Blanka Rehakoval二位學者在比
較捷克1995年及2003年的實證資料之後，發現捷克人的國族認
同程度有下降的趨勢。[23]不過在Hugh LeCaine Agnew看來，捷克
及斯洛伐克今日的國族認同，還是脫離不了歷史性的建構。[24]

---

21 Gledhil, John (2011). "Integrating the past: regional integration and historical reckoning in Central and Eastern Europe," *Nationalities Papers*, Vol. 39 Issue 4, pp. 481-506.

22 Nedelsky, Nadya (2004). "Divergent responses to a common past: Transitional justice in the Czech Republic and Slovakia," *Theory & Society*. Vol. 33 Issue 1, pp. 65-115.

23 Vlachova, Klara and Rehakoval, Blanka (2009). "Identity of non-self-evident nation: Czech national identity after the break-up of Czechoslovakia and before accession to the European Union," *Nations & Nationalism*, Vol. 15 Issue 2, pp. 254-279.

24 Agnew, Hugh LeCaine (2000). "New States, Old Identities? The Czech Republic, Slovakia, And Historical Understanding of Statehood," *Nationalities Papers*, Vol. 28 Issue 4, pp. 619-650.

陸、結論

　　捷克及斯洛伐克共和國期間歷經二次合與分，1918年的「合」及1993年的「分」都是自願且和平理性，捷克及斯洛伐克的分合經驗是很罕見的個案。雖然捷克及斯洛伐克的民族、語言文化、生活習性及歷史等背景相似，但彼此之間仍有許多差異性。20世紀初促成捷克及斯洛伐克共組國家的理由及歷史背景，是鼓勵長期以來受異族統治的民族能夠獨立組成自己的國家。19世紀的捷克及斯洛伐克也沿著各自民族復興運動的道路前進，最後卻成為二個民族共組一個國家，這似乎是歷史的意外。不過這個歷史結果也符合國族主義的現代化理論，從1918年捷克斯洛伐克共和國建政開始，立即開展「捷克斯洛伐克」國族認同的再建構，於是「捷克人」、「斯洛伐克人」之外，再增一個「捷克斯洛伐克人」。

　　從地緣政治的角度來看，捷克及斯洛伐克共組國家能夠擴增土地面積及人口數，以能抗衡地緣政治的鄰國。捷克斯洛伐克共和國的第一共和期間，政經社文各方面都有發展，但卻終究難以抵禦納粹德國的入侵。捷克及斯洛伐克再次因為地緣政治，受制周邊鄰國強權的欺凌，這樣的歷史是延續幾百年日耳曼民族及斯拉夫民族複雜的共生關係。捷克及斯洛伐克的國族主義首先對抗的「他者」，就是這些地緣的周邊強權，即使在捷克斯洛伐克共和國成立之後亦是如此。其次，捷克及斯洛伐克也開始面對彼此之間需要適應調和的內部抗衡。二個民族要平等對待、共處數十年相當不容易，而又能在相處數十年之間，並未發生任何重大的暴力衝突，最終再以和平分裂，實屬

難能可貴。捷克及斯洛伐克的分裂不同於南斯拉夫在1990年代的解體例子，捷克斯洛伐克共和國內部並無明顯的種族分裂主義或運動，也少有政黨及個人以強烈主張民族分裂作為其政治訴求而欲從中獲取政治資源。1989年民主化之後，儘管二邊新政府各有其政治主張，但最後談到二國分裂也是根據現實的政經狀況作為理性分析的考量，並非是斯洛伐克國族主義與捷克國族主義對抗的必然結果。

　　捷克及斯洛伐克為何能夠和平分裂，至少有四點重要因素。首先是地緣政治產生了變化，能夠威脅捷克及斯洛伐克國家安全的外在強權德俄二國之實力大幅下降。其次是捷克及斯洛伐克雙方感覺互不需要，彼此已無法創造共贏，反而造成相互牽制的局面。捷克想加入歐盟，但擔心受到斯洛伐克民主化程度低落的牽累。另一方面，斯洛伐克則認為所有資源都要透過布拉格的分配，對斯洛伐克相當不公平、不利。第三、1990年初南斯拉夫的解體，所引發的戰爭血腥景象，並非是捷克及斯洛伐克人民想見到的結果。第四、當時捷克及斯洛伐克彼此擁有對方的人口數並不多，彼此血緣混合的情形並不顯著，因此，捷克與斯洛伐克族群不會成為令對方頭痛的少數民族問題。

　　1993年捷克及斯洛伐克和平的「絲絨分裂」之後，各自獨立發展政經文社，捷克首先加入北約（1999），斯洛伐克隨後加入（2002），捷克及斯洛伐克共同於2004年加入歐盟，透過政治與經濟的發展讓捷克及斯洛伐克人再次找回國族認同的自我肯定。在政治民主化及經濟自由化的推動之下，斯洛伐克逐漸擺脫過去經濟依賴的角色，國民所得大幅提升，失業率也能避

免持續惡化，並在中歐四國（波蘭、捷克、匈牙利及斯洛伐克）中率先加入歐元區。政治經濟發展強化了捷克及斯洛伐克的國族意識。而當民主化不斷深化前進的同時，新世代的年輕人並未有太多過去「捷克斯洛伐克共和國」的生活經驗，他們對過去的歷史記憶是透過傳承及受教育而得來的知識。正因為沒有過去這段情感作用的「捷克斯洛伐克人」記憶，因此他們更肯定了1993年捷克及斯洛伐雙邊政府所作「高瞻遠矚」的決定（絲絨分裂）。新世代有嶄新的國族認同框架，他們也同時賦予「過去」新的論述，甚至在斯洛伐克內部有聲音希望能重新論述1939年至1945年「斯洛伐克共和國」的歷史意義。捷克及斯洛伐克的分裂並沒有太多惡言相向，反而讓雙方在往後的日子更珍惜彼此的友誼，這是分裂國家難得的景象。

參考文獻

鄭得興、葉馨蕙（2013），〈斯洛伐克獨立20年〉，2013年6月號，台北：巴黎視野（季刊），第23期，頁13-17。

鄭得興、張家銘（2013），〈國家認同差異性下之集體記憶框架──捷克及斯洛伐克分裂後的年輕世代〉，《台灣國際研究季刊》，第4卷第4期，2013年／冬季號，頁91-117。

鄭得興（2014），〈捷克民族復興運動之路──十九世紀之於今日〉，2014年6月號，第27期，台北：巴黎視野（季刊），頁10-20。

鄭得興（2014），〈中東歐國家之歷史遺緒與轉型正義——以捷克及斯洛伐克為例〉，《台灣國際研究季刊》，第10卷第2期，2014年／夏季號，頁63-81。

鄭得興（2015），〈捷克斯洛伐克分裂下的記憶與認同——兼論捷克歷史教科書之觀點〉，《台灣國際研究季刊》，第11卷第1期，2015年／春季號，頁97-115。

Agnew, Hugh LeCaine (2000). "New States, Old Identities? The Czech Republic, Slovakia, And Historical Understanding of Statehood," *Nationalities Papers*, Vol. 28 Issue 4. pp. 619-650.

Agnew, Hugh LeCaine (2004). *The Czechs and The Lands of the Bohemian Crown*. Stanford: Hoover Institution Press.

Cconej, Petr and Pokorny, Jiri. (2004). *A Brief History of The Czech Lands to 2004*. Prague: Prah Pres.

Dowling, Maria (2002), *Brief Histories Czechoslovakia*. London: Oxford University Press.

Gledhill, John (2011). "Integrating the past: regional integration and historical reckoning in Central and Eastern Europe," *Nationalities Papers*, Vol. 39 Issue 4. pp. 481-506.

Innes, Abby (2001). *Czechoslovakia: The Short Goodbye*. New Haven; London:Yale University Press.

Kalenda, Jan and Karger, Tomáš (2016). "Political memory and symbolic boundaries: Czech presidential speeches after 1989," *International Journal of Media & Cultural Politics*, Vol. 12 Issue 1, pp. 43-58.

Kirschbaum, Stanislav J. (2005). *A History of Slovakia—The Struggle for Survival*. New York: Palgrave Macmillan.

Liptak, Lubomir (2000). "Slovakia in the 20th Century, edited by Elena Mannova," *A Concise History of Slovakia*. Slovakia: Academic Electronic Press, pp. 241-306.

Leff, Carol Skalnik (1997). *The Czech and Slovak Republics—Nation Versus State*. Colorado and Oxford: Westview Press.

Nedelsky, Nadya (2004). "Divergent responses to a common past: Transitional justice in the Czech Republic and Slovakia," *Theory & Society*, Vol. 33 Issue 1. pp. 65-115.

Pullman, Michal (2012). "Writing history in the Czech and Slovak republics: an interview with Michal Pullmann," *Social History*, Vol. 37 Issue 4. pp. 384-401.

Šubrt, Ji í, Vinopal, Ji í and Vávra, Martin (2003). "The Czechs and Their View of History," *European Societies*, Vol. 15 Issue 5, pp. 729-752.

Tomášek, Marcel and Šubrt, Jirí (2014). "Jak se vyrovnáváme s naší minulostí? eské a eskoslovenské nedávné d jiny prizmatem teorie kolektivní pam ti a kvalita-tivní metodologie," *Sociologia*. Vol. 46 Issue 1, pp. 88-115.

Vlachova, Klara and Rehakoval, Blanka (2009). "Identity of non-self-evident nation: Czech national identity after the break-up of Czechoslovakia and before accession to the European Union," *Nations & Nationalism*. Vol. 15 Issue 2, pp. 254-279.

Zak, Vaclav, edited by Jiri Musil (2000). "The Velvet Divorce—Institutional Foundations," *The End of Czechoslovakia*. Budapest: Central European University Press, pp. 245-270.

<https://www.cia.gov/library/publications/the-world-factbook/geos/lo.html> (2016.5.5)（美國CIA The World Factbook，2010年資料）

<https://www.cia.gov/library/publications/the-world-factbook/geos/ez.html> (2016.5.5)（美國CIA The World Factbook，2015年資料）

<://ec.europa.eu/eurostat/tgm/table.do?tab=table&language=en&pcode=teilm0 20&tableSelection=1&plugin=1> (2016.5.5)（歐盟網頁）

<https://en.wikipedia.org/wiki/List_of_countries_by_GNI_(PPP)_per_capita> (2016.5.5)（2013年資料）

給和平一個機會——從「和平協定」看北愛爾蘭分離運動

鍾文博*

「拋開無關痛癢的各種主義，再見惱人無聊的權力遊戲……我們呼籲，給和平一個機會。」

—— 約翰藍儂（John Lennon，披頭四樂團成員）

「愛爾蘭的河水是鹹的；因為那是愛爾蘭人的眼淚。」

—— 愛爾蘭古語

壹、前言

1998年4月10日，英國、愛爾蘭政府在美國居中協調下，與北愛爾蘭的八個黨派達成了歷史性的「北愛和平協定」（The Belfast Agreement，又稱貝爾法斯特協議，或耶穌受難節協議），為北愛爾蘭的和平帶來一線曙光。同年5月23日，北愛爾蘭與愛爾蘭共和國就北愛問題分別舉行公民投票，結果兩方人民均以絕對多數同意此協定，為長達30年族群間的暴力血腥衝突劃下休止符，也為北愛和平揭開大和解的序幕。當年的諾貝爾和

新生醫護管理專校通識教育中心助理教授。

平獎頒給了北愛和談的兩位功臣——天主教方面的社會民主暨
勞工黨（SDLP）的領袖休姆（John Hume）與新教徒方面的厄斯
特聯合黨（UUP）的領導人群波（David Trimble）（張亞中，2004：
374），以表彰他們共同達成了一項「不可能的任務」。這項重大
的歷史成就除了展現愛爾蘭人追求和平的決心與智慧外，也展
現了歐洲文藝復興及理性主義傳統的文明確有其難能可貴之處。

　　究其實，北愛爾蘭問題乃過去英國殖民主義所肇致的產物，
其中混合了該地區族群、宗教與主權問題的紛爭。30年的血腥暴
力衝突中，兩敵對族群共釀成了三千五百餘人喪生的悲劇。[1] 北
愛爾蘭問題基本上可說是一個民族主義問題，一個兩族群間天
主教徒分離主義運動與新教徒聯合主義運動相互衝突的問題，
前者意欲脫離英國而歸併愛爾蘭，而後者則主張維持與英國聯
合（參見圖1：英國與愛爾蘭地理位置圖），因此導致愛爾蘭民
族主義分子（Irish Nationalists）與阿爾斯特聯合主義分子（Ulster
Unionists）之間各據壁壘，在種族、宗教、文化、政治、經濟及
社會上涇渭分明，終致暴力相向的族群衝突（吳學燕，1995：
139）。自此，北愛爾蘭民族主義分離運動即成為世人所關注的
焦點。而北愛爾蘭民族主義分離運動之成因，即源於宗教、種
族、政治與社會、經濟所長期存在的歧異與不公。換言之，族
群認同的差異和政經利益的分配不均是北愛問題的根源。

　　然而北愛「和平協定」的達成為美麗而難得的和平譜出
序曲，不但北愛人民渴望生活在安全不受威脅的環境裡，經濟
發展將可望大幅提升，而且對歐盟的整體發展，也提供了可貴

1　相關死亡人數參見http://cain.ulst.ac.uk/sutton/ (2016.10.28)。

圖1　英國與愛爾蘭地理位置圖

的協調架構與整合的經驗。昔日衝突對立的兩族群一致團結在
對和平的共同企求下,為拆除族群間的藩籬作了最佳示範。據
此,本論文主要在透過對北愛「和平協定」的分析,來進一步
了解北愛爾蘭的分離運動。本論文首先探討北愛爾蘭分離運動
之因素,以及北愛「和平協定」的主要內容與公投通過之意
義,其次,分析北愛「和平協定」的制度精神,以及協定背後
的和平思維,最後說明影響北愛和平的重要因素與相關政治進
程,特別是英國公投脫離歐盟後的政治衝擊與影響。

貳、北愛爾蘭民族主義分離運動之因素

　　北愛爾蘭問題,基本上可說是兩個族群間民族主義相互糾
葛對抗的問題,而北愛爾蘭天主教徒的分離運動,正是本諸於
天主教徒與新教徒兩大族群在種族、宗教、社會、政治與經濟
上的歧異與差距,而企圖自英國分離後歸併入南部的愛爾蘭共
和國,所進行的一項民族主義分離運動。據此,本節將針對社
會結構、文化、政治與經濟等四個因素,來說明北愛爾蘭分離
運動的原因。

一、社會結構因素

　　由於北愛爾蘭地區中英裔人口占多數,社會資源多掌握於
新教徒手中,英裔新教徒可說是強勢族群,在政經資源的分配
上擁有優勢力量,因此新教徒族群遂成為北愛社會中許多不公
平(Inequality)的宰制者與剝削者。而愛裔天主教徒以對宗教、
語言、歷史及文化的認同,歷經數個世紀而屹立不搖,可說是

愛裔追求民族主義分離運動，甚至企圖進而回歸愛爾蘭統治的
重要因素。

（一）族裔因素

　　北愛地區英人（盎格魯・撒克遜人之後裔）與愛爾蘭人
（塞爾特人之後裔）由於民族的不同，再加上宗教背景的互異
與生活方式的區別，各自聚居於不同之地區而界線分明，地方
議會及政府組織雖為民選，但因英裔新教徒人數居多，因此多
為彼等所控制。由於北愛兩大族群的國家認同與對未來憲政地
位的看法嚴重分歧，再加上長期以來北愛幾乎全為新教徒所把
持，天主教徒的民族分離運動自然愈加勃興。

（二）人口結構

　　北愛問題其實也是少數（天主教徒）與多數（新教徒）的問
題。由於北愛社會先天的二元化，再加上後天社會上的種種不公
平性，使得二元化社會益發醒目且尖銳，少數與多數的區分往往
僅以種族和宗教等最原始的概念作出發，而這種區分竟也成為一
種宿命與窠臼，於是少數與多數所進行的往往是原始且粗糙的數
人頭遊戲。這亦使得新教徒政權在社會組織中處處設限，並防
範天主教徒的高出生率，惟恐有朝一日，自己成為明日的相對少
數。而事實上，北愛天主教徒中有相當大比例的人是支持民族
統一與回歸愛爾蘭的，而此正是新教徒所最深惡忌諱的，因此
分離運動所激盪帶來的往往是暴力事件的一再發生與重演。

（三）社會階層化

　　在北愛社會中，愛裔天主教徒長期以來在社會階層中的地位遠低於英裔新教徒，且在政治、經濟、社會與文化上刻意被排擠而受到不平等的待遇，因此為分離運動奠定了相當程度的基礎。例如天主教徒男性失業率是新教徒的三倍，其中所隱含的是許多社會結構性的問題，例如：謀職就業的歧視、產業的區域不均、族群關係的疏離與法令規章的限制等。同時就算是同一社會階層內的工作，就職場上的薪資待遇與就業環境而言，天主教徒還是受到較為次等的待遇與處境。[2]

二、文化因素

　　愛爾蘭人在歷史上曾經是歐洲最具古典學術文化之一的民族，曾經是勤於閱讀、最具文藝氣息的民族，也曾經是敏捷善感、富有藝術氣質的民族，在繪畫、音樂、小說、戲劇等藝術與文學作品的創造上，愛爾蘭人都有極其偉大的文化成就，這些都是愛爾蘭人的集體記憶與民族情感之所在。因此，北愛爾蘭的分離運動，無疑也是愛裔弱勢文化抵抗掙脫英裔（語）強勢文化的支配與壓迫的另一過程。

（一）宗教因素

　　自宗教改革以來，愛爾蘭天主教徒始終與英國新教徒間有宗教上的敵對意識，因而造成愛爾蘭人對自己所屬宗教的強烈認同感與危機感，而愛爾蘭自建國以來，國家與教會即緊密結

2　相關資料參見北愛爾蘭族群的社會階級分配，http://www.cain.ulst.ac.uk/othelem/research/nisas/rep6c6.htm（2017.03.01）。

合在一起，實乃起因於反對基督教英國的侵略。北愛社會中由於新教徒與天主教徒在政治目標及利益上相互衝突，新教徒便極力掌握政權、盡力排擠天主教徒，非但使其無法於政府部門握權，且操縱了眾多社會福利和重要的工商行業，使得天主教徒更加地處於相對劣勢。天主教徒長期受到這種壓迫，便展開了示威行動與流血暴動，和阿爾斯特統一黨展開正面的衝突，自此北愛政局的動盪成為舉世矚目的焦點。北愛的分離運動實源出於以宗教為背景的政治權力鬥爭，一個企圖擺脫新教徒優勢統治的具體訴求。據此，這種由宗教背景出發所衍生出來的對立思想，很自然地表現在政治、經濟、社會等方面的鬥爭和歧視上，而北愛分離運動即是以此為主要基礎。

（二）語言因素

語言除了是人類藉以溝通的工具，也是凝聚力量的基礎，更是族裔認同的依據與核心。在北愛爾蘭分離運動的因素中，愛爾蘭語（Irish language）往往也作為天主教徒集體自我認同的一環，與族群成員集體記憶的基礎。雖然在北愛爾蘭分離運動的成因中，語言因素並不足以用來作為號召群眾的一獨特性，也並未真正決定天主教徒族群成員的集體自我認同，但語言既然反映的是政治現象，一段愛爾蘭語受英國殖民化壓迫而嘗試掙脫、復興的過程，則愛爾蘭語作為共同歷史經驗或集體記憶的一環，一旦經由族群意識政治化地推波，則將為北愛的分離運動提供誘因。

（三）愛裔文化危機意識

　　愛爾蘭民族曾經是西歐國家中唯一能逃過羅馬帝國侵略的民族，也是唯一能擺脫羅馬帝國影響而發展出自己文化的民族，更曾經獨自創造出最初的藝術與文學，且在中古黑暗時期為半個歐洲注入了文明的曙光，這些文化成就一直是愛爾蘭人所引以自豪的。此外，愛爾蘭還有充滿民族活力且具世界性成就的重要表現，即是20世紀初驚人的文學復興。然而這些文化成就卻隨著愛爾蘭的英國化而逐漸褪色，因此自19世紀末起，愛爾蘭的民族主義志士即高呼「愛爾蘭抵制英國化之必要性」（Hyde, 1995）。這種以民族主義出發的強烈文化危機意識，逐漸喚起了愛爾蘭人的民族意識與對自身原有文化的珍視，而反應在北愛天主教徒身上的，則是對英裔強勢文化的恐懼與不滿，深切感受到作為二等公民的悲哀和怨憤。這種文化上的危機意識與挫折感，加上政府政策所導致政治權力與經濟資源的分配不均，再加上新教徒聯合主義分子及族群菁英的推波助瀾，則不啻為北愛分離運動提供另一成因。

三、政治因素

　　在族裔意識政治化理論（theories of the politicization of ethnicity）與民族主義發展理論（theories of the development of nationalism）中，均強調族裔團體間政治、社會資源分配的不平等，再加上弱勢族群為強勢族群剝削、宰制所導致的相對剝奪感，將導致族裔運動的正當性增強。

（一）政治權力的分配不均

　　北愛爾蘭之所以政治權力分配不公，實源於宗派性政治下天主教徒與新教徒命定式的少數與多數之分。北愛爾蘭的政治生態長期以來，無論是政府或國會的組成上，皆是以新教徒為優勢主體。在宗教的引領下，長期以來新教徒幾乎掌控了絕大部分的政治資源和發言權，而使得天主教徒在政府組織中相形弱勢。除了北愛爾蘭政府中重要政治人物被新教徒所操縱外，構成政府骨幹的行政職務也被新教徒把持，例如：專業性、技術性的工作與公務員行政方面的職位，天主教徒幾乎無立錐之地。在這種政治資源全面性地被新教徒壟斷與把持下，天主教徒自然力求改變現狀、要求平等，而新教徒則極力阻抑天主教徒的革新運動，以便維持其優勢地位，利益相害下自然形成了不可避免的衝突（陳寶渝，1975）。無疑地，政治資源的分配不均與北愛的分離運動可說是息息相關。

（二）二元對立的宗派政治

　　北愛爾蘭可說是一個由宗教色彩渲染而成的二元化社會，宗教作為北愛的原色調，它引領了一切的文化活動，特別是政治取向的活動。北愛社會先天的二元化，再加上後天的種種社會不平等，使得二元化益發醒目，而益形尖銳的兩極化社會，使得原先就薄弱的共識基礎更加薄弱（徐崇實，1980：190）。這種因宗教引領而使社會呈現兩極化發展的情形，反映在政治上的便是一種二元對立的宗派性政治，而這種宗派政治深化了兩個族群既有且互異的國家認同與憲政偏好（constitutional preferences）。在這種共識程度低落而社會張力極強的環境中，

暴力衝突伴隨著社會不平四處可見,而在恐怖主義與民族主義的相互糾葛,不啻為北愛民族分離運動平添更多的變數。

(三)外部介入與國際環境

　　一般說來,在美國和加拿大的愛爾蘭人後裔為數甚多,他們對於北愛爾蘭長期以來的社會不公與多數專制極表嫌惡,因此對於北愛爾蘭民族分離運動的政治願望多表支持,縱使不認同暴力,但對以恐怖手段作為鬥爭的一種方式也多寄予同情,所以北愛共和軍的活動始終能保持「前仆後繼」、「愈挫愈烈」的態勢(吳學燕,1995:139)再加上共和軍長期得到海外愛裔人士的援助及新芬黨(Sinn Fein)的海外政治募款等,分離運動不管在精神上或實質上一直是受到鼓舞的。另外,愛爾蘭共和國於1973年的憲法中亦明確地宣示了它對北愛的主權,據此,1922年分治後的北愛政府,在愛爾蘭人心目中成了不具法理基礎的政治組織,而居少數的北愛天主教徒民族主義分子,要反抗英國在北愛的統治地位,也因此得到了更高的正當性。此外,自第一次世界大戰以來,有利於族裔運動產生的一些國際環境因素約有以下數端:1、民族自決觀念的普及;2、「民族國家」迷思(myth)的崇拜追求;3、國家生存能力的增加。這些都有利於小國利益被保障。據此,一些族裔團體受此激勵,遂紛紛進行從現存大國中脫離出來之分離運動。北愛爾蘭分離運動基本的這股離心力,與國際大環境的潮流息息相關。

四、經濟因素

　　對於少數民族主義(micro-nationalism)在20世紀末葉愈加

勃興，許多人由經濟的角度來看，認為是由於開發程度的不同
導致。經濟發展程度的差異，導致各個地區之間產生隔閡及摩
擦，而使落後地區的人民心生不滿，產生被剝削和被歧視的感
覺，因而自認不僅在經濟上，甚至在政治與社會上都處於邊陲
地區，而成為該國的「內部殖民地」（internal colonialism）（張麟
徵，1994：5）。簡言之，這種對分配不公、被剝奪、被歧視的
怨尤，是造成少數民族主義及分離意識抬頭的主因，而北愛爾
蘭分離運動正是其具體寫照。

（一）土地所有權問題

　　英格蘭人征服愛爾蘭後，為了更加鞏固其統治地位，便沒
收了愛爾蘭人原持有的土地，將其獎勵分封給從蘇格蘭、英格
蘭與威爾斯等地移民而來的新教徒，一般的愛爾蘭人遂淪為無
產的勞工而備受壓迫。到了 1703 年，北愛爾蘭地區只剩下不
到 5% 的土地留在愛爾蘭天主教徒手中（Darby，1976：16）。由
於這種掠奪式的殖民政策嚴重地衝擊了當地天主教徒原有的宗
教、文化、社會經濟與生活方式，自此族群間的疏離與衝突遂
逐漸上演，而成為今日北愛衝突與暴力的源頭。今天的北愛新
教徒絕大多數從事工商業和大型經濟活動，相對地，天主教徒
則以從事農業和小型經濟活動為主，此情形除受英國工業革命
的影響外，主要還是由於新教徒長期操控土地財富資源，進而
全面掌控政治與社會資源。因此在主客觀的現實環境下，新教
徒往往認為與英國聯合最能保持自身的利益。相對地，天主教
徒則企望藉由分離運動來解除自 16 世紀以來，由土地所有權被
吞併後所引發的一連串政治與社會不公。

（二）謀職就業問題

　　長期以來，北愛爾蘭被認為存在著謀職與就業上的歧視，究其原因實乃宗教上的偏見反映在了就業上，同時宗教與族群的偏見還造成了就業上的歧視，例如：天主教徒長期以來擁有比新教徒更高的失業率。就業歧視還不僅限於北愛的主要工業，而是遍及它的大部分產業，甚至是北愛的私人服務部門。新教徒雇主往往基於宗派的猜忌與恩怨，認為天主教徒是無法信任的、拙劣的，適合一些非技術性的工作，或認為天主教徒缺乏他們辛勤工作的倫理觀（work ethics）。長期忍受就業的歧視與經濟的不公之餘，分離運動似乎成為了天主教徒族群重拾自身尊嚴的最有效途徑。

（三）經濟地位落後

　　19世紀末期起，新教徒移民繼承了英國本土工業革命後的豐沛資源，在東阿爾斯特地區（即今之首府貝爾法斯特）建立起了愛爾蘭的工業，尤其是紡織業。自此，新教徒掌握了北愛爾蘭地區大量的土地、厚實的資本、貿易的通路與產業的技術等，而新教徒在擺脫不了政治的控制之餘，無法平等地獲取資源也成為了社會經濟地位相對落後的主因（Ruane & Todd，1996：152）。我們看到了因族群宗派間的不公所形成的社會階層化，而這種社會階層化所凸顯的，正是新教徒以其經濟優勢對天主教徒經濟地位進行排擠的結果。另外，天主教徒經濟地位邊緣化的成因，除了歧視問題外，整個結構性因素也是造成北愛爾蘭天主教徒經濟地位比新教徒低落的原因。而這種經濟上的不公所造成的怨尤，往往也成為愛爾蘭民族主義及分離運

動意識抬頭的主因。

參、北愛「和平協定」之主要內容分析

　　自1996年6月以來，由北愛地區八個黨派參與的北愛和平談判，包括了英國、愛爾蘭和美國政府的介入，前後歷時長達22個月，跨越了英、愛兩國兩屆政府，也歷經了恐怖暴力與停火的反覆，最終於1998年4月10日達成歷史性的協議，由英國首相布萊爾（Tony Blair）與愛爾蘭總理艾恆（Bertie Ahern）簽署了該和平協定。而這項協定的主要精神，即在維持英國對北愛名義上的統治，但大幅加強北愛與南方愛爾蘭共和國的政治連結。嚴格來說，這份歷史性文件並非立即和平方案，而是一個政治解決方案，是一把可能開啟新教徒和天主教徒兩大族群和平共處大門的鑰匙，而其背後代表兩大族群政黨和英愛政府間在權力競逐後退讓妥協的精神。

一、「和平協定」的主要內容

　　「和平協定」的主要內容如下：[3]

　　（一）成立北愛新議會，當年6月選出108個議席，由新教徒和天主教兩大派別共同管制北愛爾蘭。新議會有立法權和管制權，規定北愛兩大派在議會享有平均議席，將來任何議案在通過之前，都要得到兩派大多數議員的支持。議會組成之後，

3　相關資料參見http://www.fortunecity.com/bally/sligo/93/gfriday.html（1998.10.21）。

選出正、副議長和12名行政部門的首長，主管教育、農業等部門。所組成的12人內閣中，唯有追求民主與非暴力手段者得入閣。安全機制將確保北愛的新教徒與天主教徒兩派均有人入閣。

（二）一年之內成立北—南委員會，作為愛爾蘭政府和北愛新議會一個聯合決策論壇，每年舉行一次全體會議，商討有利於整個愛爾蘭島合作的領域，例如：農業、教育、交通、環境保護等。新成立之北—南愛爾蘭部長會議將就關係到共同利益的事務進行諮商並採取行動。南北雙方均瞭解，北愛議會與南北部長會議相互依存、缺一不可。

（三）成立東—西委員會，由英國、愛爾蘭政府、北愛新議會、蘇格蘭議會和威爾斯議會五方代表組成，每年舉行會議，討論英國和愛爾蘭島的互利合作。該委員會沒有行政和立法權。

（四）愛爾蘭共和國將修改憲法中關於宣稱對北愛主權的條文，明確表明只有在北愛大多數人民做出決定的情況下，愛爾蘭南、北兩地才能統一。除非兩地都有過半民眾選擇南北統一，否則北愛仍將是英國的一部分。愛爾蘭選民也將被要求修憲，俾放棄長期以來對整個愛爾蘭島的領土主張。新憲措詞將言明，唯有在該島南北兩地過半民眾同意下才會謀求統一。

（五）英國政府撤減駐北愛的部隊和警隊，使北愛保安回復正常狀態。同時成立北愛爾蘭獨立保安委員會，主持北愛未來保安。

（六）北愛兩派與獨立的解除武器委員會合作，兩年內解除武裝。有關各造承諾最遲從當年6月起，設法運用一切影響力，讓北愛兩派武裝團體在兩年內繳械。英國承諾要努力讓北愛非軍事化進展到正常的承平時期程度，並將解除一切緊急權

力。此外，將設一個立場超然的委員會，就未來維持北愛治安一事提出建議。

（七）倫敦和愛爾蘭政府運用機制，加快釋放北愛爾蘭地區的政治囚犯。

二、「和平協定」的內容分析

綜觀整個和平協定，最大的成就在於結束了英國26年來對北愛爾蘭地區的直接管治，讓北愛人民自己管治北愛，並且使原來敵對甚深的兩大族群在新的議會制度下聯合起來，共同行使治理權，同時又兼顧了與北愛有關的倫敦與都柏林的關係。在此協定下，聯合主義者與民族主義者之間、新教徒與天主教徒之間，彼此將共同尋找和平共處的路徑。尤需指出的是，此協定並非全由英國和愛爾蘭政府所主宰、達成，而是受到北愛地區兩大族群中的極端主義分子與暴力主義者的承諾支持所達成的協議，因此若能成功實施，將為全世界的和平推展起到示範作用。

對新教徒而言，「南北部長理事會」的設立象徵了南方愛爾蘭的政治勢力正式介入了北愛政治，此點最難令其接受；而相對地，對矢志與南方統一的天主教徒而言，北愛雖將成為半自治狀態，但名義上依然是英國的領土，這令天主教徒深覺「革命尚未成功」，更何況協定中竟要求愛爾蘭修憲，放棄了長久以來堅持擁有北愛主權的宣示，此點亦令愛爾蘭民族主義者無法釋懷。據此表面觀之，天主教徒與新教徒各讓一步，但若進一步地深入分析，似乎可以發現整個協定不論是在政治層面或經濟層面上，其精神實乃在於促進北愛與南方愛爾蘭的更加

接近，並伸張天主教徒長期所匱乏的權益。在政治方面，經由
此次談判，天主教徒可望在比例代表制下，取得北愛議會中的
一定比例席次，且藉由警政司法制度的改善，來獲得更多更平
等的權利。同時在「南北部長理事會」中適當地援引南方的政
治力與新教徒抗衡。而在經濟方面，此「南北部長理事會」中
所隱含的「南北共同體」精神，將更加促使北愛傾向於與地緣
相近的南方展開經濟合作。因此在一連串可以預期的政經互動
下，我們似乎也可以預期：北愛與愛爾蘭的關係勢必將相對日
趨緊密，而與英國相對將漸行漸遠。然而更可以被預期的是，
在普遍人心望治的北愛民意趨勢下，和平理性的價值觀將大大
地獲得尊重，誠如英國首相布萊爾所言，這項和平協定代表了
「北愛爾蘭和平的全新開始」。[4]

肆、北愛「和平協定」公投通過之意義

　　北愛「和平協定」之所以能夠達成的主要因素包括：美國
的斡旋與調停、英愛的妥協與退讓、政治領袖的捐棄成見與攜
手努力，以及人民長期對和平的渴望。特別是當北愛人民投贊
成票的同時，彼此間的政治對立與宗派衝突都將拋諸腦後，新
教徒與天主教徒亦將在和平的旗幟下學習尊重與合作，此次的
和平公投為破除族群藩籬作了最佳的示範，同時也揭開了北愛
大和解的序幕。

4　China Post, 11 April 1998. , p. 6.

一、回歸承認分裂現狀的務實理念

　　公投結果所代表的意義是南邊的愛爾蘭民眾切斷與北邊表親長久有名無實的法律連結，而愛爾蘭共和軍在數十載行使極端抗爭手段追逐統一目標後，其政治羽翼新芬黨終於俯首承認他們過去欲推翻政權的合法性（鍾雲蘭，1998）；另一方面，在主權問題上寸土不讓的新教徒強硬派亦將與亞當斯、麥金尼斯等新芬黨人共同掌理北愛政務，並接受南愛對北愛事務的干涉。總括來說，各方皆以務實的理念來看待分裂的現狀。特別是愛爾蘭放棄對北愛的主權，退而求取與北愛爾蘭之間更加緊密的聯繫，因為它深知得不到北愛居民的同意，愛爾蘭得不到真正的主權，而與北愛爾蘭的新聯繫卻是實質性的所得，這對長期無著力點的愛爾蘭與其說是退而求其次，不如說是進而取其實，承認分裂現狀的務實態度實乃和平公投成功的重要因素之一。

二、兼容並蓄且創新的制度保障

　　嚴格來說此份協定並非衝突解決方案，而實乃衝突的致和（conflict settlement）方案，其結果雖未必是和平的保證，但卻達到衝突制度化的目的。可以確定的是今後北愛各方將在和平協定的制度架構下競爭與妥協，而和平協定之所以能廣被各方接受的原因即在於和平協定本身許多兼容並蓄的制度創新，使得各方在讓步之餘也同時得到許多制度性的保障，據此北愛各黨派皆能宣稱和平協定強化了其既有基本立場。例如：北愛新自治議會採權力分享原則，且12名內閣部長採比例代表制產生；就天主教徒而言，南北部長理事會被設立成愛爾蘭人民族認同

的制度象徵;另就新教徒而言,跨島委員會加強了北愛與英國之連繫,象徵北愛被納入英國「權力下放」(devolution)的政策架構下(黃偉峰,1998)。因此和平協定公投能順利達成,也展現了愛爾蘭人追求和平的決心。

三、經濟發展促成和平

經濟發展已經成為推動北愛和平的重要力量。對於北愛和平的議題,多側重於政治上的紛爭角力與談判分析,而往往忽略了經濟因素對北愛和平的影響,殊不知北愛經濟的發展促成了人心思和,同時經濟的考量影響了愛爾蘭既有的統一政策,這些都是促成北愛和平的經濟因素。北愛停火後,投資環境立即獲得改善,外來投資持續增加,經濟得到充分發展,人民生活水準開始提高,為北愛創造了更多的就業機會(蕭志強,2009:212)。[5] 和平為北愛的經濟發展創造了有利條件,而經濟的進一步起飛更造成了民心對和平環境的需求,這些都是當初和平公投獲得支持的重要原因。其次,愛爾蘭此階段的政治、經濟局面比較穩定,掙脫放棄了對北愛主權的片面主張後,可換取與北愛實質性的政治、經濟合作,特別是在和平穩定的環境下充分地發展愛爾蘭島的經濟,否則一旦如西德於兩德統一時需要承受經濟陣痛,則納入北愛的舉動將對愛爾蘭的經濟造成難以預計的影響(范強,1998)。總之,經濟的發展也是構成北愛和平發展的重要基石。

5　根據2005年英國政府發布的統計,和平數年的北愛爾蘭地區,經濟發展成長率遠超過英國本土的英格蘭、蘇格蘭與威爾斯。這讓英國政府確信,在北愛爾蘭推動和解工作是正確選擇。

伍、北愛「和平協定」之制度精神

　　北愛和平協定所設計的民主制度反省、修正了英美典範的「多數決民主」（majority democracy）理論，體現了「協合式民主」（consoci-ational democracy）精神（Lijphart, 1995）。和平協定中力斥北愛爾蘭多元分歧社會下過去新教徒多數統治導致的多數專制（majority dictatorship）與二元對立紛爭，強調族群共識而非族群對立，倡議相互包容而非相互排斥，並嘗試擴大其統治多數的容量，而非僅滿足過去一個單一的新教徒多數。整套和平協定，即是嘗試以協合式民主的理念來解決北愛的政治體制問題，以協合式民主理論為架構，來設計北愛爾蘭政府體制中分權共治的新聯合政府。

　　北愛和平協定中的民主制度，揚棄了過去二元對立的宗派政治下，「多數決」原則所造成的「零和遊戲」（zero-sum game）與「贏者全拿」（winner-take-all）的民主暴力，試圖提供諸多制度性的誘因來達成廣泛且平衡的權力分享，使對立的新教徒和天主教徒兩族群間能彼此形成妥協與共識，而朝向建立一個兼容並蓄且制度創新的民主政體，以獲致北愛爾蘭未來的長遠和平。協合式民主理論與和平協定之相契合者如下：

一、「大聯合」（grand coalition）的權力分配和分享原則

　　和平協定中所設計的民主制度即試圖鼓勵族群領袖間的彼此合作，以緩和族群間的對立與衝突。而據以成立的北愛新自治政府即是由四黨兩族群所合組成的分權共治政府。因為雖然

新教徒仍掌握新自治議會之多數，但權力分享原則卻使他們必須與天主教徒共同組成「大聯合政府」。

二、「比例性」（proportionality）原則

　　比例性原則與多數決原則下「贏者全拿」所造成的「零和競局」截然不同。尤其是選舉制度中的「比例代表制」實乃多元分歧社會下處理族群問題的良策，亦是配合「大聯合」政府的相關配套制度。和平協定所設計的新自治議會與內閣，即是依比例代表選出108名議員，其後再依政黨議席比例分配12名內閣職務。

三、「社會分裂體自治權」（segmental autonomy）

　　即尊重各族群團體文化上的自主性，讓各族群透過文化機構和教育組織來建立自我身分認同的自治權。和平協定中即表明英國政府將簽署一保障少數族群母語之宣言，設立愛爾蘭語的翻譯機構，以保障愛爾蘭語的學習與推廣。[6]

四、「少數者否決權」（minority veto）

　　此乃避免族群聯合政府所達成的多數決對少數族群造成權益上的侵害。此與美國思想家柯洪（John C. Calhoun）所謂「協同的多數」（concurrent majority）原則，和一般所說的「加重多數」（weighted majority）原則有著異曲同工之效。例如：在和平協定設計的新自治議會中，議會的決議要成為法律，需經全體

6　參見網站資料 http://www.fortunecity.com/bally/sligo/93/synopsis.html（1998.10.21）。

議員70%以上的支持，以保障居少數地位的天主教徒。

　　綜合言之，北愛和平協定設計的民主制度，與協合式民主理論所倡議的四項主要原則相契合，兼容並蓄且制度創新，故能為北愛和平帶來願景。

陸、北愛「和平協定」的和平新思維

　　北愛和平協定啟示了和平新思維，不僅體現了孟子「以大事小」的偉大政治哲學，且深刻地指出真正的和平不能建立在唯我獨尊的絕對主權信仰上，從而啟發了理性尊重、多元文化認同和相對主權觀的和平新思維。

　　北愛問題綿延數世紀，從征服到殖民到允許自治，歷史的恩怨仇恨導致了至今共3,200多人的死亡和40,000餘人的傷殘。其中英國的倨傲高調與偏執姿態，始終是英愛間協商破裂的關鍵因素。和平協定達成的因素固然包括了美國的斡旋與調停、英愛的妥協與退讓、政治領袖的捐棄成見與攜手努力，以及人民長期對和平渴望等諸多因素，但北愛和平的啟動關鍵實乃由於英國對其國家利益產生新的見解，因而願意在和平的大目標下，認同勢力強大的一方採取讓步較多的妥協。而顯而易見地，美英兩大國主導的北愛和平協定實大多有利於身居弱勢的北愛天主教徒，並造成南北漸趨同體的北愛新局，例如：新自治議會中天主教徒的分權共治與公平代表權、北愛地位與愛爾蘭平行、北愛人民對統獨具有公民複決權、英國議會對北愛議會並無指揮權，及提早釋放北愛政治犯等（郭正亮，1998）。

　　此外，美英兩大國願意秉持濟弱扶傾的精神，進而要求北

愛強勢族群與弱勢族群簽署和平協定，這種設身處地的努力，已經為世界和平成功地建立了以小事大的智慧與胸襟，在和平的最高原則下，放棄了追求統一即有的桀驁堅持，以政治現實考量作出發而展開與新教徒的和平合作。誠如孟子所云：「唯仁者，能以大事小；唯智者，能以小事大。」英愛雙方及新教徒與天主教徒兩造皆做出了妥協與讓步，北愛的和平卻贏得了空前的一大步。

　　據此，北愛和平協定的達成啟發了理性尊重、多元文化認同和相對主權觀的和平新思維，一種全球化潮流下地球村生命共同體的意識思考，其中主要包括：

一、和平的理性思考

　　特別是和平協定達成後的4個月，北愛爾蘭歐瑪市（Omagh）爆發了北愛族群衝突自1969年以來最嚴重的一次炸彈恐怖攻擊，共造成了28人死亡、逾200人受傷的慘劇。然而這個事件發展迄今，不但沒有達到分裂族群的目的，反而使得北愛人民更加理性堅定地支持和平，選擇以和平作為北愛問題解決的出路。同時，北愛和平對世界各地的族裔衝突也可發揮示範作用，亦即只有用和平談判的模式方能解決族群的衝突與爭端，而任何透過武力方式的企圖將只會導致局勢更加惡化。

二、多元文化認同

　　亦即多元文化主義（multiculturalism）的實踐，尊重族群間的差異性，並將差異納入公共領域且給予認同上的權益保障。同時，在文化理念上可積極促使弱勢族群肯定自己的文化，不

致因自己與主流優勢者「不同」而自我貶抑；在族群共處的層面上，減少弱勢與強勢的對立，藉由差異的認識了解而彼此容忍尊重，自主發展並和平共存（Young, 1990：166-169；葛永光，1993）。以往的北愛社會即是由於新教徒對天主教徒的傾壓，而致種族仇恨、宗教對立、政治不公與社會經濟不平，淪為人類文明世界中最狂暴、野蠻的一個角落。和平協定達成後，當前北愛社會最重要的便是多元文化主義下的權力共享（power-sharing）。而事實上北愛和平進程發展至今，新教徒已逐漸展現其對愛爾蘭民族的理性承認，尊重其文化與身分上的認同權利，並致力於落實和平協定中權力分享的理念。

三、相對主權觀

　　從後冷戰時代國家主權概念的發展乃至北愛和平協定的達成，我們深刻地體會到真正的和平不能建立在唯我獨尊的絕對主權信仰上。1648 年「西發里亞條約」後所確定的主權觀念，再加上1789年法國大革命後所引領的「民族國家」成立風潮，造成了近代民族戰爭的腥風血雨，而絕對主權觀的執拗再加上大國的權力政治心態，正是族群衝突惡化的肇因。此次和平協定之所以達成，其基礎即在於英愛政府對北愛爾蘭主權態度的軟化，棄了絕對主權觀念的魔咒，而採取了主權忍抑、主權共享的相對主權觀。

　　綜合言之，北愛和平協定所啟發的和平理性、多元文化認同和相對主權觀等思維，如能繼續落實在北愛的文化、教育和具體的政策上，相信對於未來和平必有極大的助益。同理，若能將這些新概念應用至其他地區的族群衝突中，相信也必能提

供可貴的參考經驗。

柒、影響北愛和平之重要因素

一、愛爾蘭共和軍的繳械問題

　　長期以來，愛爾蘭共和軍的繳械問題一直是北愛和平道路上的一大阻礙。在北愛問題中，愛爾蘭共和軍一直是影響和平的不確定性因素，其數度破壞停火協議的行為，也嚴重地衝擊歷次的多黨會談。北愛和平協定簽定後，共和軍的拒不繳械，更一度造成北愛新自治政府多黨內閣難產而使和平進程執行受挫。展望未來北愛和平，共和軍的動向將是最具影響力的關鍵要素。

　　早在歷次的多黨會談中，英國即堅持共和軍須先完成繳械才能讓新芬黨加入決定北愛前途的多黨談判。但新芬黨人卻認為解除武裝將令其失去談判籌碼，因此暗中進行的仍是「選票與子彈」兩手策略，亦即一方面積極投入英國大選，一方面仍不放棄使用暴力。目的在於製造暴亂吸引國際傳媒輿論注意的同時，也刻意避免造成更大的人命傷亡與損失，以免影響新芬黨於體制內的勢力擴展及海外愛裔視聽的支持，同時也滿足共和軍內強硬派的主張。在此種「合法掩護非法」的策略下，要共和軍輕易放棄暴力進行解除武裝實非易事。

　　事實上北愛各黨派簽署和平協定後，愛爾蘭共和軍即宣稱北愛和平協定並不構成永久解決北愛問題的基礎，儘管其承認北愛和平協定代表北愛問題的重大發展。同時北愛和平協定中

明定:「所有參與和平進程的各造都必須致力徹底解除民兵組織的武裝。」但問題是,協定中並未明確規定北愛民兵團體繳械為其政治組織主政的先決條件,因此造成了新自治政府聯合內閣遲遲無法運作的僵局。而幸虧在北愛首席部長崔波的領導下,北愛最大新教政黨阿爾斯特黨同意與新芬黨暫時合組聯合政府,但條件是共和軍必須於2000年2月之間開始解除武裝,因此可以預見的是愛爾蘭共和軍是否遵照承諾逐步解除武裝,將成為北愛分權共治政府運作是否成功的重要指標,也將深深影響未來北愛和平的發展。所幸,2005年9月,愛爾蘭共和軍銷毀所有武器,宣布永久放棄武力,結束與英國長達30年的武裝鬥爭,並宣示將以民主和平的方式,繼續追求愛爾蘭南北的統一。

二、兩派領袖的智慧與互信

　　北愛近30年歷史的慘痛教訓,逐漸解開了族群間仇恨的枷鎖,給和平一個機會成為北愛人民心靈深處最深的渴望。以往長期的宗派對立主導了北愛政治、社會與經濟全面的發展,甚至內化至北愛人民心中,如今對和平的渴望已成為人心望治的新趨勢。然而隨著和平協定簽訂、和平進程開展之際,新的局勢似乎顯示,新英的新教徒派和主張南北統一的天主教派已非北愛目前的主要矛盾,歷史已經使得這個地區的矛盾轉向到兩種人:那些真正認識到北愛和平重要性的人,和那些只懂得為達到自己一派目的而尋求保險和利益的人(黃念斯:1999)。換言之,北愛和平協定的大原則與大方向經各黨派妥協確立後,和平進程內容的實際執行則更加仰賴兩派領袖的智慧與決心,其相互的尊重、包容、互信與無私都將深深影響未來北愛和平

的發展，過去如此，未來更加深深依賴。

　　曾經，愛爾蘭共和軍的繳械問題是北愛和平進程的最大障礙，因為和平協定中並未就共和軍繳械與其政治組織新芬黨加入聯合政府一事加以條件限制，因此持續的政治僵局自然呈現。而阿爾斯特黨領袖崔波不惜以個人政治前途為賭注，一改其黨原定政策，說服了統一黨人放棄要求共和軍先繳械後參政的先決條件，扭轉了和平進程中的最大僵局，也解決了聯合政府運作開展的一大阻礙，使北愛和平進程又往前邁進了一大步。足可見政治領袖的思維對和平局勢的重大影響。事實上，和平協定達成後和平進程執行上的困難在於：兩派領袖須各自面對黨派內的基本教義派與強硬分子，特別是當初反對和平協定的勢力，因為至今兩派的反對勢力仍思利用繳械問題作為打擊和平協定的工具。再加上兩派間互信的措施與機制仍未建立，在此局勢下，兩派領袖是否秉持最大的決心與智慧而相互信任，堅定不移地忠信於和平協定，成為落實和平協定、開展和平進程的一大關鍵。

三、兩造族群的信心與思維

　　誠然暴力在北愛已無市場，和平已是一條無法回頭的路，然而對許多北愛人民而言，和平的新局似乎轉變得過大且過快，快到讓他們尚未建立起足夠的信心與意識。事實上，兩造族群的新信心與新思維，正是未來北愛和平能否持續開展的重要因素。

　　這種新信心與新思維的表現即是開始學習互相尊重：尊重差異、尊重制度及相互信任、學習與合作。北愛和平進程發

展至今，已獲致相當的成就：來自新教徒的呼聲已顯示他們對愛爾蘭民族的理性承認，認識到他們秉持包容、平等，及容忍分歧等原則來看待相互的分權共治；而新芬黨天主教徒的聲音則承認了銷毀武器是北愛和平進程必要的一環，表達了終須放棄暴力，進行與新教派的合作。且兩造皆坦承，長期的紛爭與對立為北愛人民帶來許多痛苦與不幸，雙方對此皆需負責且自省。對於廣大的北愛民眾而言，和平的到來無疑透露這樣的訊息：拋棄過往仇恨需要極大勇氣，而唯有學習妥協才能創造不可能的奇蹟。

新信心與新思維，尚表現在未來四黨兩派分權共治聯合政府的運作與參與上。和平協定推翻了多數決民主體制下傳統的零和遊戲與贏者全拿的規則，提供了北愛人民必須相互合作且共信共榮的參與機會，兩造族群應以新信心與新思維來締造未來北愛的和平。誠如阿爾斯特黨領袖崔波所呼籲，各派應堅持和平協定原則，在北愛新議會內閣中採取互相尊重與平等對待的態度，並容忍不同觀點和聲音。同時，「民族主義者人士用和平、民主的方式追求愛爾蘭統一，阿爾斯特黨承認，這種政治目標是合法的，北愛爾蘭進入了一個尊重和包容分歧的新時代，這對北愛是一種機會。」（黃念斯，1999）。總言之，和平協定已為北愛各黨派建立權力競逐的民主程序，但如何落實協定中權力分享理念並打造族群間互信的橋梁，相信兩造族群的信心與思維將是左右未來北愛和平的重要因素。

捌、北愛「和平協定」後之政治進程

一、北愛分權自治政府的確立

　　北愛和平協定通過後，於1999年11月北愛議會選舉產生權力共享（由新教徒和天主教徒聯合組成）的北愛地方政府執行機構，正式吸納新芬黨進入北愛地方政府。同時，英國議會上下兩院，相繼通過了北愛事務大臣曼德爾森提交的地方管理權力法案。據此，英國女王伊麗莎白二世（Elizabeth II）批准該法案，完成了向北愛地方政府移交管理權力的所有法律程序。自此，北愛爾蘭歷史上第一個由原先對立的新教徒和天主教徒所聯合組成的地方政府開始運作，此標誌著英國政府對北愛爾蘭長達27年的直接統治正式宣告結束；同時，愛爾蘭議會也對憲法進行修改，決定正式放棄對北愛爾蘭長達幾十年的領土主權訴求。

　　然而2002年10月，北愛爾蘭地方議會新芬黨成員辦公室卻爆出「間諜案」，北愛爾蘭自治政府因此立刻停止運作，此後近五年英國政府將北愛地方政府的自治權收回中央政府。直到2007年3月，新教徒政黨民主統一黨（Democratic Unionist Party, DUP）與天主教政黨新芬黨領袖達成協議，決定從5月開始建立地方自治聯合政府並分享政權。據此同年5月，北愛爾蘭民主統一黨領袖佩斯利（Ian Paisley）和新芬黨領導人麥吉尼斯（Martin McGuinness），在北愛爾蘭首府貝爾法斯特同時宣誓就任新政府第一部長和第二部長，此乃標誌著北愛爾蘭正式恢復分權自治政府。

二、英國與愛爾蘭的良性積極互動

於 2001 年 5 月，英國女王伊麗莎白二世對愛爾蘭進行為期 4 天的國事訪問，這是英國君主一百年來首次訪問愛爾蘭，而 女王的來訪也標誌著兩國在北愛爾蘭和平進程方面所取得的成 果，特別是女王出席愛爾蘭獨立戰爭紀念活動，並為戰爭中的 罹難者獻花致意，使得愛爾蘭與英國間的關係有了徹底的進 步。此外，英國女王於 2012 年訪問北愛爾蘭時，也會見了曾是 愛爾蘭共和軍（IRA）指揮官的北愛爾蘭政府現任首席副部長麥 金尼斯，兩人在微笑慰問的互動過程中握手示意，也成為北愛 爾蘭和平進程的重大和解里程碑。[7]同樣地，2014 年 4 月愛爾蘭 總統希金斯（Michael Higgins）也訪問英國，成為 1922 年愛爾蘭 獨立後首位造訪英國的國家元首，同時接受了英國女王的邀請 於國會發表演說，此舉緩解了兩國間因北愛爾蘭問題造成的長 年緊張氣氛，也可謂寫下了歷史性的一頁，但誠如於希金斯於 演說時所指出：「英國和愛爾蘭已經為北愛爾蘭的和平而奉獻 許多努力，應該要感到自豪。只是若要建立起長久的和平，仍 有很長的一段路要走。」[8]

7　英國女王與愛爾蘭共和軍前高階成員的歷史性會面，實乃緣於和平進程的開展 順利，特別是英國女王先前訪問愛爾蘭時表達出和解的姿態與談話，同時說服 許多批評王室的民眾而為會面鋪路；另一方面，因為英國女王是英國武裝部隊 的最高統帥象徵，武裝部隊過去常被愛爾蘭共和軍視為一占領北愛爾蘭的軍 隊，而麥金尼斯則被愛爾蘭人視為民族英雄，為了反抗英國統治他與英國奮戰 了 30 年，他與新芬黨魁亞當斯（Gerry Adams）共同協助北愛和平進程，結束數 十年來的二元對立教派衝突，並在權力共享的北愛新政府中給與天主教徒同樣 的發言權。

8　參見網路資料 http://www.thenewslens.com/post/34205/。

三、英國公投脫離歐盟後的政治衝擊

事實上，在北愛爾蘭主權歸屬的衝突中，正由於英國與愛爾蘭同為「歐洲聯盟」（European Union, 簡稱歐盟 EU，成立於1993年，前身為歐洲經濟共同體）的會員國，因彼此間擁有共同的利益而使得衝突往往獲得緩解的可能。對於愛爾蘭而言，可以透過參與歐盟事務而間接地影響北愛；而對於英國而言，則可以繼續維持「大不列顛及北愛爾蘭聯合王國」的完整性。因此對照於過去的武裝衝突，歐盟實不失為彼此間對話、和解乃至於合作的一個緩衝空間或平台，而正是基於此條件，1998年的北愛《和平協定》才能廣泛地獲得各方的支持。換言之，北愛和平進程與和平發展的維繫，幾乎可以說是奠基於英愛雙方共同的歐盟會員國身分上。

然而 2016 年 6 月 23 日英國脫離歐盟的公投中，英國選民51.9% 支持脫歐，48.1% 選擇留歐，此脫歐結果將導致北愛的和平與穩定面臨崩解。因為愛爾蘭與英國同為歐盟成員，在歐洲統合制度下，可以倚賴歐盟所保障的會員國對等關係，同時透過歐盟作為仲裁者來維持雙邊和三邊關係的穩定。然而英國脫歐後，愛爾蘭、北愛爾蘭與英國則少了這層屏障和緩衝，過去已冷卻的衝突可能再次被點燃。此外，一旦英國真的脫歐後，愛爾蘭和北愛爾蘭將因為英國脫離歐盟的《人員自由流動協議》，而必須重新架起雙方國界的藩籬與人員流動管制，屆時愛爾蘭作為唯一的陸地邊境國，英國也勢必會嚴加看守，以防脫歐者口中所謂最大的威脅，即歐盟移民的進入。至此，英國脫歐所全面引發的負面效應，對於英愛之間好不容易獲得緩解

的衝突毫無助益，更有可能讓三方不穩定的關係平添變數。

　　事實上，北愛爾蘭此次脫歐公投中有高達55.8%的選票支持留歐，顯示出強烈的留歐意願。據此，向來支持與愛爾蘭統一的北愛爾蘭副首席部長麥金尼斯（Martin McGuinness）即指出，逼迫北愛爾蘭脫離歐盟是對北愛民主的傷害，英國政府無權代替北愛決定脫歐，同時呼籲認為北愛爾蘭應該啟動國界公投，決定是否脫離英國而「回歸」愛爾蘭。北愛爾蘭新芬黨主席Declan Kearney則更是措辭強硬的指出：「英國的選民把北愛爾蘭拖出歐盟。」認為脫歐結果違反北愛人民的意願，將北愛人民的民主意向推翻，英國政府亦無法代表他們的經濟及政治利益。新芬黨將會推動謀求已久的脫英公投，結束與愛爾蘭的分治，以留在歐盟。

　　英國脫歐公投結果除了對於全球政經情勢與發展產生重大的影響外，對於未來北愛和平進程的影響更是重大深遠，其後續發展非常值得吾人深加觀察。

玖、結語

　　北愛和平協定的達成為我們帶來深刻的啟示，亦即武力無法解決的事情，靠和平手段是可以達成的。尤其是在國際大環境與潮流的急遽改變下，世界各國均致力於提升經濟發展之餘，以談判代替對抗，以和平解決爭端，已經成為國際社會普遍的共識。從北愛「和平協定」達成的一連串互動過程中，我們可以汲取相當多的和平經驗，提供作為未來兩岸關係互動與發展的參考。北愛爾蘭能，相信台灣也能！展望北愛爾蘭和平

之路，能否化解仇恨、放棄暴力，依然考驗各族群的智慧與決心。誠如當年和談主席米契爾所指出：「北愛和平協定是一項意義非凡的成就，但任何人都不應錯覺北愛問題已隨和平協定的達成而化解，未來仍有漫長的路要走！」[9] 尤其英國公投脫離歐盟後，北愛爾蘭和平進程的後續發展更是值得吾人研究、關注。

參考文獻

Arend Lijphart 著，陳坤森譯（1995），《當代民主類型與政治》，台北：桂冠。

Douglas Hyde 著，沈富源譯（1995），〈愛爾蘭抵制英國化之必要〉，《中外文學》，第23卷第10期，1995年3月，頁8-16。

《中國時報》，1998年4月12日，第11版。

吳潛誠（1999），《航向愛爾蘭：葉慈與塞爾特想像》，台北：立緒文化。

吳學燕（1995），〈北愛爾蘭民族主義運動問題〉，載於楊逢泰等編著，《族群問題與族群關係》，台北：幼獅文化。

每日新聞社外信部編著（2009），蕭志強譯，《從地圖看世界紛爭》，台北：世潮出版。

范強，〈促成北愛和平的經濟因素〉，《文匯報》，1998年4月20日，第5版。

徐崇實，〈北愛爾蘭的恐怖主義〉，台北：私立淡江大學歐洲研究所碩士論文，1980年6月。

9　相關資料參見《中國時報》，1998年4月12日，第11版。

張亞中主編（2004），《國際關係與現勢》，台北：晶典文化。

張麟徵，〈分離主義的內省與外觀〉，《問題與研究》，第33卷第10期，1994年10月。

郭正亮，〈北愛和平協定：以大事小的國際典範〉，《自由時報》，1998年5月31日，第3版。

陳寶渝，〈英國北愛爾蘭問題研析〉，《問題與研究》，第14卷第10期，1975年7月。

黃念斯，〈北愛局勢終見新轉機——上〉，《大公報》，1999年11月26日，第6版。

黃念斯，〈北愛局勢終見新轉機——下〉，《大公報》，1999年11月27日，第4版。

黃偉峰，〈愛爾蘭展現追求和平決心〉，《聯合報》，1998年5月25日，第15版。

楊恕（2008），《世界分裂主義論》，北京：時事出版社。

楊逢泰等編著（1993），《民族主義論文集》，台北：黎明文化。

楊逢泰等編著（1995），《族群問題與族群關係》，台北：幼獅。

葛公尚主編（2006），《當代國際政治與跨界民族研究》，北京：民族出版社。

葛永光（1993），《文化多元主義與國家整合——兼論中國認同的形成與挑戰》，台北：正中書局。

鍾雲蘭，〈和平公投為北愛寫下歷史新頁〉，《聯合報》，1998年5月24日，第10版。

電影《吹動大麥的風》官方網站資料：http://barley.swtwn.com/。

電影《吹動大麥的風》官方網站資料：http://barley.swtwn.com/Barley1.html。

網站資料：http://www.thenewslens.com/post/34205/，1998.10.21。

網站資料：http://www.fortunecity.com/bally/sligo/93/synopsis.html，1998.10.21。

網站資料：http://www.fortunecity.com/bally/sligo/93/gfriday.html，1998.10.21。

網站資料：北愛爾蘭族群的社會階級分配，http://www.cain.ulst.ac.uk/

othelem/research/nisas/rep6c6.htm，2017.03.01。

Bew, Paul (1997). *Northern Ireland: Between War and Peace*. London: Adamantine.

China Post, 11 April 1998, p. 6.

China Post, 28 February 1996, p. 5.

Cormack, J. Robert. and Robert D. Osborne. eds. (1997). *Discrimination and Public Policy in Northern Ireland*. Oxford: Clarendon.

Darby, John (1976). *Conflict in Northern Ireland: The Development of an Polarised Community*. Dublin: Gill and Macmillan.

Drudy, J.P. ed. (1997). *Ireland and Britain Since 1922*. London: Cambridge University Press.

Ruane, Joseph and Jennifer Todd (1996). *The Dynamics of Conflict in Northern Ireland*. New York: Cambridge University Press.

Sales, Rose (1997). *Women Divided: Gender, Religion, and Politics in Northern Ireland*. London: Routledge.

Young, Iris Marison (1990). *Justice and the Politics of Difference*. Priceton, NJ: Princetion University. Press.

附錄：愛爾蘭大事記

國名：愛爾蘭（Ireland）　　首都：都柏林（Dublin）
獨立日：1921年12月6日　　語言文字：愛爾蘭語、英語

國旗	由綠、白、橙三色組成。左邊為綠色，代表信仰天主教的愛爾蘭人，也象徵愛爾蘭的綠色寶島。右邊為橙色，代表新教及其信徒，表示尊貴和財富。中間的白色，則象徵天主教徒和新教派教徒之間永久休戰、團結友愛，也象徵對光明、自由、民主與和平的永續追求。	
地理	位於歐洲西部、愛爾蘭島中南部的愛爾蘭共和國，面積約為台灣的兩倍大。西瀕大西洋，東北與英國的北愛爾蘭接壤，東隔愛爾蘭海與英國相望。境內中部是丘陵和平原，沿海多為高地，被稱為「翡翠之島」。	
人口	2006年剛跨過400萬人。境內多為愛爾蘭人，九成居民信奉天主教，其他則為基督教、新教等。	
簡史	西元前3000年	歐洲大陸移民開始定居愛爾蘭島。
大事記	西元432年	基督教和羅馬文化傳播至愛爾蘭。
	12世紀	愛爾蘭進入封建社會。
	1169年	愛爾蘭遭英國入侵。
	1171年	英王亨利二世確立對愛爾蘭的統治權。
	1541年起	英王成為愛爾蘭國王。
	1800年	簽訂英愛同盟條約，成立「大不列顛及愛爾蘭聯合王國」，愛爾蘭遭英國吞併。
	1846-1849年	愛爾蘭發生大饑荒，許多人餓死或背井離鄉。英國袖手旁觀。
	1916年	都柏林爆發抗英的「復活節起義」，愛爾蘭民族獨立運動高漲。

大事記	1919年	甫當選的愛爾蘭議員拒絕在英國下議院任職,自行組成眾議院,並發布獨立宣言。愛爾蘭獨立戰爭爆發,英國派兵鎮壓。
	1921年12月	英國與愛爾蘭簽訂條約,允許26個郡成立「愛爾蘭自由邦」並享有自治權,北部6郡(現北愛爾蘭)卻仍歸屬英國,內戰於是爆發(1919-1922年即為電影《吹動大麥的風》所描述之年代)。
	1937年	愛爾蘭憲法宣布「自由邦」為共和國,但仍屬於英國聯邦。
	1948年12月21日	愛爾蘭議會透過法律,宣布脫離英國聯邦。
	1949年4月18日	英國承認愛爾蘭獨立,但拒絕歸還北部6郡。「愛爾蘭共和軍」為爭取北愛脫離英國統治而訴諸武力,自此展開超過半個世紀的暴力衝突。愛爾蘭歷屆政府致力於和平統一,同時與英國合作解決北愛爾蘭的衝突問題。
	1955年	愛爾蘭加入聯合國。 愛爾蘭第一位女總統瑪麗羅賓遜(Mary Robinson)成為聯合國人權委員會主席。
	1973年	加入「歐洲經濟共同體」(現歐盟前身)。
	1998年	愛爾蘭、北愛、英國三方簽署「和平協定」。愛爾蘭放棄其憲法中的北愛爾蘭主權,北愛成立地方自治政府。但由於「愛爾蘭共和軍」拒絕解除武裝,和平進程陷入僵局。
	2005年9月	「愛爾蘭共和軍」銷毀所有武器、宣布永久放棄武力,結束與英國長達30年的武裝鬥爭;並將以民主和平方式,繼續追求愛爾蘭南北的統一。
	2006年5月	描述愛爾蘭內戰的電影《吹動大麥的風》榮獲坎城影展最高榮譽金棕櫚獎。同年夏天,英國、愛爾蘭聯合上映,創下該片導演肯洛區畢生最高票房。

大事記	2011年5月	英國女王對愛爾蘭進行為期四天的國事訪問，這是英國君主一百年來首次訪問愛爾蘭，而女王的來訪也標誌著兩國在北愛爾蘭和平進程方面所取得的成果。
	2014年4月	愛爾蘭總統希金斯（Michael Higgins）訪問英國，成為1922年愛爾蘭獨立後首位造訪英國的國家元首，同時於國會發表演說。緩解了兩國間因北愛爾蘭問題所造成的長年緊張氣氛，寫下了英愛間歷史性的一頁。
	2016年6月23日	英國公投脫離歐盟，此結果將可能導致北愛的和平與穩定面臨威脅與挑戰，過去已冷卻的衝突也有可能再次被點燃，尤其更有可能讓三方不盡穩定的關係平添變數。

資料來源：本文作者根據電影《吹動大麥的風》網站資料（http://www.books.com.tw/activity/2006/11/wind/）加以修改製成。

蘇格蘭民族主義運動——
聯合 vs. 分離

林浩博[*]

壹、前言

　　2014年9月的蘇格蘭獨立公投，贊成派以44.7%敗給反對派的55.3%。[1] 該次公投雖然獨立派敗了，但其政治漣漪卻影響到2015年的英國國會大選，讓工黨大失蘇格蘭票倉，從41席掉到只有1席，主張獨立的蘇格蘭民族黨（Scottish National Party）卻奪下蘇格蘭地區在西敏寺國會59個席位中的56席，讓該黨一躍而為英國第三大黨。[2] 蘇格蘭民族議題的英國政壇影響力，由該次選舉可清楚見到。然而，蘇格蘭政治民族主義直到1970年代才蓬勃興起。在1970年代之前，蘇格蘭民族主義運動顯得較為寂靜。Tom Nairn就表示，1970年代的英國國力衰落，以及蘇格蘭相對於南方英格蘭的經濟落後，才給予當地民族主義運動成長的空間。[3] 但是，T.M. Devine和Grame Morton等學者持有

* 國立政治大學國家發展研究所碩士。

1　GOV. UK (2015), *Scottish Independence Referendum*. https://www.gov.uk/government/topical-events/scottish-independence-referendum/about.

2　*BBC News* (2015), Election 2015. http://www.bbc.com/news/election/2015.

3　Nairn, Tom (1977). *The Break-up of Britain: Crisis and Neo-nationalism.* London: NBL, pp. 129-30.

不同的看法，他們認為1970年代之前，特別是19世紀蘇格蘭民族主義相對於同時代歐洲大陸之「沉寂」，並不是真的沉寂，而是另有一個表現的方式。他們兩人都發現，當時的蘇格蘭菁英的確以「蘇格蘭人」自稱，同時也認為自己是「不列顛人」（Britian）；前者是指自己的民族（nation）身分，後者則指自己的國家（state）。[4]

　　Nairn同Devine與Morton的不同意見，凸顯出對於民族主義定義的爭執。以Nairn的主張來說，「政治自決」是所有民族主義運動的目標，因此論述中會有個「他者」的統治勢力，而當地菁英和民眾要推翻該勢力的統治、獲取政治獨立、建立一個自己民族的國家，或者是要和自己同民族的國家合併。不論如何，民族主義似乎就是推翻「外人」統治、建立「自決」的政治運動。這樣的二元對立說法，在一定程度能解釋蘇格蘭民族主義，至少在蘇格蘭民族黨所提出的獨立運動方面。但在更多時候，特別是在1930年代的蘇格蘭民族黨創立之前，蘇格蘭民族主義並未有任何一支顯著勢力追求脫英；直到今天，蘇格蘭的大部分民眾仍對不列顛有國家認同。也因為實際情況與二元對立的理論說法有差距，部分學者如前述的Devine和Morton以雙重認同的說法作為解釋。本文就要來討論，何以蘇格蘭民族主義的「政治自決」追求是那麼地晚才產生。再者，又是怎樣的因素讓蘇格蘭民族主義在1970年代更為朝向「獨立」。以這兩個問題為經緯，本文就要來概述蘇格蘭民族運動的起源與意

4　Devine, T.M. (2000). *The Scottish Nation, 1700-2000*. London: Penguin; Morton, Graeme (1999). *Unionist Nationalism: Governing Urban Scotland, 1830-60*. London: Tuckwell Press Ltd.

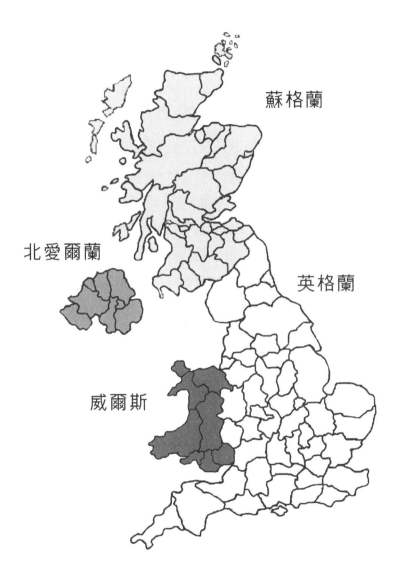

圖1　英國組成國——蘇格蘭、威爾斯、北愛爾蘭、英格蘭地圖

引自：http://lovegeo.blogspot.tw/2015/08/blog-post_24.html

識形態變遷。

貳、蘇格蘭民族主義運動的演進

　　蘇格蘭的民族主義運動，是多階段、長時間的歷史累積動態過程。捷克的民族主義學者羅奇（Miroslav Hroch）就曾表示，民族主義運動歷經三個相互部分交疊的階段，先是A階段的文化與語言復興運動，之後是B階段的民族主義先驅，最後是C階段的大規模政治運動。[5] 同樣以為民族主義是長時間、多階段累積進行的，還有史密斯（Anthony D. Smith）。他認為，在18世紀下半葉的現代化開始之前，尚有先前就已存在的文化痕跡可當作「民族」建構的材料，比如宗教、語言等等。[6] 現在看看蘇格蘭的民族建構，也能發現多個階段一層層累積變化的軌跡。

　　第一階段的變化，是建構「蘇格蘭」作為一個有一定土地疆域、人口的「民族」概念之存在。西元前55年的羅馬帝國將軍凱薩（Julius Ceaser）進攻大不列顛島但未成功，直到西元43年羅馬帝國才把不列顛征服。[7] 無法攻下大不列顛島北方高地，羅馬帝國轉而在島的北部修建哈德良長城（Hadrian's Wall），從而奠定未來蘇格蘭（長城以北）和英格蘭（長城以南）兩地分界。羅馬統治大不列顛島南部的時候，來自愛爾蘭島西北部

5　Eric Hobsbawn著，李金梅譯（1997），《民族與民族主義》，台北：麥田出版，頁142。

6　Smith, Anthony, D. (2009). *Ethno-Symbolism and Nationalism: A Cultural Approach.* London, p. 32.

7　Hetcher, Michael (1975). *Internal Colonialism: The Celtic Fringe of British National Movement.* London: U. Of Warwick, pp. 54-56.

的海盜前來掠劫，之後部分的海盜及其親屬遷移到長城以北之處，因此羅馬人對這群海盜的稱呼「Scotti」一併指稱大不列顛北部。歷經中世紀的不斷族群爭端和結盟，封建的蘇格蘭王國形成，且在16世紀的時候經教宗利奧十世（Leo X, 1513-1521年在位）詔令，成為Scotia唯一國際政治代表，並正式切斷和愛爾蘭島的名稱和意義重疊指涉。[8] 蘇格蘭（Scotia）也從羅馬史書的一個愛爾蘭島部族，演變成一個國家和民族。

　　第二階段的變化，則是「蘇格蘭」和「不列顛」兩個身分認同的並存相容。在都鐸（Tudor）王朝的伊麗莎白一世（Elizabeth I, 1558-1603）駕崩後，英格蘭的王位因為先前王室之間的聯姻傳到了蘇格蘭的斯圖亞特（Stuart）王室手裡，意味著英格蘭和蘇格蘭的共主邦聯之開始，同時也替往後兩國的政治合併鋪路。1707年的《聯合法案》建構了英格蘭和蘇格蘭的利益結盟，以及「不列顛」國家的誕生。當時候經濟危機的蘇格蘭由此獲得英格蘭海外殖民市場和豐沛資金，英格蘭的新教徒為主議會，則得以確保敵對的斯圖亞特舊教王室成員不會繼承成為國王。以為代價的，是蘇格蘭和英格蘭兩國議會的合併。兩國的合併代表著新國家的出現，也就是現今所指稱的「英國」——聯合王國（UK, United Kingdom）之誕生。聯合王國取代了以往中世紀時候的蘇格蘭、英格蘭之分，成為大不列顛全島共有而統一的政治代表，但在內政方面，卻又允許英格蘭與蘇格蘭分開治理。因此，蘇格蘭雖然得在外交、軍事等方面和英格蘭共同由「不列顛」主掌（因為人口、土地、經濟、軍事等實力的

8　Fitzpatrick, Benedict (1927). *Ireland and the Foundations of Europe*. London: Funk and Wangals, pp. 376-79.

差距，英格蘭是較占主導地位的），但仍可以在宗教、教育、法律自主，以長老教會和地方仕紳組成的自治單位施行自治。蘇格蘭藉《聯合法案》進入不列顛聯合王國後，歷經帝國的輝煌時代。蘇格蘭的商人、移民、官員、傳教士等隨帝國而散布全球，廣大的帝國管理經營也提供大量工作機會給蘇格蘭人，中央的首相之位也歷經多位蘇格蘭人擔任。在19世紀中葉，蘇格蘭人就相信他們是大英帝國的平等夥伴，英國並不只是英格蘭的代稱，國號「大不列顛」指的是「蘇格蘭和英格蘭的聯盟」，此即「1707年聯盟精神」。換言之，英國——或說「不列顛」——是蘇格蘭民族的認同國家，他們並不會對英國有情感排斥。摩頓（Graeme Morton）稱這種認同不列顛為其國家，但民族仍認同蘇格蘭的民族意識形態，為「聯合民族主義」（unionist nationalism）。[9]

　　聯合民族主義的雙重認同特性，使得蘇格蘭民族主義並不像鄰居愛爾蘭有強烈反英仇恨。蘇格蘭人擔任不列顛士兵、官員，甚至首相的經驗，以及帝國擴張過程中帶來的政治、宗教、經濟利益，如：藉帝國的霸權地位而能決策國際事務、蘇格蘭的教會因帝國而能擴大到全球、蘇格蘭商人因殖民地市場獲利豐厚，讓蘇格蘭人有相對於其他民族的優越感，這樣的優越感又因為是來自於大英帝國的龐大國力，使他們對不列顛有高度國家認同。而這個認同因王室對蘇格蘭高地文化的喜愛和推廣，又更加強化。維多利亞女王（Queen Victoria）就曾表示，自己身上因為祖先曾和斯圖亞特王室聯姻之故，所以流著蘇格

9　Morton (1999).

蘭人的血，並且每年夏天定期到蘇格蘭的城堡避暑。[10]王室藉著多次的象徵行動，諸如住在蘇格蘭的城堡、使用蘇格蘭的王室稱號、強調自己的蘇格蘭血緣身分、支持蘇格蘭的文化活動等等，一步步消除白金漢宮和蘇格蘭人們的距離感，把自己有形無形地化約成為蘇格蘭文化或認同的一部分。同樣的，蘇格蘭人得以擔任首相、治理英國，甚至可以說全世界的事實，除了讓蘇格蘭人不會完全感到自己是英國政治經濟的次等公民，當然也有助於「不列顛人」的身分情感認同。

　　第三階段的變化，則是聯合民族主義的弱化。聯合民族主義的維繫，有一大部分是依賴英國的強盛、蘇格蘭人參與並足以影響英國政治這兩點上。雖然英國因為20世紀的兩次世界大戰而元氣大傷，但蘇格蘭的政治人物仍是英國政壇的一大影響力量，比如多個蘇格蘭選區的國會議員擔任首相，或是自由民主黨和工黨的領導階層有一大部分是蘇格蘭人。在經濟上，英國的衰落的確重傷蘇格蘭重工業、造船業為主的產業結構，但在前述政治人物的政策引導下，蘇格蘭的勞工貧窮與無屋可住問題，得以藉著產業國有化、住宅興建的方式而緩解。在這些計畫的背後，則是較為富裕的英格蘭東南、主要是倫敦居民的埋單。這樣的財政資源分配，長久下來，不意外地會激起英格蘭群眾的不滿。

　　蘇格蘭的財政資源分配跟著英格蘭連動。從1978年以來，蘇格蘭的稅收資源分配是依據巴奈特公式（Barnett Formula）來計算。依據該公式，每一次國會預算的增減，都會相應地回饋

10　McNeil, Kenneth (2007). "Not Absolutely a Native nor Entirely a Dtranger." in *Scotland, Britain, Empire: Writing the Highlands 1760-1860.* Columbus: Ohio State U., p. 170.

給蘇格蘭、北愛爾蘭與威爾斯這些已地方分權的政府之預算資源中。[11]巴奈特公式的中央預算資源分配方法，被保守黨的英格蘭選區國會議員、傾保守黨的媒體批評是偏袒蘇格蘭等分權後的組成國家（countries）。[12]他們指稱，蘇格蘭、威爾斯、北愛爾蘭分配到的中央預算資源，若依照平均後的個別單人計算，是比英格蘭居民的平均要多。雪上加霜的是，西方世界在1970年代遭受兩波石油危機的經濟打擊，一次是因1973年的以阿齋戒月戰爭（Ramadan War），為了打擊支持以色列的美國陣營，阿拉伯石油輸出國家組織（Organization of Arab Petroleum Exporting Countries）施加石油禁運；另一次是1979年伊朗伊斯蘭革命所帶來的西亞局勢動盪。石油危機導致油價飆漲，致使西方工業國家的生產成本大增，從而引發嚴重的停滯性通貨膨脹。英國政府的稅收也因此大打折扣，難以負擔「大政府」式的福利照顧政策。保守黨的英格蘭選區議員，開始傾向新自由主義（neo-liberalism），要以私有化、降低市場管制、削減福利等方式來控制政府的財政。蘇格蘭業已蕭條的重工業社會十分仰賴中央的資源分配，許多的工廠也早已在1950年代至1960年代被國有化，由政府來供應蘇格蘭勞工工作和照顧。新自由主義的市場導向政策，無疑會嚴重衝擊蘇格蘭的民生現況。

　　1980年代由保守黨的柴契爾夫人（Margaret Thatcher）執政，新自由主義成為英國中央的國策。從第二次當選首相伊始，柴契爾夫人的背後，是英格蘭選民的支持，但同時的蘇格蘭選民則壓倒性地支持社會民主主義的工黨。相互分離的投

11　Wilkinson, Michael (2015.04.16), "What is the Barnett Formula?" *The Telegraph*.
12　Ibid.

票趨勢，造成蘇格蘭民眾政治意見難以由選票表達的「民主赤字」（democratic deficit）。柴契爾夫人的強硬措施，更在英國導致嚴重的階級對立，蘇格蘭人也因為新自由主義政策下激增的失業蕭條情況，而對英國政府極度不滿，萌生「不如歸去」的想法。正巧，超國家組織的歐盟提供了英國之外的另外結盟選擇。歐盟的共同農業政策、區域基金等補貼，成了蘇格蘭資源分配的另一直接來源。歐盟同時提供了較英國和大英國協（the Commonwealth）更大而完整的市場，以及歐洲各地的工作機會。若說蘇格蘭當初會在1707年因為自由貿易的市場而和英格蘭聯合的話，那麼，從1970年代石油危機起，英蘇雙方維持聯合的誘因正漸漸地散失：一方面英國已不再強盛、無力擔負蘇格蘭的財政需求，也無法提供如以往帝國時期那樣廣大的市場和工作機會，二方面保守黨政府的新自由主義措施加劇蘇格蘭社會和經濟的危機，三方面則可發現蘇格蘭的意見在英國政壇已完全被英格蘭單方面地壓過去。這些誘因，現在轉由歐盟提供。

　　就某個層面來說，蘇格蘭民族主義帶有「精打細算」的務實特質。對蘇格蘭，英國已漸漸成了棄之可惜的雞肋。蘇格蘭待在英國這個體制內，已不再是為了英國政府所施予的杯水車薪，而是為了英國身為「歐盟成員」的金字招牌。藉著英國是歐盟成員的方便，蘇格蘭經濟得以連結歐盟的廣大市場，從而有了來自布魯塞爾的資源來協助產業轉型；同時，布魯塞爾成了蘇格蘭政治人物得以發聲的更廣大國際政治舞台。在這麼一來一往之間，蘇格蘭民族主義迎來了第四個階段的變化——「蘇格蘭在歐洲」（Scotland in Europe）。提出這一口號的是蘇格蘭

民族黨主席薩蒙德（Alex Salmiond）。薩蒙德深知蘇格蘭大多數
民眾的政治傾向和對歐盟的嚮往，為此他調整蘇格蘭民族黨的
政策方向，改以社會民主主義、加深與歐盟的整合，以及北海
石油開挖的財稅資源三個方面，來支撐他的獨立蘇格蘭論述。
薩蒙德的策略相當成功，心繫民生經濟的蘇格蘭人對於薩蒙德
的政黨支持率不斷增加，並成功在工黨爆發意識形態之爭的時
刻，把蘇格蘭民族黨送進1999年公投通過後新分立的蘇格蘭議
會並成為蘇格蘭的執政黨。

　　從最初羅馬帝國入侵不經意地「無中生有」、第二階段的
與不列顛認同相容、第三階段的蘇格蘭和英國整體聯繫的弱
化，到最後的歐盟支持者態度，可以看出蘇格蘭民族主義運動
的靈活多變特性。它不死守「政治獨立」、「民族自決」的教
條，而以實際的物質利益為最大的考量。英國、歐盟都是可以
討價還價的對象，只要它能確保蘇格蘭的經濟利益。那麼，如
何討價還價呢？以下就來看看不同階段的蘇格蘭民族主義團體
是如何地訴求以保障其預想的蘇格蘭利益。

參、政黨與蘇格蘭民族主義

　　自1853年蘇格蘭民族權利協會（National Association for
Vindication of Scottish Rights, NAVSR）成立開始，蘇格蘭的政
治民族運動歷經一百六十餘年，從最早的另立蘇格蘭事務部
（Scottish Office），而後要求自治，到最後的獨立公投，期間的目
標和領導組織一直變換。在政治活動當中，三大政黨——保守
黨、工黨、蘇格蘭民族黨各自對蘇格蘭民族主義運動的概念目

標有所建構。

一、保守黨：最早的蘇格蘭民族主義提出者

　　蘇格蘭民族權利協會是最早以「民族」為訴求的政治組織。但是，不同於同時代愛爾蘭的費尼安（Fenian）運動尋求脫英獨立、議會黨（Irish Parliamentary Party）的愛爾蘭自治，蘇格蘭民族權利協會要求的是倫敦中央對蘇格蘭事務的更多關注。「1707年聯盟精神」是該協會的中心思想，英格蘭和蘇格蘭被認為是聯合王國的平等組成成員國，因此協會堅持蘇格蘭應當受到同英格蘭的對等中央重視。為此，協會要求國會中的蘇格蘭選區席位應當增加、內閣應有蘇格蘭事務部長一職，且經常批判政府指涉英國時以「英格蘭」（England）為稱呼的表達方式，而堅持以「不列顛」（Britian）為國家的指涉。[13]不列顛，就協會來看，是蘊含英蘇兩國的共同體，同時也是聯盟平等精神的象徵展現。在組成分子上，協會的成員多為上層階級，如高層官員和資產家，當中身分最顯赫的是任愛爾蘭總督的艾靈頓伯爵（Earl of Eglinton）。在他的贊助下，舉行了各類蘇格蘭展覽和運動競技，意圖促進民眾對蘇格蘭民族文化的自覺。[14]上層階級為主的協會和保守黨十分親近，且是個菁英運動，關注的議題大都瑣碎而和民眾無直接關係，無法引起民眾共鳴。話雖如此，協會的行政分權訴求——以要求蘇格蘭事務部為開端——卻構成了蘇格蘭保守黨在自治議題上的主要論述。在

13　Bultmann, Tanja (2005). *Scottish Rights Vindicated: Identity and Nationalism in Mid-Nineteenth Century Scotland.* Bielefeld: U Bielefeld.
14　Ibid.

1885年，作為連同愛爾蘭自治一整套的英國體制改革，包括對蘇格蘭、威爾斯、愛爾蘭更多的權力下放，格拉斯東（William Gladstone）內閣設立了蘇格蘭事務部（Scottish Office）。

蘇格蘭的保守黨，一方面為英國保守黨在蘇格蘭的分支，另一方面也有自己的民族主義意識形態。從1707年開始發芽，在19世紀大英帝國鼎盛時一同強化的聯合民族主義，就由蘇格蘭保守黨承繼和代表。聯合民族主義所強調的，是對不列顛國家的認同，但同時也重視蘇格蘭民族的利益。因此在政策上，蘇格蘭保守黨堅持不列顛作為一個完整國家，同時也鼓吹對蘇格蘭的行政分權（但反對可能導致分離的立法分權），以更有效地照顧蘇格蘭利益。為了凸顯對不列顛的國家認同，以及聯合王國維持完整的堅持，蘇格蘭的保守黨在1912年至1965年間改名「聯合黨」（Unionist Party）。聯合黨的最大訴求，以及之所以改名的原因，是為了反對愛爾蘭的自治與獨立。蘇格蘭和北愛爾蘭之間的歷史關聯，發端於17世紀厄斯特（Ulster）移墾計畫帶來的蘇格蘭長老教會移民，[15]使兩者在血緣和宗教上密切相關。不希望愛爾蘭分離出去的願望，及擔心厄斯特「同胞」在愛爾蘭占多數天主教徒統治下的遭遇，當中還有長老教會的動員，讓蘇格蘭在20世紀初期成了保守黨的大票倉。[16]

二、工黨：自治運動

蘇格蘭自治運動的發生，有很大原因是愛爾蘭自治運動的

15　Michael Gaunt著，吳夢峰譯（1999），《不列顛內戰》，台北：麥田出版，頁45。

16　Jackson, Alvin (2011). "The Survival of the Scots Union, 1707-1997," in *The Two Unions*. Oxford: Oxford U. Press, p. 171.

外溢效應。蘇格蘭出身的首相格拉斯東在1886年就愛爾蘭民族
問題提出自治法案（Home Rule Bill），引起英國政壇的震撼，史
稱「自治危機」（Home Rule Crisis）。自治危機的發生，使「自
治」的議題在全英國發酵，蘇格蘭、威爾斯，甚至英格蘭都有
人主張要設獨立於倫敦國會的個別議會。[17]在設立個別議會的
要求表象之下，是為了資源的分配。愛爾蘭因為自治危機的關
係所獲得的中央預算資源挹注，也激起蘇格蘭方的類似要求。
在19世紀和20世紀之交，英國的階級問題越演越烈，促使工
黨（Labour Party）的成立，無產勞動階級的代表政黨出現。蘇
格蘭的重工業為主經濟結構，使得勞工為當地主要人口，階級
衝突更為明顯。同一時間，蘇格蘭高地因饑荒和土地問題，迫
使大量農民人口外流。[18]百病叢生的蘇格蘭，急需政府的有效
干預和資源給予。1886年蘇格蘭自治協會（Scottish Home Rule
Association）成立，成員為工黨和自由黨人。對自由黨來說，蘇
格蘭自治是一種維繫英國完整的政策方法；對工黨而言，自治
的意義在於贏得蘇格蘭勞工群眾支持；設立一個在愛丁堡的個
別議會，則是個處理蘇格蘭眾多經濟和社會危機的可能方法。[19]
不論成立自治協會的目的是什麼，自由黨和工黨都未有脫離不
列顛的意圖。

　　在二戰期間，格拉斯哥的工黨議員強森（Thomas Johnson）
被首相邱吉爾（Winston Churchill）任命蘇格蘭事務部長。強森的

17　Bigani, Eugenio, F. (2010). *British Democracy and Irish Nationalism*. Cambridge:
　　Cambridge U. Press.
18　Arthur Herman著，韓文正譯（2003），《蘇格蘭人如何發明現代世界》，台北：
　　時報出版，頁386。
19　Jackson (2011).

蘇格蘭事務部（Scottish Office），就像美國的羅斯福政府一樣，採行「大政府」政策，在產業、經濟、勞動等32個項目設立委員會，建構蘇格蘭全境的公共醫療服務，利用高地崎嶇地形所形成的充沛水力進行發電，其蘇格蘭政府的極大權力和對民生事務的關注，使他被稱為「仁慈的獨裁者」。[20]強森提議國會中的蘇格蘭選區議員先行在愛丁堡開會、提出和審議法案，而該議會所提出的法案在國會應當無條件通過，由此形成實質分權自治；同樣的措施也在行政部門上，由前任的蘇格蘭事務部長組成國務院（Council of State），成為自治政府的實質內閣。[21]強森的分權提案獲得聯合黨的艾略特（Walter Elliot）呼應，且被視為阻止蘇格蘭民族黨之分離運動的安全瓣，但在戰爭的緊張態勢底下，自治的提議被擱置一旁。[22]

三、蘇格蘭民族黨：自治與獨立

　　蘇格蘭民族黨成立於1934年，是尋求完全獨立的蘇格蘭國民黨（National Paty of Scotland）和只要求分權的蘇格蘭人黨（Scottish Party）的結合，意圖整合蘇格蘭的民族主義力量。雖然蘇格蘭民族黨的最初創黨人麥考密克（John MacComick）尋求議會分權而不尋求完全獨立，蘇格蘭民族黨仍在1942年的楊格（Dogulas Young）激進領導下轉向完全獨立訴求，且開始發起拒絕英軍義務的宣傳活動。楊格的作為並未引起民眾太大關注，且忽視實際上大眾對「不列顛」的高度國家認同；尤其

20 Cameron, Ewan A (2010). *Impaled Upon a Thistle Scotland since 1880*. Edinburgh: Edinburgh U. Press, p. 189.
21 Ibid.
22 Ibid.

在二戰的非常時期，不列顛認同是十分高漲的，數以萬計的蘇格蘭男子投入戰場，替不列顛「祖國」作戰，不列顛作為蘇格蘭人的國家是當時候無庸置疑的信念。在此同時，不認同蘇格蘭民族黨激進獨立路線的麥考密克脫離該黨，組織蘇格蘭盟約（Scottish Covenant），要求另外設立蘇格蘭議會的自治運動。該運動的盟約連署活動在1951年達到高潮，獲得兩百萬個簽名，[23]而蘇格蘭人口當時也才510萬。[24]擔憂自治運動最終會導致蘇格蘭脫英獨立的聯合黨人，為了反制麥考密克的另立議會要求，主動在國會提議行政分權，把大量的內政事務和部會從中央分權給蘇格蘭事務部。[25]工黨雖然在成立之初即把自治當成基本黨策，但身為英國的執政黨，它也十分擔心蘇格蘭盟約運動的暗藏分離傾向，因此採反對態度。[26]

戰後的英國「大政府」發起了公共住宅建設計畫，工黨和保守黨政府競相趕工建設住宅和福利津貼給勞工，由此贏得選民支持。[27]工黨的國有化政策，則把蘇格蘭的眾多重工業和煤礦設施變為國營事業，蘇格蘭勞工也因此成為「公務員」。[28]政府工作和福利的大量提供，讓選民成為保守黨（或說聯合黨）及工黨的支持者，壓縮蘇格蘭民族黨在蘇格蘭的生存空間。直到1970年代石油危機接連爆發，蘇格蘭的重工業經濟在戰後持

---

23 *BBC News* (1999.04.07), "Devolution's swings and roundabouts," http://news.bbc.co.uk/2/hi/events/scotland_99/the_scottish_parliament/306850.stm

24 "Population of Scotland," *A Vision of Britain Through Time*. http://www.visionofbritain.org.uk/unit/10107260/theme/POP.

25 Brian, Taylor (1998). "The History of Scottish Devolution," *BBC News*.

26 Cameron (2010), p. 268.

27 Cameron (2010), p. 268.

28 Ibid.

續衰退，失業率大升，而工黨和保守黨無力繼續「大政府」政策，才給予蘇格蘭民族黨出線的機會。再加上蘇格蘭民族黨的路線自我修正，不再堅持完全獨立的教條，回歸創黨之初的分權理念，改以溫和與務實理性的訴求吸引中間選民。蘇格蘭民族黨的路線修正和外在經濟環境的變化，使該黨在歷經多次未得一席的選舉失敗後，於 1967 年的漢米爾頓（Hamilton）選區補選中獲得一席，且在 1974 年的兩次國會大選各獲得蘇格蘭 71 席中的 7 席和 11 席。[29] 眼見蘇格蘭民族黨在選舉中勢如破竹，工黨擔心自己的蘇格蘭票倉會被分散出去，故改變先前的一度反對態度，改和蘇格蘭民族黨合作，提出蘇格蘭自治法案（Act of Scotland, 1978），但在公投門檻的阻擋下闖關失敗。[30] 而該公投門檻的設定，實在是因為工黨後座議員的集體反對分權之反撲。1979 年的蘇格蘭自治公投失敗，給工黨和蘇格蘭民族黨帶來慘痛的政治代價。柴契爾夫人的保守黨利用公投失敗契機，以多數黨席次外加蘇格蘭民族黨的支持，通過對格拉漢（James Callaghan）工黨少數政府的不信任案，導致國會的全面改選；長年的經濟蕭條及內鬥，讓工黨痛失執政權；錯估形勢的蘇格蘭民族黨也席次大幅滑落，僅剩兩席。[31] 該次選舉保守黨大獲全勝，長達 11 年的柴契爾夫人執政由此到來。

29　Cameron (2010), p. 291.

30　1979 年的蘇格蘭自治法案之公投，設定的門檻如下：法案的通過必須要有超過全蘇格蘭資格選民人口的 40% 自成票，不然就會被回絕。公投的結果雖然是贊成一方有 51.6% 的得票率，壓過反對方的 48.4%，但是出來投票的選民比率僅 64%，這讓贊成票的比率相對於整體有資格的選民人數是 32.9%，低於公投通過的門檻。請參閱 Brian, Taylor (2012). "Scottish Devolution," *BBC News*. http://www.bbc.co.uk/news/special/politics97/devolution/scotland/briefing/scotbrief1.shtml#1979.

31　Cameron (2010), pp. 317-9.

四、轉折：柴契爾夫人執政

柴契爾夫人推動的新自由主義經濟方針，對已大幅國有化的蘇格蘭工業經濟有極大衝擊。首先，柴契爾夫人的私有化政策，迫使許多工廠和礦場裁員或關閉，讓蘇格蘭的失業問題雪上加霜。人頭稅（Poll Tax）則引起全英國的群眾運動，工黨所控制的地方政府和中央爭執，大倫敦議會和其餘六個都會議會被國會撤除。[32] 最嚴重的一點，是 1980 年代的兩次國會選舉中，保守黨政府失去蘇格蘭的大多數席位，[33] 削弱它在蘇格蘭統治的正當性。保守黨在蘇格蘭統治正當性的減弱，給予蘇格蘭民族黨和工黨復興的契機。藉著批評柴契爾夫人「反蘇格蘭」，細數她所推行的多項強硬、不受歡迎政策，諸如私有化、福利砍除、人頭稅，蘇格蘭民族黨和工黨重獲選民支持。工黨更和自由民主黨、長老教會、天主教會、工會，以及各類社會利益團體合作，推出蘇格蘭憲政盟約（Scottish Constitutional Convention），起草未來的蘇格蘭議會藍圖。[34]

因為柴契爾夫人的強勢作風，保守黨內部開始分裂。她任內的 15% 高利率減損了資產和商業人士的支持、人頭稅的全國反對、因強硬作風而日益激化的北愛爾蘭騷亂、是否加入歐元區，在在撕裂黨內同志。終於在 1990 年，柴契爾夫人遭到自己閣員的「政變」，黯然下台。柴契爾夫人的執政，是蘇格蘭民族黨和工黨所以能獲得蘇格蘭高支持度的原因之一。也因為柴契爾夫人的強硬和高度爭議，蘇格蘭的政治民族運動才能在

32　Cameron (2010), p. 331.

33　Ibid.

34　Cameron (2010), p. 332.

1979年自治公投失敗後還有一息尚存。

五、結果：蘇格蘭議會成立

柴契爾夫人的人頭稅政策，激起全英國的不滿，福克蘭群島戰爭帶來的愛國激情也因此消耗許多。但是，隨著她的下台，工黨和蘇格蘭民族黨都得改變策略來尋求蘇格蘭民眾的支持。這時，柴契爾夫人的疑歐立場給了答案。當保守黨因為是否要進一步歐洲整合而弄得烏煙瘴氣、嚴重分裂，新一代的蘇格蘭民族黨領袖，取代舊有的孤立和不結盟立場，擁抱「歐盟的蘇格蘭」概念，支持進一步的歐洲整合。同樣改變的還有工黨。愛丁堡出身的布萊爾（Tony Blair）較保守黨更傾向和歐盟合作，他同時取消柴契爾夫人的正面對抗政策，改以談判和解來解決北愛衝突，以公投處理蘇格蘭和威爾斯自治議題。

布萊爾的改革替工黨贏得國會的絕對多數和執政權，他繼續1970年代以來的和蘇格蘭民族黨合作路線，齊推蘇格蘭自治法案的公投。不同於1979年工黨少數政府的孤注一擲，布萊爾深具領袖魅力，而他帶領的工黨政府是國會絕對多數，享有全英國的極高民意基礎。[35]工黨、自由黨、蘇格蘭民族黨組織的贊成派聯盟，以絕對多數的政治動員讓公投通過，分立蘇格蘭議會。工黨的算盤是，藉著分立議會把獨立的聲浪壓下去。

工黨所推動的自治法案公投，對於蘇格蘭民族黨，則是第二度的完全獨立和自治路線之爭。領袖薩蒙德的務實派，不再強力堅持獨立路線，且在社會和經濟政策越來越接近工黨的社會民主主義，支持廣泛的社會福利和勞工照顧。藉著不再堅

---

35 Cameron (2010), p. 349.

持獨立和社會民主主義，薩蒙德領導的蘇格蘭民族黨擺脫先前
領導人激進右派，甚至法西斯的路線。[36] 薩蒙德的計畫奏效，
藉著蘇格蘭議會的成立，蘇格蘭民族黨有了專門的蘇格蘭政治
舞台，而不再需要在倫敦國會和英格蘭的議員論爭。更重要的
是，蘇格蘭民族黨的更加左傾，使之能吸收工黨的選票。當布
萊爾因2003年的伊拉克戰爭導致工黨分裂，背離蘇格蘭的反戰
民意，蘇格蘭民族黨在2007年的蘇格蘭議會選舉得以接收許多
工黨支持者。2008年的全球金融危機，以及之後的中央財政緊
縮政策，讓蘇格蘭民族黨再度得到許多選票，於2011年的蘇格
蘭議會選舉獲得最大黨地位，取代原先執政的工黨。

　　取代工黨的「蘇格蘭代表政黨」地位，對於蘇格蘭民族
黨是至關重要，這意味它具有蘇格蘭多數民意的正當性，能以
「蘇格蘭」的利益代表身分和保守黨的中央談判，達成愛丁堡協
議（Edinburgh Agreemen, 2012）和之後的獨立公投舉行。到了現
在（2016），掌握蘇格蘭議會多數的蘇格蘭民族黨，則能憑藉民
意正當性和保守黨談判進一步的分權。

肆、聯合和分離民族主義之爭

　　1707年英蘇合併後所建構的當代英國政體制度，給予蘇格
蘭全然不同於其他少數民族的統治經驗。當愛爾蘭的舊教徒還
在為進入政府工作而抗爭，或是殖民地的菁英還在為了取得當
地政府職位而拚命，蘇格蘭人卻在無任何實質阻礙的情況下，

36　Andrew Black (2012.02.11)，"Scottish National Party Profile," *BBC News*. http://www.bbc.com/news/uk-scotland-13315752.

得以直通中央和地方，成為英國各處的執政當局、企業家等上層階級。據統計，從1868年開始一直到1935年，英國共歷經十一個首相，當中就有八個是生於或家族來自蘇格蘭。[37]

　　蘇格蘭人得以共享英國統治和經濟的特殊經歷，促成了聯合民族主義的生成。蘇格蘭的民眾對於英國的國家認同，使得他們並無強烈仇英情緒；合併以來的實質自治，包括司法、教育、宗教、地方層級，則幫助維持了他們不同於英格蘭人的民族身分認同。國家認同不列顛、民族認同蘇格蘭，這種雙重認同的意識形態，讓蘇格蘭人不會太拘泥於「蘇格蘭人國家」，而是哪個主張最能務實地保護他們的經濟利益。也因為經濟議題占有蘇格蘭人政治選擇的主要考量，保守黨、工黨和蘇格蘭民族黨都曾為不同時期蘇格蘭的主要政黨，符合當時候蘇格蘭選民的利益認知。在1955年以前，和北愛爾蘭的強烈共同長老教會信仰，讓蘇格蘭的選民大舉投票支持保守黨（聯合黨）。1955年以後，宗教的認同因社會世俗化而衰退，一同消退的是對北愛事務的關注和反天主教情緒，選民改而更關注物質生活，工黨的「福利國家」政策因此贏得選民支持。1960年代末期開始，重工業的蕭條和兩大黨的無能為力，讓選民考慮投給蘇格蘭民族黨。1980年代的柴契爾主義（Thatcherism）惡化蘇格蘭的失業和蕭條情況，選民便把票投給工黨和蘇格蘭民族黨。

　　蘇格蘭選民的政黨支持，不一定相關他們的民族身分認同。蘇格蘭人支持自治，但沒有自治也並非大問題——因為很多事務本來就在蘇格蘭人手中管理。即便在1999年蘇格蘭議會

37　Jackson, Alvin (2011)，p. 140.

成立以前，並無正式而獨一的蘇格蘭自治政府存在，但19世紀
負責社會救濟、教育的長老教會與負責城鎮事務的地方仕紳組
織，以及20世紀以來的蘇格蘭事務部，都是蘇格蘭人管理蘇
格蘭。因此，愛爾蘭和殖民地那種「沒有自己國家」的悲情訴
求、被「外族欺壓」的民族悲劇，從來都不是蘇格蘭政治的主
旋律，因為這樣的訴求和事實不符。對蘇格蘭民眾來說，「蘇
格蘭人」的民族身分是始終不變的，他們在選舉中所關注的還
是誰能保護他們的物質權利，包括工作、薪資、待遇、資源再
分配（以稅和福利的形式）等民生事務。

　　這讓蘇格蘭的政治局勢呈現一個三黨對抗局勢。保守黨、
工黨、蘇格蘭民族黨都有一定的民意基礎，而這些基礎的穩定
性和蘇格蘭選民對經濟政策的展望息息相關。現階段蘇格蘭民
族黨雖然獲得蘇格蘭多數民意，幾乎取得所有蘇格蘭在倫敦國
會的選區議席，且為蘇格蘭議會最大黨，有幾件事仍要注意。
第一，蘇格蘭選民對蘇格蘭民族黨的支持和支持獨立是兩碼子
事，彼此之間的人數分歧很大，這可從蘇格蘭獨立公投和國會
選舉的投票支持率差別看出。第二，對於工黨和保守黨的支持
仍然存在，兩黨在國會的蘇格蘭選區席次仍各有一席，在蘇格
蘭議會仍各以37席（工黨）和15席（保守黨）分居第二和第
三大黨。[38] 第三，蘇格蘭，同英國其他地方—— 英格蘭、威爾
斯，甚至北愛爾蘭—— 有著長久的代議式民主施行，選民的獨
立性遠較其他非西方國家的分離運動地區要高，不易以民族情
感為唯一或主要投票標的。

38　*BBC News* (2016.03.11), "Scotland Elections," http://www.bbc.co.uk/news/special/election2011/overview/html/scotland.stm.

　　因此蘇格蘭民族黨所獲得的選票支持，不是因為選民有多想要獨立，而主要是因為蘇格蘭民族黨承諾的反手撙節立場、勞工照顧等社會主義方針，吸引了原先支持工黨的勞工階級選票。與之相對，保守黨的堅持維持聯盟現狀立場，加以反對加稅、放鬆勞工法規的企業友善政見，也讓它憑藉資產階級的支持，而在獨立公投後反倒有民調的上升。[39] 工黨則進退失據，原先幫助它在 1997 年大選橫掃選票的「第三條路」（Third Way）——放棄福利國家、改而擁抱全球化的資本市場——反倒導致它在貧富差距日益擴大的 21 世紀接連敗選。然而，新上任的工黨黨魁柯賓（Jeremy Corbyn）回歸社會主義的基本路線，承諾教育免費、富人稅、反撙節，以及早期「大政府」的介入性產業政策。[40] 柯賓擔任黨魁，據民調，會讓 1/3 的蘇格蘭民族黨支持者改投票支持更為左傾的工黨。[41]

伍、不列顛的蘇格蘭，蘇格蘭的不列顛

　　相對於北愛爾蘭被形容是英國的「雞肋」，[42] 蘇格蘭的實質和象徵意義是英國不願也無法放手的。在象徵意義上，蘇格蘭是「大不列顛王國」的組成部分，當代英國的誕生就是 1707 年英格蘭和蘇格蘭合併的產物。[43] 若是蘇格蘭脫離英國，「不列

---

39 Chris Green (2016.02.11), "Conservatives Closing Gap on Labour in Race to be Official Scottish Opposition," *Independent*.

40 Michael Wilkinson (2015.09.24), "What does Jeremy Corbyn Stand for?" *The Telegraph*.

41 Andrew Grice and Oliver Wright (2015.09.15). "Third of SNP Voters More Likely to Back Corbyn-led Labour-Poll," *The Guardian*.

42 吳學燕（1995），〈北愛爾蘭民族主義運動問題〉，〈族群問題與族群關係〉，台北：幼獅文化，頁 131。

43 歷史學者 Linda Colley 把 1707 年英蘇合併作為不列顛國家和身分認同的開端。

顛」（Britain）將正式從國際政治舞台退下，歸入和蘇維埃、南
斯拉夫同樣的歷史塵埃。換言之，蘇格蘭的獨立建國，將是當
代英國的重大轉折，與之相關的國際體系，包括大英國協、歐
盟、北約，以及聯合國等，都會受到極大影響。蘇格蘭脫英獨
立，誰會接任不列顛的聯合國安理會常任理事國席位、歐盟和
北約等國際組織的成員資格和義務，英國核武由哪一方持有，
都是蘇格蘭獨立後的棘手國際議題。增添複雜的，是大量在英
格蘭和蘇格蘭兩邊工作和生活的人們，他們的國籍身分及相關
的權利義務也是一大難題。

　　不僅如此，有鑑於英蘇合併成為不列顛已有300年之久，經
濟市場早已合一。因為獨立而斷然切開，或改用不同貨幣，都
會震盪英格蘭和蘇格蘭雙方的經濟。即便像薩蒙德提議的，蘇
格蘭沿用英鎊，則貨幣自主權也有疑義，因為英格蘭皇家銀行
已明確表達無此意願。[44]更大的問題還有北海石油，石油的稅收
和開採牌照，英格蘭和蘇格蘭要如何分配、如何負責。且有鑑於
石油價格的波動不定，近年石油價格大跌，蘇格蘭民族黨所倡議
的依賴北海石油作為政府財源之計畫，可行性也是一大問號。[45]

　　回歸到蘇格蘭民意，不列顛意識仍然存在，即便有些衰微
的趨勢。就像獨立公投所顯現的，蘇格蘭人尚未確定要接受獨
立後的不肯定未來。而這種不確定，也在部分蘇格蘭民族黨人

請參閱Colley, Linda (1992). *Britians: Forging the Nation 1707-1837*. New Haven: Yale U. Press.

44　Johnson, Simon (2014.08.20), "English rejct Alex Salmond's Plan to share the Pound," *Telegraph*.

45　*Petro Industry News* (2016.02.11), "Are North Sea Oil Fields Set to Slump?" http://www.petro-online.com/news/fuel-for-thought/13/breaking_news/are_north_sea_oil_fields_set_to_slump/37753/.

的心上。2015年選舉後成為英國第三大黨的蘇格蘭民族黨，除
了追求更多分權外，是否會利用國會來推進它在英國，從而國
際上的影響力，也未可知。事實上，不論是哪一個政黨代表蘇
格蘭選區，都很難說它會願意放手不去過問英格蘭事務。蘇格
蘭民族黨的國會議員就強烈反對英格蘭議員的要求——英格蘭
內政只能由英格蘭議員立法和表決——且威脅若該提議通過，
不惜讓英國不再有蘇格蘭出來的首相。[46]

　　作為當代英國的共同父母之一，蘇格蘭和英國的政治、
經濟、文化已有高度的相連。確實，一些文化符號——不論是
本來即有，還是後人創造——已經和蘇格蘭的民族印象緊密相
連，例如：格紋、男性短裙、風笛等等。蘇格蘭的法律至今仍
是與英格蘭普通法不同的大陸法。1998年以後，蘇格蘭更有了
自己的分立議會和政府。但是在國會上，蘇格蘭的議員可就英
格蘭的內政事務發表意見，上上一任的英國首相布朗（Gordon
Brown）也是蘇格蘭人。經濟上，蘇格蘭使用英鎊已達300年之
久，來往英格蘭和蘇格蘭工作的人又有多少。在大眾文化中，
蘇格蘭更成了英國形象。哈利波特、007的詹姆士・龐德、福爾
摩斯，每個廣為人知的英國文化符號，或多或少都有蘇格蘭的
影子存在。J・K・羅琳所創造的霍格華茲城堡就設定在蘇格蘭
高地，她本人住在蘇格蘭，而且是蘇格蘭公民。[47]龐德的腳色設
定本來就是蘇格蘭人，福爾摩斯的作者柯南・道爾是愛爾蘭裔

46 Ned Simons (2015.10.22), "SNP's Pete Wishart Says There Will Never Again Be A
　Scottish UK Prime Minister," *The Huffington Post UK*. http://www.huffingtonpost.
　co.uk/2015/10/22/snp-says-there-will-never-again-be-a-scottish-uk-prime-minister_
　n_8356636.html.
47 Fraser, L. (2000). *A Interview with J.K. Rowling*. London: Mammoth.

蘇格蘭人，他以愛丁堡大學求學時的老師為範本創造出這位名偵探。[48]

　　這些長達好幾個世紀的經濟、政治、文化聯繫，要如何處理，都得要有相關配套和獨立部門。而且，更重要的，蘇格蘭的獨立會凸顯一個問題：何謂「英國」？它是「不列顛」、「英格蘭」，還是「英格蘭和威爾斯」？蘇格蘭獨立後，威爾斯會跟進嗎？曾經叱吒風雲的英國會剩下什麼，而它又是哪個民族的國家？這樣的不確定性有著高度假設性存在，只有在蘇格蘭正式獨立後，才會慢慢知曉。而今，蘇格蘭確定仍在英國體制內，這提出了另一個問題：蘇格蘭在英國的定位究竟為何？

　　自從2014年的蘇格蘭獨立公投以後，蘇格蘭在英國的定位問題再次成為倫敦和愛丁堡政壇之焦點。蘇格蘭民族黨意圖把蘇格蘭帶往跟英國中央平等的位置，握有相當的權力，以為可能的分離獨立鋪路；保守黨和工黨，站在保持英國完整的立場，希望仍維持中央權力高於蘇格蘭的現況。為了解決蘇格蘭的定位問題：蘇格蘭是和英國中央平起平坐的聯合王國組成單元？抑或英國中央轄下的一個自治地方？英國政府成立史密斯委員會（the Smith Commission），委員會的成員為蘇格蘭議會各個列席政黨的兩名代表，參與的政黨包括保守黨、工黨、蘇格蘭民族黨、綠黨、自由民主黨共五黨，並在2014年年底發表建議報告。[49]史密斯委員會的任務，是藉著解決英國和蘇格蘭兩方政府的權限劃分，來一勞永逸地解決蘇格蘭的憲政地位問題。

48　Arthur Herman 著，韓文正譯（2003），頁 386、389。
49　*BBC News* (2014.10.22)，"Smith Commission: Party Representatives Hold Constructive First Meeting," http://www.bbc.com/news/uk-scotland-scotland-politics-29712514.

史密斯委員會的報告有五大分權建議：其一，賦予蘇格蘭政府的完全所得稅自主權，使愛丁堡能自主決定所得稅稅率，不再受限於1997年以來的3%的稅率調整限制，同時也能保留全部所得稅稅款；其二，降低蘇格蘭選民投票年齡門檻，16歲即有投票權；其三，蘇格蘭議會在被放權的領域能自主設立新的福利項目，且有權決定支付的款項；其四，涉及老人、殘障人士、護理人員和病患的福利項目，蘇格蘭議會有決策權；其五，在BBC的皇家特許評估過程中，蘇格蘭的政府和議會應當有正式協商角色。[50]

　　史密斯委員會的報告，恢復了蘇格蘭在社會事務的部分自主，該項權力在1950年代的「大政府」時代為中央主導。然而，史密斯委員會在一些關鍵議題，仍不讓步。在北海石油的管理、開採許可，以及收益分配上，權限仍保留在倫敦的中央。在社會和財稅事務，倫敦也未完全放手。蘇格蘭民族黨代表，同時也是蘇格蘭副首席部長史溫尼（John Swinney）就抱怨，蘇格蘭只得到設定不到30%的稅務權力，能控制的福利開支也只有20%，倫敦仍控制蘇格蘭的財政。[51]

　　蘇格蘭的民族主義，可以說是對英國民族定位和政治制度的挑戰。英國的政治體制是一連串歷史發展的累積結果，當中並無完整的體制規畫。這種「且戰且走」的體制演變，讓英國變成一個介於聯邦分權和單一國集權之間的混合體。中央的國會和政府，究其制度本質，是當初英格蘭的擴充；但在擴張的

50　BBC中文網（2014.11.27），〈史密斯委員會提出蘇格蘭分權五大建議〉。http://www.bbc.com/ukchina/trad/uk_life/2014/11/141127_life_scot_parliament.

51　傅莞淇（2014.11.28），〈英國權力大幅下放 蘇格蘭仍不滿意〉，超越新聞網。http://beyondnewsnet.com/20141128-uk-substantial-devolution-of-power-in-scotland/.

同時，蘇格蘭人大量位居要津，成為國家的主幹及領導者，政治和經濟地位與英格蘭平起平坐，英國也變成蘇格蘭人所共有的國家。蘇格蘭在英國半是分開自主、半是和英格蘭與威爾斯統一的體制下，發展出了聯合民族主義。忠於不列顛，反倒成了蘇格蘭民族主義的另一種表現方式。

　　然而，蘇格蘭和英格蘭的人數差距，以及在1960年代末期以來益加分歧的意識形態和投票傾向，讓聯合王國的統一越來越難維持。蘇格蘭的選民不能接受英格蘭人選出的右派保守黨中央，而想維持社會民主主義；英格蘭的選民也在蘇格蘭有自己議會後，不願蘇格蘭人就自己的內政指手畫腳。蘇格蘭民族黨更以分離為籌碼，意圖影響中央的決策。

　　此外，政治人物也分裂。保守黨，作為英國中央執政的政黨，不願給予蘇格蘭過多的自主權，希望維持蘇格蘭和英格蘭仍有高度統一中央的體制，以免國會在蘇格蘭的治權被架空。工黨，同樣尋求英國執政權，但作為極度仰賴蘇格蘭人支持的政黨，它願意更多的立法和行政分權，以此平息蘇格蘭分離主義。蘇格蘭民族黨則持續施壓中央分權，將之視為邁向獨立的階段。蘇格蘭的民族運動，就在多方的拉力和推力中，跟跟蹌蹌地來到自治和分權。對於倫敦的國會，隨著蘇格蘭議會和政府的成立，以及更多的分權，它的更大問題是，它是誰的議會？英格蘭的議會在1707年以後即告消失，和蘇格蘭共組不列顛國會。如今蘇格蘭有自己分立的議會和政府，英格蘭也開始有了要有自己獨立議會的呼聲。[52] 英國再度面臨制度轉型的機

---

52 *BBC News* (2014.11.05), "Support for English Devolution." http://www.bbc.com/news/uk-england-29880995.

遇，同時它也將再次定義蘇格蘭、英格蘭、威爾斯及北愛爾蘭
之間的聯合關係，它們之間是否已經越來越朝分立政治單元所
組成的聯邦前進。

參考文獻

Arthur Herman 著，韓文正譯（2003），《蘇格蘭人如何發明現代世
　　界》，台北：時報出版。
Eric Hobsbawn 著，李金梅譯（1997），《民族與民族主義》，台北：
　　麥田出版。
Michael Gaunt 著，吳夢峰譯（1999），《不列顛內戰》，台北：麥田
　　出版。
吳學燕（1995），〈北愛爾蘭民族主義運動問題〉，《族群問題與
　　族群關係》，台北：幼獅文化。
傅莞淇，〈英國權力大幅下放 蘇格蘭仍不滿意〉，超越新聞網，
　　2014年11月28日，http://beyondnewsnet.com/20141128-uk-substantial-
　　devolution-of-power-in-scotland。
BBC中文網，〈史密斯委員會提出蘇格蘭分權五大建議〉，2014年
　　11月27日，http://www.bbc.com/ukchina/trad/uk_life/2014/11/141127_
　　life_scot_parliament。
A Vision of Britain Through Time. "*Population of Scotland.*" <http://www.
　　visionofbritain.org.uk/unit/10107260/theme/POP>
Bultmann, Tanja (2005). *Scottish Rights Vindicated: Identity and Nationalism
　　in Mid-Nineteenth Century Scotland.* Bielefeld: U Bielefeld.
BBC News, Election (2015). < http://www.bbc.com/news/election/2015>
——"Devolution's Swings and Roundabouts." <http://news.bbc.co.uk/2/hi/

events/scotland_99/the_scottish_parliament/306850.stm> (1999.04.07)

——Scotland Elections. <http://www.bbc.co.uk/news/special/election2011/overview/html/scotland.stm> (2016.03.11)

——"Smith Commission: Party Representatives Hold Constructive First Meeting." <http://www.bbc.com/news/uk-scotland-scotland-politics-29712514> (2014.10.22)

——"Support for English Devolution." <http://www.bbc.com/news/uk-england-29880995> (2014.11.05)

Black, Andrew "Scottish National Party Profile," *BBC News.* <http://www.bbc.com/news/uk-scotland-13315752> (2012.02.11)

Brian, Taylor (2012). "Scottish Devolution." *BBC News.* <http://www.bbc.co.uk/news/special/politics97/devolution/scotland/briefing/scotbrief shtml#1979>

——"The History of Scottish Devolution." *BBC News.* (1998)

Cameron, Ewan, A. (2010). *Impaled Upon a Thistle Scotland since 1880.* Edinburgh: Edinburgh U. Press.

Colley, Linda (1992). *Britians: Forging the Nation 1707-1837.* New Haven: Yale U. Press.

Devine, T.M. (2000). *The Scottish Nation, 1700-2000.* London: Penguin.

Fraser, L. (2000). *A Interview with J.K. Rowling.* London: Mammoth.

GOV. UK (2015). *Scottish Independence Referendum.* <https://www.gov.uk/government/topical-events/scottish-independence-referendum/about> (2015.12.28)

Green, Chris "Conservatives Closing Gap on Labour in Race to be Official Scottish Opposition," *Independent* . (2016.02.11)

Grice, Andrew and Oliver Wright "Third of SNP Voters More Likely to Back Corbyn-led Labour-Poll" *The Guardian* . (2015.09.15)

McNeil, Kenneth (2007). "Not Absolutely a Native nor Entirely a Dtranger," in *Scotland, Britain, Empire: Writing the Highlands 1760-1860.* Columbus: Ohio State U.

Morton, Graeme (1999). *Unionist Nationalism: Governing Urban Scotland, 1830-60*. London: Tuckwell Press Ltd.

Nairn, Tom (1977). *The Break-up of Britain: Crisis and Neo-nationalism*. London: NBL.

Smith, Anthony, D. (2009). *Ethno-Symbolism and Nationalism: A Cultural Approach*. London: Routledge.

Johnson, Simon "English rejct Alex Salmond's Plan to share the Pound," *Telegraph*. (2014.08.20)

Simons, Ned "SNP's Pete Wishart Says There Will Never Again Be A Scottish UK Prime Minister," *The Hufftington Post UK*. <http://www. huffingtonpost.co.uk/2015/10/22/snp-says-there-will-never-again-be-a-scottish-uk-prime-minister_n_8356636.html> (2015.10.22)

Petro Industry News "Are North Sea Oil Fields Set to Slump?" <http://www. petro-online.com/news/fuel-for-thought/13/breaking_news/are_north_ sea_oil_fields_set_to_slump/37753/> (2016.02.11)

Wilkinson, Michael "What does Jeremy Corbyn Stand for?" *The Telegraph*. (2015.09.24)

法國新喀里多尼亞和科西嘉
的分離運動

閔宇經[*]

壹、前言

　　法國領土可概分為法國本土和海外領土。法國本土在2014年
經投票後由21個大區（région），合併為13個大區，以及科西嘉
地方行政區（la collectivitéterritoriale de Corse），其地位較為特殊，
跟一個大區相當，但擁有更多權力。96個省（département）。省
是比大區低一級別的行政區域，每個大區包括數個省。在海外
領土中具有特殊地位的有新喀里多尼亞和法屬南極領土。

　　同樣為海外被殖民島嶼，觀光產業興盛，同樣約為27萬
人左右，同樣在歷史上進行過各種流血抗爭，法國政府也逐步
賦予更多的自治權力，無獨有偶的是，法國對科西嘉和新喀里
多尼亞先後都曾分割劃分新的行政區域，科西嘉在1976年被劃
分為二個省：北部的上科西嘉省和南部的南科西嘉省；1988年
新喀里多尼亞被劃分為三個省：南方省、北方省、洛亞蒂群島
省。表面上是下放更多的自治權利，其實也是藉機分化當地政

* 健行科技大學通識教育中心副教授，健行科技大學歐亞研究中心兼任研究員，
　國立臺灣師範大學三民主義研究所博士。

治勢力。

　　但科西嘉和新喀里多尼亞的現在命運或許有些不同。儘管科西嘉的流血暴力抗爭比新喀里多尼亞更為激烈，但法國政府不願意讓科西嘉獨立出去，或許就連科西嘉人自己也認為不是不能獨立，而是不願意獨立；新喀里多尼亞則是獲得聯合國的支持，法國政府對其獨立是採取更寬容的態度，甚且在第五共和憲法第76、77條予以憲法位階的保障，在2018年即將到來的公投，將決定新喀里多尼亞的去留。

　　科西嘉島上資源匱乏、工商業不夠先進、稅收不足，最主要的收入靠的是旅遊業所得。島上的人均生產總值比法國全國平均數低30%，就業人口中有1/4是國家公務員。自1786年成為法國領土以來，法國每年撥給科西嘉的財政補助達1百多億法郎。而法國社會各界對科西嘉的問題也看法不同，有些人認為科西嘉島的財政是法國的一大負擔，不如撒手不管，隨它獨立。但更多人不願看到法國領土分離出去，民意調查表明有80%的科島居民、60%的法國本土居民希望科島繼續留在法國。[1]

　　新喀里多尼亞的經濟是所有海外領土中表現最佳的，能善用澳洲和紐西蘭的支持，利用時勢和法國政府周旋，取得聯合國的支持，先後簽訂了馬提翁協議和努美阿協議，維持2018年公投前的特有地位，然而新喀里多尼亞島內民族複雜，卡納克獨派勢力未能取得獨立的絕對多數。

1　法國國際廣播電台，〈律師被殺──法國政府要徹底治理科西嘉〉，2012.10.18，http://cn.rfi.fr/%E6%94%BF%E6%B2%BB/20121018-%E5%BE%8B%E5%B8%88%E8%A2%AB%E6%9D%80-%E6%B3%95%E5%9B%BD%E6%94%BF%E5%BA%9C%E8%A6%81%E5%BD%BB%E5%BA%95%E6%B2%BB%E7%90%86%E7%A7%91%E8%A5%BF%E5%98%89（檢索日期：2016.10.30）。

貳、新喀里多尼亞的分離運動

一、新喀里多尼亞簡介

　　法國的新喀里多尼亞（英語：New Caledonia；法語：Nouvelle-Calédonie），位於大洋洲南回歸線附近，距離澳大利亞昆士蘭東岸約 1,500 公里之遙，由新喀里多尼亞島、洛亞蒂群島、無人居住的賈斯特菲爾德群島所組成，面積約 18,575 平方公里，主要島嶼新喀里多尼亞島（又稱大陸地島）全島狹長，中央山脈將島分為東西兩部分，可耕地稀少（1999 年約為全國土地的 0.7%），為法國的海外屬國之一，首府為努美阿（Noumea，亦為主要港口）；2016 年估計約有 27 萬人口，其中約有 44% 是卡納克人（Kanak），該島鎳礦儲量居世界第一位，約占世界儲量的 25%，1999 年鎳的出口收入占全部出口收入的 89.3%。

　　西元前 1000 年，據信南島語族人（巴布亞和波里尼西亞群島）來到新喀里多尼亞，時為新石器時代文化的佼佼者，以陶器聞名。而迄今在新喀里多尼亞所發現最早的居民是三千多年前來自台灣，後來遷徙至菲律賓一帶的南島文化居民（吳志中，2010：163）。新喀里多尼亞於 1774 年由英國庫克（James Cook）船長發現，[2] 1853 年成為法國殖民地。從 20 世紀 60 年代以來，卡納克人為爭取民族解放和國家獨立，多次與法國殖民地當局發生流血衝突，後來在法國左翼政府調停下，新喀里多尼亞先後與法國政府簽訂兩協議，逐步取得自治權，為最終政治

2　由於庫克船長發現該島很像英國蘇格蘭島的家鄉，因此仿照羅馬人對蘇格蘭的稱呼（喀里多尼亞），將這個島嶼命名為新喀里多尼亞，沿用至今。

解決其獨立問題奠定了法律基礎（耿慶軍、高原，2014：86）。

二、新喀里多尼亞民族運動的起源和促因

　　新喀里多尼亞在行政上是「共和國的海外屬國」，享有相當大的自主權。同屬於海外領地的波里尼西亞（法語：Polynésiefrançaise，英語：French Polynesia）先於 1999 年在《關於法屬波里尼西亞法律地位的憲法法案》中被確認為海外屬國，而新喀里多尼亞則是在 2003 年通過的《2003-276 號憲法法案》，被確認為海外屬國，擁有高度的自治性（王助，2009：35）。新喀里多尼亞的法律自治權目前也是所有海外領土中最大的，擁有超過海外省和海外領地更多的自治權。

　　法國當初在新喀里多尼亞的殖民目標是為了直接引入歐洲移民，毫不猶豫地削弱當地卡納克人的文化，把當地建設為一個法國移民的可居地，一個海外的新領地，因此取得當地土地並將之轉化為具有經濟效益的殖民地（林開世，2004：55-57）。近代歷史上造成新喀里多尼亞民族自決運動的主要因素，是土地被剝奪致使淪為少數民族。略述如後：

（一）土地被剝奪

　　成為法國的殖民地以前，新喀里多尼亞一直是由單一民族的卡納克人所組成，1853 年開始法軍逐步占領各個島嶼，當時拿破崙三世為擴大殖民控制、增進土地利用、減少卡納克人的人口比例，一方面仿照法屬圭亞那的方法，於 1864 年在新喀里多尼亞建立罪犯流放地。據統計，在 1852 年到 1938 年間，被流放至圭亞那和新喀里多尼亞的政治犯、普通犯、苦役犯約有 10

萬人。[3]

　　另一方面實施「保留地」政策，大量鼓勵外地移民。在新喀里多尼亞北部劃定一片貧瘠狹小的土地，作為卡納克人的保留地，騰出大量土地用於採礦、發展畜牧業和分配給歐洲移民。新喀里多尼亞的可耕地本來就有限，約為全面積的0.5-0.7%左右，有限的保留地根本無法維持卡納克人的生計，加上歐洲人帶來的疾病，許多卡納克人在惡劣的環境下死亡，人口規模不斷減少，這項政策到1900年才被廢除。

　　1887年法國政府通過適用所有殖民地的《土著人地位法》，把殖民分為來自法國本土的「法國公民」，和非洲黑人、阿爾及利亞人、美拉尼西亞人等的「法國臣民（法國人）」（王助，2001：13）。法國臣民被剝奪政治權利和大部分的人身自由，只能從事苦役勞動，並被禁止夜間出行，直到1946年該法才被廢除。

　　總計到了20世紀早期，法國政府總共控制2/3的土地，另外的1/4被出售或贈與白人移民，僅僅1/10貧瘠的丘陵地區保留給卡納克人，而且他們被集中到105個村莊集中居住，隨著稅負的加重，許多卡納克人被迫為殖民者工作，傳統生活方式被破壞，卡納克人從1878年的6萬人下降至1887年的4.25萬人和1926年的2.7萬人（耿慶軍、高原，2014：87）。

（二）淪為少數族群

　　19世紀末隨著鎳礦的發現，法國政府更有組織地從世界各

3　自1864年5月第一批罪犯到19世紀末的30多年時間裡，共有4萬多名罪犯被流放到這裡，人數相當於卡納克人的一半（耿慶軍、高原，2014：87）。

地招募移民和契約工，移民包括法國本土人、法國從 1960 年代從阿爾及利亞等前殖民地撤離的法籍人士、瓦利斯群島和富圖納群島人、瓦努阿圖人、塔希提島人、安的斯群島人、留尼旺島人等等；這些契約工主要來自瓦努阿圖、越南、印尼、中國、日本……等等（Campbell, 2009: 163-164）。

　　根據新喀里多尼亞統計局的資料，當中太平洋美拉尼西亞的卡納克人約為 44.1%，歐洲人的後裔約為 34.1%，波里尼西亞約為 9%，此外尚有來自印尼、越南以及華人的少數民族（吳志中，2010：168）。[4] 其結果使得新喀里多尼亞成為不折不扣的多元民族地區，沖淡了卡納克人在人數上的優勢主體性，甚至成為政治、經濟和社會生活的邊緣人。

　　影響最為深遠的是，各族群都擁有相當程度平衡的地緣政治分布，使得卡納克人希望新喀里多尼亞獨立的強烈政治立場一直無法順利取得多數人同意。例如，最大島——大陸地島（新喀里多尼亞島）的人口約為全部的 90%，可分為南、北兩大部分。北部卡納克人占 78%，多於歐洲裔的 16%；南部歐洲裔占44.3%，多於卡納克人的 25.7%。但北部地區的人口僅占總人口的 20%，南部則占總人口的 70%（吳志中，2010：169）。

三、民族運動的經過與論述

　　在法國的殖民統治時期，卡納克人在 1878 年和 1917 年分別由部落首領阿塔依和諾埃爾先後進行武裝反抗運動，但每一次

4　另根據美國 CIA 在 2009 年的估計：卡納克 40.3%，歐洲 29.2%，瓦利斯，富圖那 8.7%，大溪地 2%，印尼 1.6%，越南 1%，瓦努阿圖 0.9%，其他 16.2%。取自 https://www.cia.gov/library/publications/the-world-factbook/geos/nc.html（檢索日期：2016.08.06）。

都遭到殘酷鎮壓，導致許多卡納克人被驅逐流放到更為偏遠的島嶼。

1969年尼多依施・內斯里納（Nidoish Naisseline）創建第一個獨立運動革命組織「紅圍巾」，並在綱領中要求獨立。從20世紀50年代開始，各種組織不斷出現，發展成為現今各式政黨組織，到了1970、80年代逐漸合併為兩大政治集團，一是以歐裔人士為主反對獨立的「保衛喀里多尼亞在共和國內聯盟」（RPCR），另一是主張獨立的「卡納克社會主義民族解放陣線」（FLNKS）。

長期以來法國人從卡納克人手中奪取大量肥沃的可耕地與礦藏地，劃出原住民保留區強迫卡納克人遷入，並視之為廉價勞工，日趨貧困的原住民從一開始就進行零星反抗，終於在1878年爆發大規模的反抗運動，期間有1,200多名卡納克人被屠殺（林開世，2004：56-57）。

新喀里多尼亞[5]也積極爭取周邊南太平洋島國的聲援，在南太平洋論壇（South Pacific Forum）、太平洋島國論壇（Pacific Islands Forum, PIF）期間，均大有斬獲，南太平洋論壇大會通過對其自決獨立表示支持；1986年12月，聯合國大會亦通過決議，新喀里多尼亞被列入聯合國非自治領土名單，從而確定了新喀里多尼亞居民享有自治權，給予去殖民化的自決權利。

1988年法國政府與之簽訂了2次的「馬提翁協議」（Matignon-Oudinot Accord），主要內容有：立即恢復法國對新喀里多尼亞為

5　第二次世界大戰後，於1947年所建的南太平洋地區歷史最悠久的區域組織「南太平洋委員會」（South Pacific Commission），總部即設在新喀里多尼亞的首府努美阿（蔡東杰，2007：3）。而後慢慢演變為「太平洋共同體」（Pacific Community, PC），南太平洋論壇（South Pacific Forum）、太平洋島國論壇（Pacific Islands Forum, PIF）。

期一年的行政管轄權；釋放卡納克囚犯；建立北方省、南方省
和洛亞蒂群島省3個省；10年後（即1998年）將在新喀里多尼
亞公投。

　　1998年，雙方又簽訂「努美阿協議」（Nouméa Accord），確
定中央政府逐漸向新喀里多尼亞移交某些權力，特別是教育、
稅收、外貿、交通運輸、民法和商法、民事保險。本分協議也
同意在2004年後新喀里多尼亞有權通過只適用於當地的「地區
法律」，可逐步行使某些國家權力，例如司法、公共安全、防
務、貨幣及有限制的外交，其中最重要的是在2014年到2019年
期間新喀里多尼亞可以辦理獨立公投。

四、新喀里多尼亞分離運動的未來（小結）

　　在經濟方面，鎳礦開採業和旅遊業是新喀里多尼亞兩大經
濟支柱，鎳礦開採占GDP的25%，服務業占73.6%，而農業僅占
1.4%。該地區經濟狀況是法國海外領土中表現最優秀的地方，其
個人國民生產總毛額也到達24,000歐元，為整個太平洋地區各島
國之冠，甚至超越紐西蘭，達到與法國同樣的水準（吳志中，
2010：171）。若從經濟表現來看，新喀里多尼亞是比科西嘉更
具有獨立的潛力。

　　在地緣政治方面，法國在太平洋有新喀里多尼亞島、瓦利
斯——富圖納群島，以及波里尼西亞群島等海外領地。這些島
嶼不僅為法國多創造了770萬平方公里的海上經濟區和大量的戰
略資源，更重要的是在全球防務和戰略中的重要地位。例如新
喀里多尼亞扼守從美國到澳洲、從北太平洋到南極洲的海上通
道，有150多條海空航空交通線經過（王燕閣，1986：86）。因

此，法國政府雖然許諾獨立公投，但一個與法國繼續保持聯盟的「主權國家」，而非一個真正的「獨立國家」，才會符合法國最佳利益。

參、科西嘉的分離運動

一、科西嘉簡介

法國的科西嘉（英語：Corsica；法語：la Corse）位於地中海科西嘉島，是西地中海的一座島嶼，也是法國最大的島嶼（地中海第四大島），面積8,680平方公里（僅占法國總面積約1.6%），島上多山，2008年人口還有約30萬，目前約剩25萬人，其中70%是科西嘉族，事實上它被稱為科西嘉地方行政區（Collectivité Territoriale de Corse），由兩個省組成：南科西嘉省和上科西嘉省。科西嘉島地處地中海，位於義大利與法國之間，島嶼距離義大利較近，只有90公里，至於跟法國的最近距離則有170公里。

首府所在地為阿雅克肖（Ajacciu），拿破崙（Napoleon, 1769-1821）[6]即在此地誕生。雖然影響歐洲歷史深遠的拿破崙來自科西嘉島，但是科西嘉島的發展卻未因此快速成長，反而讓科西嘉族以緩慢而穩定的步伐，逐漸熟悉法語與法蘭西文化（政大

6　拿破崙當選皇帝後，沒有慎選科西嘉的執政官。從1802年到1809年，執政官莫朗在島上大開殺戒，以平息來自各方面的反抗與叛亂，直至屠城，致使科西嘉島血流成河，形成極端的恐怖，最終拿破崙不得不將莫朗撤掉。科西嘉的確被制服了，但拿破崙的形象也徹底毀了。1815年拿破崙下台並被流放後，阿雅克肖人把他的全部雕像砸毀，扔進了大海。https://taiwangok.blogspot.tw/2012/01/17-independenceofcorsica.html（檢索日期：2016.08.06）。

原住民族研究中心，2014：81）。

　　當地發現的許多石桌狀墓碑、糙石巨柱及其他巨大石碑至今尚存。這些遺物證明，至少在西元前3000年此地已有人居住。科西嘉約於西元前560年始見於史載；當時希臘人從小亞細亞的福西亞（Phocaea）過來，在島的東海岸築造阿拉利亞（Alalia）鎮。其後在西元前3世紀初，迦太基人統治該島，直至西元前259年至西元前163年經多次戰役全島被羅馬人占領為止。科西嘉與薩丁尼亞合為羅馬帝國一行省後，經濟開始繁榮。羅馬人將其語言傳入科西嘉，成為現代科西嘉方言的基礎。

　　科西嘉人的族源和所受文化影響十分複雜。該島最早的居民是以巨石文化著稱的伊比利亞人。在西元前1000年紀相繼受到腓尼基人、迦太基人和希臘人的影響。西元前3世紀羅馬帝國統治該島後，居民逐漸羅馬化，接受了拉丁語。羅馬帝國崩潰後這地區一度臣屬拜占廷帝國，並先後有汪達爾人、哥特人、倫巴德人、法蘭克人等日爾曼部落入侵。8世紀以後的400年間，又不斷遭到阿拉伯人的侵襲。[7]

　　科西嘉原本屬於義大利境內的熱那亞共和國，有自己的語言、文化和風俗習慣。1768年熱那亞與法國簽署《凡爾賽條約》，暫時將科西嘉交由法國治理，法國則以金援熱那亞作為補償，科西嘉人因此認為科西嘉形同被熱那亞「售予」法國，對熱那亞極不諒解（劉文彬，2009b：144）。法國於是派遣遠征軍占領科島沿岸城鎮，由此也揭開科西嘉人反抗法國入侵者的序幕。

7　http://baike.baidu.com/view/117656.htm（檢索日期：2016.08.06）。

二、科西嘉民族運動的起因和促因

　　長久以來科西嘉一直被法國「視為」殖民地，是一個「無殖民地化之殖民地」。從行政觀點來看，科西嘉是一個省；從法律觀點來看，科西嘉人也是法國人，但在法律和行政表象的背後，真實面是法國輿論一直以殖民地的地位看待科西嘉（劉文彬，2009a：144）。除了化外之境（距離遙遠）之外，科西嘉對法國而言無利可圖。近代歷史上造成科西嘉民族自決運動的因素主要是政治社會與語言文化，略述如後：

（一）語言文化因素

　　1768年科西嘉改隸法國後，並未強制要求說法語，拿破崙任第一執政官，推動科西嘉融入法國的政策時期，科西嘉仍可以說自己的語言，直至1830年官方文書基本上都是用義大利文起草；第二帝國（1848-1870）時期，義大利語、法語和科西嘉語被要求並行使用；1854年拿破崙三世要求所有的法令必須以法語撰寫；到了第三共和（1870-1940）時期，學校、法院和行政機構強制使用法語，義大利語消失了，而科西嘉語只在日常生活方面使用（陳玉瑤，2013：14）。

　　1950年代和1960年代法國失去了突尼西亞、摩洛哥和阿爾及利亞三個殖民地以後，大約1萬8,000名北非殖民地內的法國僑民（通稱為「黑腳」〔pieds-noirs〕）被安排至科西嘉定居，雖然其中不乏具有科西嘉血統者，但大多是操法語的法國人。當時長期落後的科西嘉的人口外移至最低點，約15萬人，換言之，大約1/10都是外來人口，嚴重衝擊當地經濟和社會結構和

語言。再加上1960年代科西嘉傳統農業崩解，法國本土因工業而增加的就業機會在在吸引科西嘉人口外移，而法語是就業的優勢語言，以上這些因素和歷史背景致使科西嘉語逐漸流失。

　　根據1977年法國「國立統計暨經濟研究所」（INSEE）的調查，有79%的科西嘉家長講科西嘉語，其配偶有69%，子女則為59%；到了1982年，有68%的家長常講科西嘉語，12%只會講少許（劉文彬，2009a：305）。1980年代開始，科西嘉語開始復興。到了1995年，「區際政治觀測所」（OIP）的調查顯示：有81%的島民聽得懂科西嘉語，64%常講，57%甚至會閱讀，科西嘉人的母語能力有顯著的進步（劉文彬，2009a：305）。[8]

（二）政治社會因素

　　二次大戰期間，科西嘉人員及物資損失慘重，但戰後法國政府並未積極在科西嘉進行復原工程或經濟發展，令科西嘉人不滿也嚴重懷疑法國政府的企圖。例如：二次戰前科西嘉有東西兩條主要鐵路，東部鐵路網毀於戰爭中，法國政府曾允諾興建公路替代，但戰後14年未見興建，卻又以營運獲利不佳為由要關閉西部鐵路網。1957年法國政府制定了「科西嘉地區行動計畫」，設立了「科西嘉開發混合公司」（SOMIVAC）和「科西嘉旅遊設備公司」（SETCO），分別負責農業和觀光業。

　　但結果是，外來公司在封閉的通路中經營勞力密集的觀光業，然後將利潤匯出科西嘉，東部平原被外來公司以現代化器具進行農業殖民化，並大量雇用「黑腳」勞工（劉文彬，

8　若以科西嘉人「所知曉的程度」而非以「作為溝通媒介的程度」做評斷，則科西嘉語可被視為一個「以被挽救」的語言（劉文彬，2009a：318）。

2009a：155）。顯然科西嘉本地人並未因為該計畫在財富或工作機會上受惠，反而要用科西嘉僅有的觀光資源和土地「餵養」這些「外來人士」，甚至破壞了科西嘉的自然資源。

　　科西嘉島資源匱乏、工商業落後、稅收不足。島上的人均生產總值比法國全國平均數低30%，就業人口有1/4是國家公務員。自1786年成為法國領土以來，科西嘉全靠法國政府的財政支持度日。法國每年撥給科西嘉的財政補助達114億法郎。在法國人的眼中，科西嘉一般是貧窮、落後的；習慣中，法國人在想起自己國家的時候，從來沒有意識到科西嘉的存在。與法國語言、風俗的迥然不同，則使科西嘉人往往有一種強烈的寄人籬下的感覺（嚴峻，2001）。兩相比較之下，科西嘉的地區主義意識再起，許多科西嘉人認為要挽救科西嘉的前途必須從挽救語言、拯救空間著手，進而引發科西嘉的認同問題。

三、科西嘉民族運動的經過與訴求

　　具有民族主義情懷的地區主義意識，尚未有強烈的獨立建國色彩，1972年爆發的「紅污泥」[9]事件，使科西嘉的地區主義意識轉變為自治主義意識，而1975年的「阿列里亞」[10]事件，則

9　1972年4月，科西嘉人獲知一家名為「蒙得狄松」（Montedison）的義大利公司將有毒的廢棄物二氧化鈦（bioxyde de titane，因其色紅，故名「紅污泥」）丟棄在科西嘉海角（le cap corse）之海灘上，導致附近40英里被污染的海域在四個月內有5條巨鯨中毒而死。消息被媒體披露後，引起科西嘉人的憤怒；科西嘉人不僅僅對那家義大利公司不滿而已，更覺得法國政府對科西嘉人不太關心，因為政府始終未積極採取行動保護科西嘉的海岸和環境（劉文彬，2009：145）。
10　1975年8月21日一位「黑腳」的葡萄農為了縮短釀酒時間在酒中添加糖，損害了科西嘉葡萄酒的整體商譽，危害其他科西嘉人的經濟收入，因而「科西嘉復興行動」組織分子持獵槍占領位於阿列里亞葡萄農的酒窖，企圖揭發，憲警隨即以輕型坦克車和直升機發動不對稱的攻擊，雙方數人傷亡，透過傳播媒體的放大效果，傳達出來的是準戰爭的氣氛。

進一步催生了獨立主義的意識。

　　進入1970年代之後，以爭取獨立為目標的「科西嘉民族解放陣線」（FLNC）成立，並採取當時絕大多數民族解放組織慣用的手法，也就是暗殺島上的行政官員、地方民代、爆破公共建築，到了1990年代中期更把恐怖活動推進到法國本土，馬賽、波爾多等南部大城的公共建築屢屢成為攻擊目標（路遙，2003）。

　　法國對於這些民主主義者做出兩方面回應：新設立第二所大學；並賦予科西嘉大區特殊身分，新設立科西嘉議會，給予包含：1.教育、培訓、文化認同、公共關係與環境；2.農業、工業發展、土地規畫、住房；3.交通、就業、能源等等權限（陳玉瑤，2013：14）。儘管這些權限相較於其他大區來說已經相當可觀，但對於極端主張要獨立的組織團體而言，顯然是不夠的。

　　1979年至1998年間，科西嘉總共發生924起殺人事件。FLNC所採行的方式主要有：1.傳統犯罪，包括製造流血事件、進行恐怖爆炸、對公共和私人建築進行掃射、武裝搶劫等；2.用敲詐勒索方式收取「革命稅」以資助活動；3.與黑手黨勾結（王朝暉，2001：274-275）。其中最著名的是發生在1981年的「藍夜」事件（夜空在炸藥爆炸之火光照射下呈藍色，故名為「藍夜」），該事件導因於FLNC的8名成員被判刑，因而FLNC在一夜之間製造45起報復性爆炸案，其中3起發生在巴黎。至1993年，法國政府開始對FLNC進行嚴厲取締、打擊，而FLNC內部也發生多次的路線之爭和分裂，最近則在2014年6月宣布放棄武裝鬥爭。

　　法國政府面對科西嘉的民族分離運動則是給予兩面手法：

給予各種特殊地位，鎮壓與談判交替實施。1981年的「德費爾地位」、1982年的「喬克斯地位」、1991年公布的「科西嘉地方行政單位地位法」……等，都逐漸採取去中央化的政策而下放更多的自治權力給科西嘉，以弱化武裝獨立的合理性。

四、科西嘉分離運動的未來（小結）

　　法國人向來認為沒有科西嘉問題，只有科西嘉製造出來的問題。近年來的去中央化政策給予科西嘉許多特權，但不意味法國願意讓科西嘉走向獨立，法國還有其他的少數民族或移民問題，恐群起仿效，且科西嘉支持獨立的人也僅有少數。例如，「法國民意測驗調查協會」於1975年和1989年針對科西嘉的兩次民意調查。其中1975年的那次調查，有38%贊成自治，4%希望該島獨立；1989年則有41%的人同情民族主義運動，但支持獨立的島民只有8%（劉文彬，2009b：187）。另在1999年12月舉辦的另一次民調中，有80%的科西嘉人反對獨立（Janice, 2000: 14）。

　　問題是，光靠著分離的民族主義意識，就可以讓科西嘉獨立嗎？科西嘉是法國手工業最為密集，工業化程度最低的大區，在22,000個企業中，第三級產業有80%，工業企業只有8%（而且其中有1/4是農副食業）；2003年科西嘉的人均GDP為20,149歐元，為全國平均水準的77.5%，排名法國各大區中的倒數第3位，2011年人均GDP為23,800歐元，排名倒數第1位（不包括海外省）（陳玉瑤，2013：14）。

　　科西嘉的經濟財政高度仰賴中央政府補助，全島有1/4是公務員，工業化程度低且觀光產業高度掌握於財團之手（工作機

會也被掌握），許多民生物資需要島外運補進口，科西嘉的分離之路顯然還需要很多的努力。

肆、結論

事實上，歐洲各國有許多族群的獨立運動的歷史背景與過程，都和科西嘉人極為類似。譬如說，法國還有布列塔尼人；西班牙有巴斯克、加泰隆尼亞和加那利島人；英國的威爾斯、蘇格蘭和北愛爾蘭人；比利時有法蘭德斯和華倫裔；義大利有薩丁尼亞和西西里人；捷克境內則有德裔。若加上蘇聯和南斯拉夫瓦解後各自獨立的共和國內部民族主義運動，歐洲地區的獨立或自治運動，可說是全球最蓬勃的（路遙，2003）。綜合言之，歐洲各國都有大小不一、原因類同或殊異的民族分離運動，可以說作為近代民主主義、民族主義、資本主義都起源於歐洲，這三種主義所揉合出來的現代性國家曾是許多非西方國家所努力追求的標竿，然而近年來這種從單一民族角度思考的民族同化政策，在逐漸高漲的少數民族分離運動對抗下，不得不改弦易轍。

以法國而論，第二次世界大戰以後，受到多元文化主義的影響，法國嚴厲的同化主義政策開始有所變化。首先，在國家權力架構層面，中央集權逐漸轉向地方分權。例如在2003年法國修訂《憲法》後確定了地方分權原則，布列塔尼、科西嘉重獲區域性自治權。其次，在制度上進行創新，設置綜合發展區。為保護、傳承少數民族文化創造良好環境，例如布列塔尼大區就是法國西北部布列塔尼人的聚居區。綜合發展區成立

後，布列塔尼傳統文化與地方發展結合起來，形成了保護和發展之間的良性迴圈。再次，在語言政策方面，逐漸推出一些寬鬆的語言政策。20世紀80年代，法國開始宣導語言和文化多樣性，隨後又出台法令，進行浸入式的雙語教學，少數民族語言越來越被重視（劉麗麗，2016）。

威爾・金里卡（Will Kymlicka）曾在〈多民族國家中的認同政治〉（Identity Politics in Multination States）中經提到：法國的民族建構政策非常成功地同化了其大多數曾經都是人口眾多的少數民族群體，包括巴斯克人、布列塔尼人、奧克西坦尼人和加泰隆尼亞人等等，而科西嘉人是唯一成功抵制住法國政府同化政策的群體，然而這一策略在20世紀不再奏效。

相反地，它帶來了「反抗性民族主義」（reactive nationalisms），意即少數民族會為了保護其語言、文化和自治制度而戰，有時就是暴力抗爭。這可能使少數民族要求一種亞（次）國家的自治甚至脫離而不理會法律上的規定。面對反抗性的少數民族主義，國家需要做出選擇：要麼使衝突逐步升級，不然就要協商出一種能夠容納「次國家的民族主義」（substate nationalisms）的解決方案。國家可以試圖對所有內部民族的認同（多數民族的認同和少數民族的認同）給予平等的公開承認。

從法國科西嘉和新喀里多尼亞的個案來看，純粹一體適用的中央化治理政策，無法有效面對國內族群多元的現況，能「統」不一定能「合」；反而是賦予地方（族群）更多的行政、司法、經濟、財政的去中央化政策——一種文化多元／多元文化的治理觀念，才能在「統」和「合」之間找到平衡點。

長期以來在法國人的眼中，科西嘉一般是與貧窮落後畫上

等號的；科西嘉人身上都有一部分屬於義大利人、黑幫和懶散
的血統。矛盾的是，法國人雖然不喜歡科西嘉人但也不希望科
西嘉這塊領土獨立出去，科西嘉的分離運動也得不到歐盟和聯
合國的承認，暴力流血的分離運動在科西嘉也越來越得不到民
眾的支持，可見的未來是，在各方勢力的角力競合下，科西嘉
的整體地位與權利會持續地獲得提升和保障。

　　近年來新喀里多尼亞等南太平洋國家逐漸成為澳洲、紐西
蘭、中國、美國等大國進行軍事、經濟博弈的場域，但法國在
努美阿設有海空軍的基地（目前仍留有3,000名駐軍，其中半數
是憲兵），在南太平洋地區有核子試驗基地。[11]因而新喀里多
尼亞局勢的變化，直接關係到法國在南太平洋的經濟和軍事利
益，法國會設法和新喀里多尼亞保持最大的聯盟關係，不會袖
手旁觀輕易放棄在新喀里多尼亞的利益。

　　以國內情勢來看，法國今年（2017）總統大選中選出挺歐
派的政治新星馬克宏擔任總統，緩解了英國脫歐所引發歐盟內
各國的脫歐聲浪，此刻馬克宏正帶領共和前進黨搶攻國會席
次，以擴大和深化自己和共和前進黨在法國的政治影響力，目
前也還看不出來馬克宏對科西嘉和新喀里多尼亞的態度。以
整體情勢來看，歐盟的第三大經濟體的義大利修憲公投未能過
關，外界疑慮可能讓右翼民粹政黨趁勢崛起，甚至對歐元區產
生影響，成為英國脫歐翻版。不管如何，歐盟成員國之內少數
民族的分離運動，不會因此停歇腳步，而法國的科西嘉和新喀
里多尼亞問題仍舊難分難解。

11　法國自1966年到1990年止，組共在南太平洋區域（主要在法屬波里尼西亞環礁）
　　進行44次陸上核子試爆及115次地下核子試爆（許世旭，2007：50）。

附錄（一）

法國第五共和憲法（第13章有關新喀里多尼亞之過渡條款），資料來源：張景舜翻譯，http://npl.ly.gov.tw/pdf/countryConstitution/7.pdf（檢索日期：2016.08.06）。

第76條

（1）新喀里多尼亞居民應於1998年12月31日前，就1998年5月5日於努美阿所簽署並於1998年5月27日刊登於政府公報之協議條文，進行投票表決。

（2）凡符合1988年11月9日第88-1028號法律第2條所定資格要件者，均得參與前項投票。

（3）有關辦理第1項投票之必要措施，應經部長會議議決，並由國家諮議院依命令辦理之。

第77條

（1）政府以依前條規定辦理之投票通過該協議後，為執行該協議之必要措施，確保新喀里多尼亞依該協議所訂立方針發展，應於諮詢新喀里多尼亞自治議會後，以組織法規範下列事宜：

- 有關中央政府應明確移轉予新喀里多尼亞政府及機關之權限，包括移轉之時程規畫、進行方式與所需費用之分攤原則；

- 有關新喀里多尼亞政府及機關之組織與運作規則，特別是新喀里多尼亞自治議會所制定若干類別之自治法規應於公布前聲請憲法委員會予以監督之相關

　　規範；

- 有關居民資格、選舉制度、工作就業及習慣法上個
  人身分之規範；
- 有關新喀里多尼亞以居民投票決定獲致完整主權之
  實施方式及期限。

（2）為執行前條協議之其他必要措施，以法律定之。

（3）前條協議及 1999 年 3 月 19 日關於新喀里多尼亞之第
　　 99-209 號組織法第 188 條、第 189 條中所提及有關新喀
　　里多尼亞及其各省分自治議會議員選舉之選舉人名
　　冊，即為依前條規定所辦理投票之投票人名冊，扣除
　　其中無選舉人資格者。

附錄（二）

　　法國電影 L'ordre et la morale《秩序和道德》（或有翻譯為
《叛軍》），2011 年上映，片長約 136 分鐘，內容係影射法國與新
喀里多尼亞 1988 年的人質夾持事件和「維克多」突擊行動。

　　1988 年 4 月 22 日，法國總統選舉前 2 天，在新喀里多尼亞的
烏維阿（Ouvéa）島上，30 多名卡納克人偷襲了法國憲兵駐烏維
阿島軍營，打死 4 人並劫持 27 名法國憲兵。劫持者向法國政府
提出人直交換條件：其一，從新喀里多尼亞島撤走全部法國軍
隊；其二，取消地方選舉；其三，盡快就新喀里多尼亞的獨立
問題正式向法國政府進行談判。由於雙方立場相差太遠，談判
陷入僵局，最終法國出動特種部隊，以武力成功解救人質（吳
志中，2010：182；耿慶軍、高原，2014：90）。

參考文獻

Guibernau M. 著，周志杰譯（2009），《無國家民族與社群》（*Nations without States: Political Communities in a Global Age*），台北：韋伯文化。（原著出版年：1999）

王助（2001），〈新喀里多尼亞的自治與獨立之路〉，載《世界民族》，2001年第3期，頁11-18。

王助（2009），〈新喀里多尼亞的「海外屬國」地位與魁北克的「國中國」地位比較〉，《法國研究》，2009年第1期，頁35-41。

王朝暉（2001），〈科西嘉民族分裂問題〉，《全球民族問題大聚焦》，北京：時事出版社，頁270-283。

王燕閣（1986），〈法國對太平洋地區的戰略設想〉，《現代國際關係》，第2期，頁35-40。

吳志中（2010），〈邁向獨立之路：新喀里多尼亞民族自決〉，收錄於《國際重要公民投票案例解析》，台北：新世紀文教基金會、台灣聯合國研究中心，頁161-187。

林開世（2004），〈西方殖民勢力對大洋洲的入侵〉，《歷史月刊》，第199期，頁51-57。

耿慶軍、高原（2014），〈新喀里多尼亞獨立歷程及前景分析〉，《太平洋學報》，第22卷第11期，頁86-93。

陳玉瑤（2012），〈也談民族問題「政治化」與「文化化」——以法國科西嘉個案為例〉，收錄於《多元文化與國家建設》，天津：天津人民出版社，頁311-323。

許世旭（2007），《澳洲的南太平洋政策研究：新區域主義的觀點》，政治大學外交研究所碩士論文（未出版）。

陳世民（2008），〈西歐恐怖主義的發展與轉變〉，第四屆「恐怖主義與國家安全」學術研討會，頁315-322。

楊恕（2008），《世界分裂主義論》，北京：時事出版社。

蔡東杰（2007），〈南太平洋區域組織發展〉，《台灣國際研究季刊》，第3卷第3期，頁1-15。

劉文彬（2009a），《科西嘉民族自決運動：起源與發展》，台中：

天空數位圖書。

劉文彬（2009b），〈科西嘉民族自決運動之困境〉,《臺灣師大歷史學報》,第41期,頁141-190。

劉文彬（2011），〈「國家正義」面對「私人正義」：法國法治與科西嘉族間仇殺傳統之互動〉,《臺灣師大歷史學報》,第45期,頁171-216。

吳錫德（2002），〈法國的語言政策：全球化與多元化的挑戰〉,各國語言政策研討會,淡江公行系主辦。<http://mail.tku.edu.tw/cfshih/ln/paper06.htm>（檢索日期：2016.08.06）。

政大原住民族研究中心（2014），〈法國民族現況〉,《原教界》,2014年12月號60期。<http://www.alcd.nccu.edu.tw/User_upload/pub/1418718802156.pdf>（檢索日期：2016.08.06）。

陳玉瑤（2013），〈法國的科西嘉民族問題〉,《世界民族》,2013第5期<http://max.book118.com/html/2014/0309/6420349.shtm>（檢索日期：2016.08.06）。

張景舜譯,《法蘭西共和國憲法》,<http://npl.ly.gov.tw/pdf/country Constitution/7.pdf>（檢索日期：2016.08.06）。

路遙（2003），〈科西嘉島公投 VS.民族自決風潮〉,《新臺灣新聞週刊》,第381期,<http://www.newtaiwan.com.tw/bulletinview.jsp?bulletinid=15010>（檢索日期：2016.08.06）。

劉麗麗（2016），〈法國：民族政策的轉型〉,中國民族網<http://www.mzb.com.cn/html/report/160623584-1.htm>（檢索日期：2016.08.06）。

嚴峻（2001），〈法國會走向分裂嗎〉,人民網,<http://www.people.com.cn/BIG5/guoji/24/20010227/404205.html>（檢索日期：2016.08.06）。

Kymlicka, Will (2010)。多民族國家中的認同政治（Identity Politics in Multination States）,《馬克思主義與現實》雜誌,2010年第2期,<http://www.cctb.net/qkzz.jsp?rootClassInfoId=108&qknf=2010&qkq=533>（檢索日期：2016.08.06）。

Janice Valls-Russell, "France's Corsican conundrum," *The New Leader*, 83:3, p.14 (July/August, 2000).

I. C. Campbell, "New Caledonia and French Polynesia since the 1980s" [J] 2009, *The Journal of Pacific History* (2) , pp. 163-164.

波羅的海三小國獨立的啟示——
大國衰落，少數民族才有獨立的可能性

孫治本[*]

壹、前言

今天的波羅的海三小國立陶宛、拉脫維亞、愛沙尼亞，於1771年至1795年間被俄羅斯帝國兼併，在兩次世界大戰間的1918年至1940年間則為獨立國家，1940年再被蘇聯占領後併吞，至1991年8月才恢復獨立地位。

對於三小國的恢復獨立，自可以「民族自決」概念在價值觀上表示支持、欣慰，然而這並無法解答三小國為何追求獨立並獲致成功。本文透過對歷史事實的分析，認為俄羅斯原先地處內陸且強敵環伺，為了生存而不斷向外擴張並征服其他民族，使俄羅斯成為一多民族之帝國。只要俄羅斯強大，是不可能讓其境內的少數民族居住地區獨立出去。因此，三小國的兩次獨立都是乘俄羅斯之衰落而達成的。

_____

* 德國波昂大學社會學博士。

貳、波羅的海三小國早期歷史

波羅的海三小國是指立陶宛、拉脫維亞、愛沙尼亞，其中立陶宛、拉脫維亞的原居民屬波羅的海語系民族，愛沙尼亞原居民則屬芬蘭—烏格爾語系民族，他們很早就生活在波羅的海沿岸區域。

德意志民族於12、13世紀向東擴展，這是中古時代基督教歐洲擴張的一部分，其時歐洲向東歐、北歐的擴張與基督教宣教有密切關係，因此除了騎士、商人，基督教教士也是歐洲擴張的主要行動者。而德意志民族的東擴，正是由結合教士與騎士身分的「德意志（騎士）教團」（Deutscher Orden 或 Deutscher Ritterorden）實現的。[1]13世紀時「德意志（騎士）教團」開始在波羅的海沿岸區域開疆擴土，他們在南方的領土是普魯士，在北方的領土則是利沃尼亞（Livonia；德文為Livland），利沃尼亞大致包括今天的拉脫維亞和愛沙尼亞。1204年「德意志（騎士）教團」在里加（Riga；現為拉脫維亞首都）建立了要塞，這是他們在利沃尼亞的主要基地。[2]

立陶宛大公國則是在13世紀時由明道加斯（Mindaugas）大公所建。明道加斯在1253年時加冕為國王，是立陶宛歷史上唯一的國王。初建的立陶宛大公國大致包含今天的立陶宛和白俄

1　參閱Nolte, Hans-Heinrich. Die Eroberung des Baltikums durch deutsche Herren im 13. Jahrhundert in globalgeschichtlicher Perspektive, pp. 19-34 in Florian Anton und Leonid Luks, *Beiträge zu einer Geschichte wechselvoller Beziehungen – Festschrift zum 85. Geburtstag von Peter Krupnikow*. Köln: Böhlau Verlag.

2　Davies, Norman (2015). *Verschwundene Reiche – Die Geschichte des Vergessenen Europa* (aus dem Englischen übersetzt von Karin Schuler u.a.). Darmstadt: WBG. (2, durchgesehene Auflage), p. 278.

羅斯，後來其領土擴張，全盛時拉脫維亞、愛沙尼亞、烏克蘭的大部也屬於立陶宛—波蘭聯盟（詳下）。[3] 13 世紀末立陶宛已經發展成「德意志（騎士）教團」的強勁對手。[4]

1386 年 2 月 18 日立陶宛大公尤蓋拉（Jogaila）與波蘭女王雅德維嘉（Jadwiga；德文為 Hedwig）結婚，使得尤蓋拉和其後的立陶宛大公同時也是波蘭國王，形成立陶宛—波蘭聯盟（Polnisch-Litauische Union）。立陶宛與波蘭結合後，更有力量對付「德意志（騎士）教團」，尤其在 1410 年的坦能堡（Tannenberg）之役，立陶宛—波蘭聯盟殲滅了「德意志（騎士）教團」的軍隊，從此「德意志（騎士）教團」開始衰落。[5]

尤蓋拉大公不僅成為波蘭國王，也接受了波蘭的天主教，成為天主教徒，而立陶宛的菁英階層開始波蘭化，尤蓋拉大公和他的隨從遷至位於克拉科夫（Krakau）的波蘭王宮。尤蓋拉大公和他的兒子、孫子使用立陶宛和波蘭雙語，然而到了 16 世紀，在波蘭宮廷和立陶宛宮廷內幾乎只講波蘭語了。[6] 可以說，尤蓋拉大公與雅德維嘉女王的聯姻，使立陶宛得以歐洲化、現代化，然而也使立陶宛人在立陶宛—波蘭聯盟中成為人口和文化上的少數。[7]

立陶宛—波蘭聯盟發展成歐洲最大王國之一，然而莫斯科大公國的興起對立陶宛—波蘭聯盟形成了威脅。1485 年莫斯科大公伊凡三世開始發動戰爭併吞其他俄羅斯國家，自此至 1537

3　Davies, Norman, ibid, pp. 280, 293, 306.
4　Dauchert, Helge (2008). *"Anwalt der Balten" oder Anwalt in eigener Sache? – Die deutsche Baltikumpolitik 1991-2004*. Berlin: BWV. Berliner Wissenschafts-Verlag, p. 51.
5　Dauchert, Helge, ibid, p. 52.
6　Davies, Norman, ibid, pp. 285, 293.
7　Dauchert, Helge, ibid, p. 52.

年莫斯科大公國且針對立陶宛—波蘭聯盟發動了5次戰爭。[8]莫斯科大公伊凡四世（Ivan Grozny）（「偉大的伊凡」、「恐怖的伊凡」）繼位後，持續對立陶宛—波蘭聯盟的攻擊政策。伊凡四世後俄羅斯並未停止其對立陶宛—波蘭聯盟的覬覦，普魯士、奧地利強大後也意圖染指。1772年，俄羅斯、普魯士、奧地利第一次瓜分立陶宛—波蘭聯盟；1793年，俄羅斯、普魯士再次瓜分立陶宛—波蘭聯盟；1795年，立陶宛—波蘭聯盟又一次被俄羅斯、普魯士、奧地利瓜分，並就此亡國。[9]

至於利沃尼亞（拉脫維亞、愛沙尼亞），其北部於1771年為俄羅斯沙皇彼得一世（偉大的彼得）併吞。利沃尼亞（拉脫維亞、愛沙尼亞）南部於16世紀併入立陶宛—波蘭聯盟，也隨著立陶宛—波蘭聯盟於1772年第一次被瓜分而成為俄羅斯領土。

參、強盛的俄羅斯必抑制少數民族的民族主義

即使在蘇聯解體後，西方式的民主制度仍未能在俄羅斯落地生根。對此之解釋，其一是認為俄羅斯曾受蒙古人統治，蒙古人帶來的亞細亞專制主義、亞細亞政體，至今仍影響著俄羅斯的政治文化。

另一種解釋，則是認為俄羅斯是一個多民族帝國，不靠獨裁專制無法壓住境內的民族衝突。

1547年莫斯科大公伊凡四世首度使用「全俄羅斯的沙皇」頭銜。然而當時的俄羅斯還是強敵環伺，在北方有瑞典，在西方

8　Davies, Norman, ibid, pp. 300-303.
9　Davies, Norman, ibid, pp. 320-324.

有立陶宛—波蘭聯盟，南方和東方則有穆斯林強敵。伊凡四世的功績是他不僅強化了俄羅斯的統一，還將俄羅斯的領土擴張到原本不是俄羅斯人居住的區域，並且征服了韃靼人的喀山王國以及另一個穆斯林汗國阿斯特拉罕汗國。伊凡四世之後3個世紀，俄羅斯的領土平均每天擴張50平方英里，到了第一次世界大戰爆發的時候，俄羅斯的領土已有850萬平方英里。[10]

　　然而俄羅斯領土的快速擴張，不僅使俄羅斯在領土擴張的過程中與其他民族衝突，這些民族被納入俄羅斯帝國後，也成了俄羅斯潛在的亂源。對俄羅斯相當熟悉的前BBC駐俄羅斯特派員馬丁‧西克史密斯（Martin Sixsmith）說：「對帝國周邊地區的民族主義進行的嚴厲鎮壓，給俄羅斯留下了幾百年來不斷惡化的問題。……歷史上每當出現危機和政權積弱不振之際，都會在帝國的少數族群之間引發種族騷亂，帶來災難性解體的幽靈。」[11]換言之，俄羅斯成為多民族帝國為俄羅斯和其少數民族帶來的代價是：當俄羅斯強大時，少數民族遭受鎮壓之苦；一旦俄羅斯衰落，少數民族立即起來爭取脫離俄羅斯，形成動亂。

　　自1815年起俄羅斯沙皇同時擁有以下3個稱號：「所有俄羅斯人的皇帝和自主統治者」、「波蘭沙皇（或國王）」、「芬蘭等國的大公等（etc.）」。立陶宛雖被俄羅斯併吞，但立陶宛一詞未出現於以上3個稱號中，這是因為根據俄羅斯沙皇的意識形態，立陶宛包括在「所有俄羅斯人」裡面。[12]由此可見，俄羅斯視許多被其征服的民族為俄羅斯人，並不採取多元的民族政策。

10　Sixsmith, Martin（馬丁‧西克史密斯），周全譯（2016），《俄羅斯一千年》（上）（*Russia – A 1,000-Year Chronicle of the Wild East*），台北：左岸文化，頁95。

11　Sixsmith, Martin（馬丁‧西克史密斯），周全譯，前揭書，頁213。

12　Davies, Norman, ibid, p. 329.

　　1863年，波蘭、立陶宛爆發反抗俄羅斯的武裝抗爭，但很快就被俄羅斯鎮壓，立陶宛貴族階層元氣大傷。此後俄羅斯更加致力於將帝國內的少數民族俄羅斯化。[13]

　　在沙皇的俄羅斯終結前，亞歷山大二世是最銳意改革的沙皇，曾簽署《解放農奴宣言》。然而各方對亞歷山大二世的改革都不滿意，革命黨人甚至於1881年用炸彈結束了亞歷山大二世的性命。他的兒子亞歷山大三世即位後決心鞏固專制，並重用右翼保守派顧問康斯坦丁・波別多諾斯采夫（Konstantin Pobedonostsev）。波別多諾斯采夫認為俄羅斯的疆域遼闊，民族複雜，而少數民族的民族主義會導致種族仇恨和俄羅斯的崩解，只有獨裁政體才能避免這種趨勢，西方民主制度則不適用於俄羅斯。亞歷山大三世和波別多諾斯采夫還推動強制的俄羅斯化運動，壓抑其他民族的語言和文化，鎮壓他們的民族主義。而且亞歷山大三世想把多民族的俄羅斯帝國變成單一民族性（俄羅斯民族）、單一語言（俄羅斯語）、單一宗教（東正教）的俄羅斯國。[14]

　　亞歷山大三世和波別多諾斯采夫認為俄羅斯帝國少數民族的民族主義會削弱俄羅斯的穩定，因此必須予以鎮壓。基本上，只要俄羅斯處於強盛時期，或者遇上專制性格強的領導者，少數民族受到的壓迫力度就會大。

　　1917年十月革命後布爾什維克（俄羅斯共產黨）掌權。捲入第一次世界大戰的俄羅斯內部問題重重，國家搖搖欲墜，列寧欲藉退出戰爭贏取民心，乃於1918年3月與德國簽訂《布列

13　參閱張明珠編著（2004），《波羅的海三小國史》，台北：三民書局，頁51-52。
14　Sixsmith, Martin（馬丁・西克史密斯），周全譯，前揭書，頁251-252。

斯特─里托夫斯克條約》。俄羅斯退出了戰爭，但是衰落的俄羅斯也因簽訂此條約而失去了波羅的海三小國、芬蘭、波蘭、白俄羅斯和烏克蘭大部。

不只如此，1917年布爾什維克即決議保障俄羅斯各民族的自決權。許多民族自治區成立，1922年成立的蘇維埃社會主義共和國聯邦最終有了15個加盟共和國（包括波羅的海三小國），而最高蘇維埃通過的《俄羅斯各民族權利宣言》規定：「俄羅斯各民族享有自決，以至於分離和組織獨立國家的權利。」[15]

這個時期是俄羅斯面臨內戰和西方國家軍事干預的衰落期，因此波羅的海三小國得以獨立，蘇共也賦予少數民族較大的自治權。然而繼列寧之後成為蘇聯最高領導人的史達林對少數民族抱著猜疑的態度，來自蘇聯加盟共和國喬治亞的史達林壓制少數民族爭取更多自主性的願望，強化俄羅斯的主導地位。[16]

1939年《蘇德互不侵犯條約》簽訂，條約的2個祕密附帶紀錄確認了蘇、德兩國在東歐的領土利益範圍，蘇聯因此得以併吞波羅的海三小國、白俄羅斯，和烏克蘭西部區域、比薩拉比亞（Bessarabien；其大部分為現今之摩爾達維亞）和北布科維那（Bukowina）。

然而1941年希特勒撕毀《蘇德互不侵犯條約》侵入蘇聯。大戰期間的史達林變本加厲，迫害那些他認為有可能與德國合作的少數民族，甚至於「民族敵人」概念取代了「階級敵人」的講法。[17]

---

15 Sixsmith, Martin（馬丁‧西克史密斯），周全譯，前揭書，頁76。
16 Sixsmith, Martin（馬丁‧西克史密斯），周全譯，前揭書，頁76-77。
17 Sixsmith, Martin（馬丁‧西克史密斯），周全譯，前揭書，頁231-235。

肆、蘇聯衰落使波羅的海三小國獨立成為可能

　　史達林之後蘇聯歷經赫魯雪夫莽撞的改革，及布里茲涅夫、安德洛波夫、契爾年科保守、不具特色的領導。終於到了1985年3月，戈巴契夫繼去世的契爾年科擔任蘇聯領導人，他提倡「重建」（Perestroika）和「公開性」（Glasnost），蘇聯終於有了銳意改革、開放，並且在西方贏得尊敬的領導人。戈巴契夫上台時蘇聯已問題重重，不改革終將崩潰，然而戈巴契夫的改革可能加速了蘇聯崩解的過程，尤其到了戈巴契夫執政晚期，蘇聯深陷經濟危機，民生凋敝。

　　一如以往，俄羅斯衰落，少數民族就想掙脫俄羅斯的束縛，而少數民族爭取自治、獨立所產生的衝突又反過來加速了俄羅斯的崩潰。

　　面對境內加盟共和國，尤其是波羅的海三小國和位於高加索的幾個共和國紛紛爭取更多自治權甚至獨立，戈巴契夫兼採鎮壓和安撫手段。

　　例如1989年7月，蘇聯中央決議讓波羅的海三小國自1990年起享有經濟自治權，三國可自行支配其大部分的工業、貿易、交通和礦藏。[18]在經濟自治實現前，在中央集權的計畫經濟體制下，三小國90%以上的企業要聽令於莫斯科，甚至愛沙尼亞餅乾工廠的配方改變都須經莫斯科同意。[19]

　　由於大量俄羅斯人的移入，波羅的海三小國的原居民在母國的比率降低，權益也受損，因此三小國想限制其他加盟共和

18　*Der Spiegel 31/1989*: 100.
19　*Der Spiegel 35/1989*: 118-119.

國人民的移入。例如在愛沙尼亞，1989年時愛沙尼亞人在該共和國只占58%，因此愛沙尼亞人竭力透過法律方式避免愛沙尼亞被進一步陌生化（指愛沙尼亞人成為少數，俄羅斯人反倒像愛沙尼亞的主人）。在波羅的海三小國生活的俄羅斯人則覺得三小國只想搭「重建」順風車逐步脫離莫斯科的控制，而且透過一些新法令使當地俄羅斯人覺得遭受歧視，例如限制外來移民的選舉和被選舉權。[20]三小國原居民則覺得俄羅斯人掠奪他們的資源和利益，例如在三小國境內待遇較好的軍火工業中工作的主要是俄羅斯人，原居民主要從事農業及服務業工作。[21]因為波羅的海三小國的生活水準高，許多退伍的蘇聯軍官選擇到三小國生活，三小國還得負擔他們的退休俸。[22]

然而1989年時許多人還認為，儘管波羅的海三小國的經濟比蘇聯其他部分好，而且即將享有經濟自治，然而三小國在資本主義市場上仍不具競爭力，因此只好繼續留在蘇聯。[23]

1989年8月23日是《蘇德互不侵犯條約》簽訂50週年的日子。當年8月22日晚上7時，波羅的海三小國民眾就在愛沙尼亞首都塔林（Tallinn）、拉脫維亞首都里加（Riga）、立陶宛首都維爾紐斯（Vilnius；德語為Wilna），及三小國首都間的鄉間排成人鏈，並起牽起了手。他們唱著三小國各自的國歌，稱此為「歌唱的革命」，並要求脫離蘇聯獨立。他們串起的人鏈超過600公里，據估計，280萬立陶宛人中的50萬人，愛沙尼亞1/3的

20　*Der Spiegel 31/1989*: 101.
21　*Der Spiegel 35/1989*: 119.
22　*Der Spiegel 12/1990*: 199.
23　*Der Spiegel 31/1989*: 102.

居民，拉脫維亞1/4的居民參與了該活動。[24]在這場示威中還出現了蘇聯成立前的喬治亞和烏克蘭國旗。[25]

　　參與上述示威活動的波羅的海三小國人民要求廢止《蘇德互不侵犯條約》及其附件。1939年簽訂的《蘇德互不侵犯條約》有2個祕密附帶紀錄，記錄確認了蘇、德兩國在東歐的領土利益範圍，據此蘇聯得以併吞波羅的海三小國、白俄羅斯和烏克蘭西部區域、比薩拉比亞（Bessarabien；其大部分為現今之摩爾達維亞）和北布科維那（Bukowina）。然而蘇聯一直否認祕密附帶紀錄的存在。[26]

　　在波羅的海三小國中，對於獨立的追求最強，最先宣布獨立的是立陶宛，這是因為如前所述，1386年立陶宛與波蘭形成立陶宛—波蘭聯盟，成為當時歐洲最大的王國之一，並且持續超過400年，1795年才被俄羅斯併吞。拉脫維亞和愛沙尼亞則是在兩次大戰間才是獨立國家。

　　1989年5月18日立陶宛國會決議要求廢止《蘇德互不侵犯條約》。[27]在波羅的海三小國的要求下，1989年蘇聯國民議會組成調查委員會，達成祕密附帶紀錄存在的結論。國民議會並於同年12月24日廢止《蘇德互不侵犯條約》和祕密附帶紀錄。[28]波羅的海三小國認為，《蘇德互不侵犯條約》和祕密附帶紀錄被廢止後，蘇聯就失去了占有三小國的法律基礎。

　　在蘇聯內波羅的海三小國的生活水準最高，工廠效率最高。

24　*Der Spiegel 35/1989*: 118.
25　*Der Spiegel 35/1989*: 119.
26　*Der Spiegel 3/1991*: 104.
27　*Der Spiegel 17/1990*: 170.
28　*Der Spiegel 3/1991*: 104.

莫斯科的改革者將波羅的海三小國視為「重建」的試驗場，他們保證了三小國的結社、言論自由，而且1989年7月蘇聯已經決議讓三小國自1990年起享有濟自治權。然而，當時一些政治評論家覺得三小國獨立的要求過於天真。[29]

　　民調顯示，愛沙尼亞非正式的政治團體（未受官方承認的政黨）受支持度已超過共產黨。愛沙尼亞獨立黨主席Lagle Parek如此評價戈巴契夫的「重建」：「他想把門打開一些，門卻完全開了。」[30]由此可見戈巴契夫的改革產生了他無法掌控的轉變，包括共產黨聲望的迅速下滑，以及少數民族爭取自治、獨立的決心增強。

　　到了1990年初，蘇聯已深陷危機，其經濟停滯，波羅的海三小國和高加索地區有分離運動，原來蘇聯的東歐盟國轉向西方。然而有西方觀察者認為蘇聯雖然筋疲力盡，但是還沒有完蛋，戈巴契夫的「重建」也尚未失敗。[31]（Zeit Online 1990.1.26）

　　1990年1月初，戈巴契夫派遣蘇共政治局和蘇共中央委員會成員，到立陶宛實地體驗三小國追求獨立的強度。之後戈巴契夫的政策有了新路線：分離的權利存在，但需要所有人的同意。[32]

　　1990年3月9日，喬治亞國會通過決議，聲明1921年蘇聯紅軍非法併吞了喬治亞，現在喬治亞必須與蘇聯進行喬治亞獨立的談判。[33] 2天之後，同年3月11日，立陶宛民族前線「Sajudis」

29 *Der Spiegel 35/1989*: 118-119.
30 *Der Spiegel 35/1989*: 119.
31 *Zeit Online 1990.1.26*.
32 *Zeit Online 1990.1.26*.
33 *Der Spiegel 17/1990*: 168.

掌控的立陶宛國會宣布立陶宛獨立，人口360萬的立陶宛是第一個宣布獨立的蘇聯加盟共和國。獨立的立陶宛共和國刪去了國號中的「社會主義」、「蘇維埃」字眼。選出「Sajudis」領導人Vytautas Landsbergis為總統。[34]

　　不過Landsbergis不急著正式宣布獨立，而是要跟蘇聯談判，然而戈巴契夫拒絕「談判」，只願意「對話」。而且在1990年3月16日戈巴契夫要求Landsbergis在3日內告知什麼樣的措施才能使立陶宛取消獨立。因為要有立陶宛取消獨立的決定，才能使其他兩個波羅的海小國，及摩爾達維亞、亞塞拜然、喬治亞打消獨立的念頭。[35]

　　然而蘇聯經濟情勢的惡化、民族衝突的加劇，已經產生了樹倒猢猻散的氣氛，一位愛沙尼亞記者說，要儘快在蘇聯解體前脫離蘇聯。[36]

　　繼立陶宛之後，1990年3月30日愛沙尼亞宣布獨立。其後「愛沙尼亞民族獨立黨」（Nationale Unabhängigkeit Estlands, ERSP）和「愛沙尼亞委員會」（Estnischen Komitees）主席Tunne Kelam接受記者訪問時表示，波羅的海三小國不會危害「重建」，不會危害戈巴契夫和俄羅斯，三小國只是要求生存，因為蘇聯深陷生態和經濟危機，只有獨立的三小國才能幫助俄羅斯的民主化和社會經濟進步。[37]由此可見，加盟共和國逃離蘇聯這艘快要沉沒的船的決心越來越強了。

34　*Der Spiegel 12/1990*: 198.
35　*Der Spiegel 12/1990*: 199.
36　*Der Spiegel 12/1990*: 199.
37　*Der Spiegel 15/1990*: 171.

　　1990年4月13日戈巴契夫給立陶宛下了一道最後通牒，要求立陶宛在48小時內撤銷關於立陶宛自有身分證的法律，撤銷拒絕協助蘇聯在立陶宛境內徵兵的決定，否則將停止供應立陶宛原料和民生物資。4月18日晚上蘇聯開始實施對立陶宛的經濟制裁。然而此時西方觀察者猶認為，波羅的海三小國的情勢惡化將會危及當時正在進行的東、西陣營裁軍協商、東歐民主化，及德國統一。[38]

　　然而波羅的海三小國脫離蘇聯的決心越來越強。拉脫維亞將在同年5月宣布獨立，愛沙尼亞則已取消了愛沙尼亞人在蘇聯軍隊服兵役的義務，並且讓其國民登記加入將組成的愛沙尼亞防衛部隊，並計畫印製自己的鈔票。愛沙尼亞國會乾脆宣布國家處於蘇聯占領之下。同年4月19日戈巴契夫邀請愛沙尼亞總統 Arnold Rüütel 到克里姆林宮，戈巴契夫威脅他愛沙尼亞國會若不撤銷前述決議，愛沙尼亞將同立陶宛一樣遭受蘇聯的經濟制裁。[39]

　　蘇聯憲法第72條賦予加盟共和國脫離蘇聯的權利，然而戈巴契夫推動立法對分離加以限制，新法規定加盟共和國退出蘇聯須經該國3/4公投同意，還須經1989年新成立的蘇聯國會（大部分是俄羅斯代表）2/3的成員同意。然而波羅的海三小國急著脫離經濟衰退的蘇聯。立陶宛農業官員 Vitaltas Picudis 說：「我們對『重建』已經失去希望了，這是我們要脫離蘇聯的原因。蘇聯的經濟已經無法被掌控，當一艘沒有舵的船在海上航行，

38　*Der Spiegel 17/1990*: 166.
39　*Der Spiegel 17/1990*: 167-168.

而且暴風來了，那麼每個人只能自救。」[40]立陶宛社會民主黨人
Algimantas Cecuolis也說：「社會主義是一頭死去的母牛。人們無
法擠奶，它也不會生小牛。」[41]

　　蘇聯對立陶宛實施經濟封鎖後，立陶宛總統說：「事實上
這是對立陶宛獨立性的承認。」這是蘇聯「對一個鄰國的經濟
暴力和經濟戰爭」。立陶宛女總理Kazimiera Prunskiene也「高興
地」說：「沒有人會抵制他自己的國家。」[42]

　　莫斯科對立陶宛獨立的反應反而加強了拉脫維亞人脫離蘇
聯政權的決心。1990年5月4日，拉脫維亞國會197位議員中的
138位投票支持拉脫維亞獨立。不過不像立陶宛那樣單方面宣布
獨立，拉脫維亞國會的決議文說法律上獨立、民主的拉脫維亞
重建了，但是拉脫維亞事實上的主權要較晚實現，要經過為期
2到4年與蘇聯的談判，談判期間為邁向事實獨立的過渡期。拉
脫維亞對於獨立較立陶宛謹慎的原因是，80%的立陶宛居民是
立陶宛人，但只有約半數拉脫維亞居民是拉脫維亞人，拉脫維
亞首都里加100萬居民中更只有30萬是拉脫維亞人。[43]

　　愛沙尼亞總理Edgar Savisaar於1990年5月接受訪問時表示，
跟德國一樣，三小國追求獨立是要消除歐洲戰爭的後果，對三
小國而言戰爭還未結束，第二次世界大戰前存在的歐洲國家，
除了三小國外現在都還存在，只有三小國尚未恢復獨立。[44]

　　1990年11月，立陶宛有了自己的郵票，拉脫維亞、愛沙尼

40　*Der Spiegel 17/1990*: 169.
41　*Der Spiegel 17/1990*: 169.
42　*Der Spiegel 17/1990*: 170.
43　*Der Spiegel 19/1990*: 182.
44　*Der Spiegel 20/1990*: 168.

亞承認此事，蘇聯則默許。[45]

　　1990年11月蘇聯的經濟情勢已經非常嚴峻，一名蘇聯國會議員表示，他的選區的貧窮狀態已達到戰爭年代都少見的程度；另一名議員表示，她的選區很快就要發生饑荒了。[46]

　　為了拯救蘇聯，戈巴契夫選擇擴張自己的職權，蘇聯國民議會授權戈巴契夫可在必要時解散加盟共和國的議會自行統治。然而戈巴契夫想專權必須倚重軍隊和祕密警察，他們是蘇聯改革的反對者。有西方評論者認為「重建」正走向終點。[47]

　　1991年1月初，當舉世正關注即將發生的波斯灣戰爭時，莫斯科派部隊進入拉脫維亞首都和立陶宛首都鎮壓獨立行動，導致當地13名平民喪命。然而此時蘇聯已是強弩之末，1個星期後蘇聯部隊就撤出拉脫維亞和立陶宛，戈巴契夫也道了歉，卻沒有撤換下令攻擊的人。[48]

　　1991年2、3月，立陶宛、愛沙尼亞、拉脫維亞更先後針對獨立議題舉行公民投票，3國公投的結果都是贊成獨立者占壓倒性多數，[49]然而蘇聯仍不讓波羅的海三小國獨立。

　　1991年8月18日至21日蘇聯發生流產政變，之後15個加盟共和國都宣布想脫離蘇聯。在這個8月，波羅的海三小國先後正式宣布獨立。同年12月1日，蘇聯僅次於俄羅斯的第二大加盟共和國烏克蘭公投通過脫離蘇聯，這給了作為多民族聯邦

45　*Der Spiegel 45/1990*: 185.
46　*Der Spiegel 47/1990*: 186.
47　*Der Spiegel 1/1991*: 102.
48　Sixsmith, Martin（馬丁‧西克史密斯），周全譯，前揭書，頁381。
49　參閱魏百谷（2009.12.3），〈波海三國獨立公投〉，《新世紀智庫論壇》（48），頁20-24。

的蘇聯最後一擊，蘇聯的正式解體已不可免。12月8日，俄羅斯、烏克蘭、白俄羅斯3國領導人簽署協議另組「獨立國家國協」（CIS），並宣布蘇聯已不存在。12月25日戈巴契夫宣布蘇聯解體並辭去蘇聯總統職位。

伍、俄羅斯對蘇聯解體的態度

本文主張「大國衰落，少數民族才有獨立的可能性」，即使蘇聯憲法明定蘇聯為多民族國家，其中的俄羅斯還是居於宰制地位。然而在蘇聯解體的過程中，俄羅斯也宣布獨立，且當時的俄羅斯總統葉爾辛，於1991年12月8日與烏克蘭、白俄羅斯3國領導人一起宣布蘇聯已經不存在，則似乎蘇聯解體的最後階段為俄羅斯主導。作為蘇聯內最強大民族的俄羅斯，為什麼要這樣做呢？

其實答案很簡單：當時蘇聯（包括俄羅斯）民生凋敝，又深受分離運動之苦，俄羅斯已無力掌控蘇聯境內其他民族（或者說已無力維繫以俄羅斯為主的蘇聯體系）；再者，當時渴望徹底解決經濟、政治等問題的蘇聯民眾，包含俄羅斯人，首先要對付、解決的就是蘇共體系，那麼由蘇共打造、建立的蘇聯體系，也必然被推翻；又，蘇聯末期，民選的俄羅斯總統葉爾辛的聲望漸漸超過蘇聯總統戈巴契夫，1991年8月18日至21日流產政變後，戈巴契夫更是威信盡失，葉爾辛儼然成為蘇聯第一強人。然而葉爾辛在權力之路的上升，憑藉的是俄羅斯總統的職位，可是葉爾辛未必有把握成為全蘇聯的最高領導者，因此對葉爾辛而言，盡速終結在俄羅斯之上的蘇聯，才是對他最

有利的。

　　然而實際上，蘇聯的解體對俄羅斯人而言是重大羞辱，更何況許多俄羅斯人居住在俄羅斯以外的前蘇聯共和國（包括波羅的海三小國），蘇聯解體後這些俄羅斯人可能面臨較艱難的處境。因此，脫離蘇聯後的俄羅斯聯邦，其第二位總統普京，用強硬手段對付想分離出去的車臣共和國，對美國等西方強國亦不假顏色，這使普京在俄羅斯的支持度久居高點。[50] 2014年，普京更支持烏克蘭東南部的俄羅斯人軍事反抗烏克蘭政府，又支持原屬烏克蘭，但居民以俄羅斯人居多的克里米亞於該年3月16日舉行獨立公投。克里米亞經公投宣布獨立後，隨即加入俄羅斯聯盟。普京在俄羅斯掌權後，靠著對內、對外的鐵碗手段，和石油、天然氣的輸出，提升了俄羅斯的經濟、軍事實力，自然就想重新掌控俄羅斯周邊地區。

　　根據2016年俄羅斯勒華達中心（Levada Center）做的民調，56%的俄羅斯受訪者對1991年蘇聯的解體感到惋惜；51%的俄羅斯受訪者認為那時蘇聯的崩潰是可以避免的；58%的俄羅斯受訪者希望恢復蘇聯，14%的俄羅斯受訪者更認為目前恢復蘇聯一事是可實現的。[51] 可見過半數的俄羅斯人緬懷，甚至希望恢復蘇聯。

　　俄羅斯介入烏克蘭東南部的戰爭後，許多西方分析家相信普京的企圖在於恢復往昔強大的蘇聯。2015年12月20日，普京在當天由俄羅斯電視台播出的紀錄片中說，西方國家在烏克蘭衝突中所做的不是為了烏克蘭的利益，而是為了阻止蘇聯的恢

50　Davies, Norman, ibid, p. 808.
51　*RT Deutsch*, 2016.4.22.

復，然而「沒有人相信我們（俄羅斯）並不嘗試恢復蘇聯」。[52]

　　其實，俄羅斯是否嘗試以及是否能恢復對周邊其他地區的控制，也是由俄羅斯的實力決定。

陸、結論

　　經過上文的分析可以發現，現在的波羅的海三小國在歷史上或者為其他國家一部分，或者為強國，或者為獨立之小國，這都取決於相關國家之強弱。1991年三小國能爭取獨立成功，實與蘇聯的國力衰落和瓦解密切相關。

　　因此，少數民族能否脫離較大國家獨立，恐非僅理念問題，而是與相對實力有關。就波羅的海三小國脫離蘇聯獨立的經驗觀之，我們的結論是：若非大國衰落，少數民族難以獨立。

　　冷戰結束後雖有好些歐洲或高加索國家獨立，但除了捷克與斯洛伐克是和平分手，其他國家的獨立都與戰爭脫不了關係。儘管民主國家有允許其一部分分離、獨立的可能性，但至今的例子還是很少。

　　至於沒有西方式民主制度的中華人民共和國，正面對內部的分離運動其結果如何，亦必取決於中華人民共和國之實力。

52　*Spiegel Online*, 2015.12.21.

年表

西元年月日	大事
13世紀	「德意志（騎士）教團」開始在波羅的海沿岸區域開疆擴土。
1204	「德意志（騎士）教團」在里加（現為拉脫維亞首都）建立要塞。
1253	明道加斯大公加冕為立陶宛國王，是立陶宛歷史上唯一的國王。
1386.2.18	立陶宛大公尤蓋拉（Jogaila）與波蘭女王雅德維嘉（Jadwiga）結婚，形成立陶宛—波蘭聯盟。
1485-1537	莫斯科大公國針對立陶宛—波蘭聯盟發動了5次戰爭。
1547	莫斯科大公伊凡四世首度使用「全俄羅斯的沙皇」頭銜。
16世紀	利沃尼亞（拉脫維亞、愛沙尼亞）南部併入立陶宛—波蘭聯盟。
1771-1795	俄羅斯逐步併吞了今天的波羅的海三小國。
1771	利沃尼亞（拉脫維亞、愛沙尼亞）北部於1771年為俄羅斯沙皇彼得一世併吞。
1772	俄羅斯、普魯士、奧地利第一次瓜分立陶宛—波蘭聯盟。
1793	俄羅斯、普魯士再次瓜分立陶宛—波蘭聯盟。
1795	立陶宛—波蘭聯盟又一次被俄羅斯、普魯士、奧地利瓜分，並就此亡國。
1917	俄羅斯布爾什維克決議保障俄羅斯各民族的自決權。許多民族自治區成立。
1918.3月	俄羅斯布爾什維克政權與德國簽訂《布列斯特—里托夫斯克條約》，波羅的海三小國因此獲得獨立。
1918-1940	波羅的海三小國為獨立國家。
1922	蘇維埃社會主義共和國聯邦成立，其最終有15個加盟共和國（包括波羅的海三小國）。
1939	蘇聯與德國簽訂《蘇德互不侵犯條約》，雙方瓜分東歐勢力範圍。
1940	蘇聯出兵占領波羅的海三小國，之後正式將其併入蘇聯。

1941	希特勒撕毀《蘇德互不侵犯條約》侵入蘇聯。
1985.3月	戈巴契夫繼任蘇聯領導人，提倡「重建」（Perestroika）和「公開性」（Glasnost）。
1989.5.18	立陶宛國會決議要求廢止《蘇德互不侵犯條約》。
1989.7月	蘇聯中央決議讓波羅的海三小國自1990年起享有經濟自治權。
1989.8.22 晚上7時起	波羅的海三小國民眾手拉手串起人鏈，要求脫離蘇聯獨立。
1989.8.23	《蘇德互不侵犯條約》簽訂50週年。
1989.12.24	蘇聯國民議會廢止《蘇德互不侵犯條約》和祕密附帶紀錄。
1990.3.9	喬治亞國會通過決議，聲明1921年蘇聯非法併吞喬治亞，喬治亞必須與蘇聯進行喬治亞獨立的談判。
1990.3.11	立陶宛國會宣布立陶宛獨立。
1990.3.30	愛沙尼亞宣布獨立。
1990.4.18	蘇聯開始對立陶宛實施經濟制裁。
1990.5.4	拉脫維亞國會投票通過拉脫維亞獨立。
1990.11月	立陶宛發行自己的郵票。
1991.1月初	莫斯科派部隊進入拉脫維亞首都和立陶宛首都鎮壓獨立行動。
1991.8.18-21	蘇聯發生流產政變。
1991.8月	波羅的海三小國先後正式宣布獨立。
1991.12.1	烏克蘭公投通過脫離蘇聯。
1991.12.8	俄羅斯、烏克蘭、白俄羅斯3國領導人簽署協議另組「獨立國家國協」（CIS），並宣布蘇聯已經不存在。
1991.12.25	戈巴契夫宣布蘇聯解體並辭去蘇聯總統職位，蘇聯正式解體。

參考文獻

張明珠編著（2004），《波羅的海三小國史》，台北：三民書局。

魏百谷（2009.12.3），〈波海三國獨立公投〉，《新世紀智庫論壇》
（48）。

馬丁・西克史密斯（Sixsmith, Martin）著，周全譯（2016），《俄羅
斯一千年》（上、下）（*Russia – A 1,000-Year Chronicle of the Wild
East*），台北：左岸文化。

Dauchert, Helge (2008). *"Anwalt der Balten" oder Anwalt in eigener Sache?
—Die deutsche Baltikumpolitik 1991-2004*. Berlin: BWV. Berliner
Wissenschafts-Verlag.

Davies, Norman (2015). *Verschwundene Reiche – Die Geschichte des Vergessenen
Europa* (aus dem Englischen übersetzt von Karin Schuler u.a.).
Darmstadt: WBG. (2, durchgesehene Auflage)

Der Spiegel 31/1989, "Wir müssen ehrlich durch diese Krise," pp. 100-102.

Der Spiegel 35/1989, "Die Tür flog ganz auf," pp. 118-120.

Der Spiegel 12/1990, "Weit weg von der Union," pp. 198-199.

Der Spiegel 15/1990, "Das Imperium ist nicht zu retten," pp. 171-180.

Der Spiegel 17/1990, "Kommunismus, eine tote Kuh," pp. 166-173.

Der Spiegel 19/1990, "Schmuck aus Eisen," pp. 182-183.

Der Spiegel 20/1990, "Das war Kolonialpolitik," pp. 168-172.

Der Spiegel 45/1990, "Eigene Briefmarken für das Baltikum," p. 185.

Der Spiegel 47/1990, "Im Sumpf, " pp. 186-187.

Der Spiegel 1/1991, "Diktator Gorbatschow," pp. 102-105.

Der Spiegel 3/1991, "Niemand kann uns überführen," pp. 104-112.

Umfrage: Mehrheit der Russen bedauern den Kollaps der UdSSR und
träumen von deren Rückkehr. *RT Deutsch*, <https://deutsch.rt.com/
gesellschaft/37942-mehrheit-russen-bedauern-kollaps-udssr/>
(2016.04.22)

Nolte, Hans-Heinrich. Die Eroberung des Baltikums durch deutsche Herren im

13. Jahrhundert in globalgeschichtlicher Perspektive, pp. 19-34 in Florian Anton und Leonid Luks, *Beiträge zu einer Geschichte wechselvoller Beziehungen – Festschrift zum 85. Geburtstag von Peter Krupnikow.* Köln: Böhlau Verlag.

Putin will die UdSSR nicht zurück. *Spiegel Online,* <http://www.spiegel.de/politik/ausland/russland-putin-will-die-udssr-nicht-zurueck-a-1068868.html> (2015.12.21)

Erschöpft, doch nicht am Ende. *Zeit Online* <http://www.zeit.de/1990/05/erschoepft-doch-nicht-am-ende/komplettansicht> (1990.01.26.)

加拿大的魁北克獨立運動

唐玉禮*

壹、前言

　　魁北克獨立運動係指魁北克省占大多數的法語裔社群，向以英語裔為主的加拿大聯邦爭取更大自主權，甚至獨立於加拿大主權之外的政治目標。

　　魁北克省位於加拿大的東部（參見圖1），首府在魁北克市（Quebec）；2011 年全省人口約 790 萬人，占加國總人口的23.6%，加國第二大省，僅次於安大略省 1,285 萬多人（38.4%）；全省以法語為母語者有 78.1%，以英語為母語者僅 7.7%，使用其他語言為母語者占 12.3%，相較於全國有 56.9% 使用英語為其母語，僅以法語為母語者占 21.3%，使用其他語言者占 19.8%（參見表1）。

＊ 國立政治大學國家發展研究所助理教授。

圖1　加拿大暨各省地圖（魁北克省是右下深灰白字部分）

引自：http://www.quebecweb.com/tourisme/images/quebec/canada.jpg.

表1　加拿大2011年人口數與母語使用情形

	人口數（占全國比率）	使用母語情形			非官方語言使用者（原住民語）
		法語	英語	雙語	
加拿大	33,476,688	21.3%	56.9%	—	19.8%（4.3%）
魁北克省（Quebec）	7,903,001（23.6%）	78.1%	7.7%	2.0%	12.3%（0.6%）
安大略省（Ontario）	12,851,821（38.4%）	3.9%	68.2%	2.3%	25.7%（0.1%）
不列顛哥倫比亞省（British Columbia）	4,400,057（13.2%）	1.3%	70.3%	1.9%	26.5%（0.2%）
新方德蘭省（New Foundland）	514,536（1.54%）	0.5%	97.6%	0.2%	1.7%（0.5%）
愛德華王子島（Prince Edward Island）	14,206（0.42%）	3.8%	92.2%	0.5%	3.5%（0.1%）
曼尼托巴（Manitoba）	1,208,268（3.61%）	3.5%	72.9%	2.1%	21.5%（3.0%）
新斯科舍（Nova Scotia）	921,727（2.75%）	3.8%	91.8%	0.7%	4.1%（0.5%）
新布朗斯威克（New Brunswick）	751,171（2.24%）	31.6%	64.9%	1.1%	2.5%（0.3%）
薩克其萬（Saskatchewan）	1,033,381（3.09%）	1.6%	84.5%	1.2%	12.7%（3.1%）
亞伯他（Alberta）	3,645,257（10.89）	1.9%	77%	1.7%	19.4%（0.7%）

作者整理。
資料來源：National Household Survey; Focus on Geography Series, 2011 Census.

　　魁北克與歐洲的接觸始於1534年法國航海家卡帝葉（Jacques Cartier, 1491-1557），以法國國王之名占領該地，次年再到此，以易洛魁印地安人（Iroquoian）的語言命名加拿大；魁北克一詞則是1608年法國地理學家尚普蘭（Samuel de Champlain）以阿爾袞琴語（Algonkians）命名意指狹窄的河流。[1] 1756年至1763年英法七年戰爭，法國戰敗，導致魁北克易手，從法國體制（1763年之前）變成為英國體制（1763-1867），其後由於英格蘭化政策與英國移民遽增，加深英法兩民族間之矛盾和對立；英國政府為籠絡魁北克人，1774年通過〈魁北克法案（Quebec Act）〉，保留法式莊園制度、允許天主教會自由傳教、承認法語，英語和法語同為官方語言；1791年更採取分治，以緩和英法兩族裔間之矛盾，卻強化民族差異，魁北克人分離主義可溯源到此。[2] 一般所稱之魁北克人（Québécois）是晚近的稱法，反映出加國當代政治社會脈絡，指在魁北克講法語的人，係受到「寧靜革命」（Quiet Revolution）相當鼓舞所致，1960年代之前都以法裔加拿大人（Canadian français, French Canadian）或操法語的加拿大人自居，但魁北克人不認為自己是法國人，而是一種屬於魁北克特有的法蘭西文化（法語和天主教）與風情。[3]

1　張維邦（1996），〈魁北克「民族主義」與法語為官方語言的制定〉，收錄於施正鋒編，《語言政治與政策》，台北：前衛出版，頁188-189；管麗莉（1998），〈文化衝突與魁北克離合的抉擇〉，《歷史月刊》，第129期，頁50-51；畢遠月（1999），〈我的祖國是冬天——魁北克〉，《大地地理雜誌》，第134期，頁34-53。

2　張維邦（1996），頁189；管麗莉（1998），頁51-53；紀舜傑（2005），〈魁北克獨立運動之族群與非族群因素〉，《台灣國際研究季刊》，第1卷第1期，頁83-99。

3　加國英語世界習用Quebecer指稱一般居住在魁省住民，不論其講何種語言；Québécois雖亦泛指魁省居民不分其操何種語言，但對魁北克民族主義者意味著早期具有法國傳統的人民，即使其已住在海外，而對分離主張者而

　　是以從加拿大聯邦體制與民主政治來看，早在1774年即已建立以英法為主的雙語政策，更在1867年通過「不列顛北美法案」（British North America Act），建立「加拿大自治領」（Dominion of Canada），維持英法雙語政策。揆諸魁北克人獨立主張之發燒主要在20世紀中葉之後，是其經濟繁榮與社會條件改善之際，先後舉行兩次魁北克人民公民複決，為此聯邦推動三次的憲政改革，並為魁北克修憲否決權與分離自決權，向最高法院聲請諮詢意見。近期是2006年11月保守黨執政的聯邦總理哈柏（Stephen J. Harper）於聯邦國會先發制人地提案：承認魁北克乃加拿大的一個獨特民族（a distinct nation within a united Canada），此即中文媒體所謂的「國中之國」議案，並獲通過。

　　因此，對於魁北克獨立運動，吾人想問：第一、魁北克法語裔究竟在焦慮什麼？聯邦、民主、雙語、以文化多元主義（multiculturalism）為本的加拿大聯邦均無法完全消弭魁北克獨立運動，數次修憲所呈現的「不對稱主義」是否意味著加國制度的失敗，更引發加國各省與聯邦政府間的關係重建與權力再安排；第二、為何魁北克法語裔人在該省之經濟發展起來之後才

言，*Québécois* 更指涉支持魁北克獨立者，甚至是魁北克國中的公民。不過，Byrne 與 Carter 認為 *Québécois* 意涵著法語裔從過去以教會為宗教、社會、政治的中心的時期，轉向到以魁北克省為治理中心，有認同與忠誠對象上的變動。請參閱 Seàn Byrne and Neal Carter (1996). *Social Cubism: Six Social Forces of Ethnoterritorial Politics In Northern Ireland and Québec*. Retrieved Apr. 15, 2016, from http://www.gmu. edu/programs/icar/pcs/bryce.htm；張維邦（1996），頁188；畢遠月（1999）；Jack David Eller (1999). *From Culture to Ethnicity to Conflict : An Anthropological Perspective on International Ethnic Conflict*. Ann Arbor[Mich.]: University of Michigan Press, p. 299; Encyclopædia Britannica Editors, *Quebecers or Québécois?* Retrieved July 30,2016, from https://global.britannica.com/topic/Quebecers-or-Quebecois-1370721. 寧靜革命則請參閱 Edward McWhinney (2008), "Federal Legacy of Quebec's Quiet Revolution," *Canadian Political Science Review* (*CPSR*), 2(3):5-11.

積極追求獨立，反而促使與強化了人民脫離加拿大的主張？第三、「國中之國」之議，是完全打消魁北克獨立主張，還是埋下分裂之種子呢？

　　本文欲從魁北克獨立運動成因開始探討，繼之說明魁北克的兩次獨立公投，再說明聯邦的憲政改革，呈現出聯邦與英法語各省之間的角力，如何看待與因應魁北克獨立運動，進而再到哈柏總理的「國中之國」議案的討論與評估，是否有利於國家於不墜。

貳、魁北克獨立運動之成因

　　魁北克獨立運動形成的背景不外乎歷史、文化與領土等因素，具備了傳統的民族文化衝突與不平等的特性。[4]回溯18世紀英法兩國在北美洲的殖民地爭奪，說明了魁北克之民族問題與分離意識產生的源頭，即便英國體制之下，賦予了魁北克法語的官方地位（1774年魁北克法案），是為籠絡法語居民、訴求其忠誠的考量而設，以免除來自美國獨立革命的衝擊；1791年英國國會通過憲法法案（Constitutional Act），劃分魁北克為「上加拿大」（Upper Canada）（今之安大略〔Ontario〕）和「下加拿大」（Lower Canada）（即現在的魁北克），確立了法語裔與其土地的鏈結，以及其與英語裔之民族二元性關係。[5] 19世紀則發

4　何東晧（1994），〈加拿大魁北克分離主義的演變〉，《問題與研究》，第33卷第9期，頁58-61；Michael Keating (2001). *Nations against the State : The New Politics of Nationalism in Quebec, Catalonia and Scotland.* New York : Palgrave. 2nd ed., pp. 77-78.
5　李憲榮（2002），〈加拿大的英法雙語政策〉，各國語言政策研討會，2002.09.26-27，台北，http://mail.tku.edu.tw/cfshih/ln/paper07.htm；馬丁・麥格（Martin N. Marger）著，祖力亞提・司馬義譯（2007），《族群社會學：美國及全球視角下

生兩件重大事件是魁北克民族主義者重要的歷史記憶，其一是
1837年下加拿大反抗事件，下議院的多數黨領袖巴比諾（Joseph
Papineau, 1752-1841）為法語裔爭取權益和避免被同化，未果，加
上經濟蕭條，法語裔起而反抗，後被政府軍鎮壓；其二是1884
年的李爾（Louis Riel, 1844-1885）帶領薩士卡契灣山谷的Métis
（加拿大原住民）造反的事件，後被政府軍擊潰，李爾並立即被
絞死，李爾雖是Métis與法語裔的混血兒，法語裔認為李爾遭到
絞刑對待，因其乃法語裔所致。[6]

　加拿大政府雖尊法語為官方語言，然在19世紀時，鼓勵英
裔人口移民，形成英語裔人口在1861年時超過法語裔人口達30
萬人之多，以至於當英語裔人口要求依人口比例分配議會席次
上，法語裔相當地反彈；為促進兩方團結、共抗美國，1867年
的「不列顛北美法案」（British North America Act）在條文上揭櫫
兩建國的族群就是英語族群與法語族群，值得注意的是，此法
案中對雙語使用之規範僅以加拿大國會和魁北克議會為主，未
提及其他省分，僅具文化平等概念的胚芽，頗為粗糙，在實踐
上，其他省分則是先後採取不利於法語使用和學習措施，[7]更加
挑動雙語政策有名無實的敏感神經；也呈現出聯邦、魁北克與
各省之間的微妙關係，以及英語裔對法語裔的諸多歧視，如：
法語裔長期處在社會下階層，甚至在服公職上遭到不公平待
遇，各省均分聯邦經費與稅收更不利於魁北克。[8]

的種族和族群關係》，北京：華夏出版，頁436。
6　張維邦（1996），頁189-190；李憲榮（2002）；Seàn Byrne and Neal Carter (1996).
7　例如在Prince Edward Island，1887年廢除法語的教會學校；British Columbia和
　　New Brunswick紛紛跟進；1890年Manitoba停止資助天主教學校，並禁止在議會
　　和法院使用法語；Ontario於1912年禁止公私立學校使用法語。李憲榮（2002）。
8　加拿大雙語政策在一戰與二戰時面對的窘境，因為軍官幾乎都是英語裔，法

　　加拿大聯邦成立歷史看起來平順、未經大規模衝突、沒有流血革命，是一個從先法國、後英國統治的殖民地，再逐步走向聯邦，由加拿大自主訂定之憲法，遲至1982年才完成。對曾經殖民的法語裔和英語裔而言，卻存在著一個迷思（myth）：即法英語兩大民族建立加拿大聯邦，[9]前者變而為被征服者、少數、信仰天主教，後者則是掌握優勢具影響力的多數、征服者、信仰新教，在缺乏共同奮鬥、犧牲流血的共同經歷下，何來對加拿大這個第三個認同的內涵呢？加拿大認同是一個矛盾的嵌合物（chimera）。[10]而在魁北克內部對獨立議題則可區分兩派勢力與態度一是主權派（the sovereigntists）、傾向獨立，一是聯邦派（the federalists），親聯邦立場，但也強調魁北克的自主性。[11]

　　19世紀到20世紀50年代之間魁北克社會在天主教會掌控之下，包括學校教育與社會服務，採取與英裔「隔絕」、「疏離」、「非分離」（separatist）的立場，以維護法裔文化和宗教，視魁北克猶太人是市儈商賈，反對現代化、都市化，以農耕為主，經濟發展相對落後，如是才有利於教會掌握魁北克人社群。[12] 1960年魁北克自由黨（Quebec Liberal Party）擊敗執政長

語裔不願從軍，但實施強制徵兵之下，反而引發為祖國（不列顛）而戰的認同爭議，法語裔多不願被派到海外，英法語裔之間的緊張關係加劇。何東晧（1994）；張維邦（1996），頁190；李憲榮（2002）。更甚者魁北克民族主義者認為兩次世界大戰是「不列顛的戰爭」（Britain's war）。請參閱紀舜傑（2005）；余建華（2000），〈多元文化的民族衝突與矛盾——加拿大魁北克問題〉，《歷史月刊》，第151期，頁97-103。

9　Seàn Byrne and Neal Carter (1996).
10　Jack D. Eller (1999). pp. 308-309.
11　高朗（1995），〈魁北克問題與加拿大憲法改革〉，《美歐月刊》，第10卷第6期，頁59-68；辛翠玲（2005），〈從民族主義到認同平行外交：魁北克經驗〉，《政治科學論叢》，第24期，頁111-136。
12　張維邦（1996），頁190-191；Michael Keating (2001), p. 78.

達23年的右派的民族聯盟黨（Union Nationale）取得魁北克執政權，黨魁勒薩棋（Jean Lesage, 1912-1980），提出「改變」（It's time for change）與「當家做主」（masters in our own house）的口號，在政治、經濟、教育、社會各層面的政策，[13]促使魁北克走向現代化發展，魁北克社會宛如發生一場「寧靜革命」。雖然魁北克自由黨是站在與聯邦親近的「聯邦派」，魁北克經濟大幅增長之後，自主性亦提高，並未消弭其分離意識，因為更感受到被「整合」、甚至是被「同化」的壓力。[14]然而，在1960年代至1970年代之間，魁北克同時並發生暴力抗爭行為，當時積極推動脫離聯邦而獨立的組織主要有三個：立場較激進的「民族獨立同盟」、較保守與理性的「魁北克獨立社會主義行動聯盟」、較暴力的「魁北克解放陣線」（Front de libération du Québec, FLQ），即是因為經濟改善之際，魁北克人民的自信提升並開始重視個人權利，進而支持分離訴求，如此才能鞏固寧靜革命的成果，[15]但暴力行為持續不長久，尤其是FLQ在1970年引起所謂的十月危機，魁北克人黨（Parti Québécois，以下簡稱魁人黨）創黨之黨魁雷維克（René Lévesque, 1922-1987）呼籲魁北克人經由民主程序達成魁北克的獨立目標。[16]此時的魁北克人的民族自信也在增長。[17]因此，從制度面來看，似乎意味著加國

13　Quebec Liberal Party from Wikipedia. https://en.wikipedia.org/wiki/Quebec_Liberal_Party

14　何東晧（1994），頁58-61；李鐵生（1997），〈民族自決與民主的困境：加拿大魁北克分離運動〉，《美歐季刊》，第12卷第2期，頁23-46。

15　李鐵生（1997），頁27-28；馬丁‧麥格著，祖力亞提‧司馬義譯（2007），頁438。

16　馬丁‧麥格著，祖力亞提‧司馬義譯（2007），頁439。

17　張維邦（1996），頁190-191；馬丁‧麥格著，祖力亞提‧司馬義譯（2007），頁438。

聯邦民主制度的失敗，無法平息魁北克民族主義，在聯邦讓權過程中，不但弱化聯邦自身權力，也加重各省之間之心結，[18]影響國家形象與國家認同。前總理杜魯道（Pierre E. Trudeau，自由黨，魁北克人，1919-2000）謂：「加拿大是世界上最大的小國家」，道出了加拿大夾處在法國、英國之間，以及和美國的歷史、文化、經濟、外交、社會與空間等等因素互動下的複雜關係，[19]雖然加拿大是西方七大工業國之一，2011年總人口3,347萬多人，[20]國土面積997萬多平方公里，世界第二大國家。[21]

　　對於魁北克人何以主張分離而獨立的運動，或可簡要地歸納出兩種態度因素的拉鋸來理解，即對聯邦的「恐懼」（fear）和對分離的「信心」，前者主要是指法語社群在英語世界長期以來的不安全感（a permanent sense of linguistic insecurity），有文化滅絕（cultural extermination）的焦慮感，位於魁省西南部的商業大城蒙特婁（Montréal）亦以英語為主；後者即是來自魁北克經濟的成就，尤其是法語裔商業階級的經濟表現佳，法語社群的失業狀況也大為改善。[22]相較於多數學者以政經、或歷

18　Evenson, Jeff, and Richard Simeon (1978). "The Roots of Discontent," As cited in Matt Wilder and Michael Howlett (2015-2016). "Bringing the provinces back in: Re-evaluating the relevance of province-building to theories of Canadian federalism and multi-level governance," *Canadian Political Science Review*, Vol. 9, No. 3, 2015-2016, 5.
19　林岩哲（1992），〈加拿大的修憲公民複決〉，《問題與研究》，第31卷第2期，頁1-11。
20　世界銀行數據顯示2014年加拿大人口已達3,554萬人。http://data. worldbank.org/cuntry/Canada.（檢索日期：2016.04.05）其中原住民（Aboriginal peoples）在2011年人口普查有1,400,685人占全國4.3%。from http://www12.statcan.gc.ca/nhs-enm/2011/as-sa/99-011-x/99-011-x2011001-eng.cfm.（檢索日期：2016.04.13）
21　National Geographic Kids. http://kids.nationalgeographic. com/explore/countr ies/canada/#canada-playing-hockey.jpg.（檢索日期：2016.04.05）
22　Dion, Stéphane (1993). "The Quebec Challenge to Canadian Unity," *PS: Political Science and Politics*, 26 (1): 38-43；Dion, Stéphane (1996). "Why is Secession Difficult in Well-

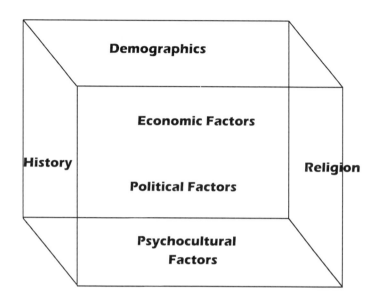

圖2　族群衝突情境的社會立方體構圖

引自：Seàn Byrne and Neal Carter (1996), Social Cubism: Six Social Forces of Ethnoterritorial Politics In Northern Ireland and Quebec.

史、或社會文化等觀點探討魁北克獨立運動及其族群領土政治（ethnoterritorial politics），「社會立方體論」（social cubism）是一個全面性的觀點，綜合物質與心理層面如經濟、宗教、政治、心理文化、歷史、人口等六項因素相互交織作用，形諸於社會的六面向，宛如一個立方體（見圖2），來比較民族分離運動案例，如愛爾蘭和魁北克，其中魁北克法語裔（Francophone）在加拿大英語裔（Anglophone）環伺下的衝突情境概括說明，請見

Established Democracies? Lessons from Quebec," *British Journal of Political Science,* 26 (2): 279.

表2。[23]

表2 加拿大英語裔與魁北克法語裔之族群衝突六項因素

經濟因素	傳統上英語裔掌控了經濟現代化之發展，法語裔在1960年代之後才在商業上有所表現。
宗教因素	天主教會在魁北克具有相當影響力，決定其教育體系，不同於英語裔體制，然宗教虔誠在1960年代之後已漸消退。
政治因素	聯邦體制提供各省的有效且具正當性的代表權，而魁北克民族主義更是聚焦在魁北克成為維護法語文化的重鎮。
心理文化因素	傳統上法語裔認同基礎在其語言土地、種族與宗教，1960年代之後並成為其民族主義象徵。英語裔加拿大人回應以加拿大民族主義的發展。混合兩者則以聯邦主義者自居（federalists）。
歷史因素	英法兩語裔間衝突本就是催生加拿大的主因，魁北克人視英語裔為征服者，稱其為英格蘭人（English）；英語裔則以地區（region）來識別。
人口因素	英語裔散布於加拿大各地，法語裔則局限在魁北克，必須維持對省級與語言的認同，然出生率下降與移民一再衝擊著文化政策。

資料來源：Seàn Byrne and Neal Carter (1996).

　　以上六大面向的因素完整說明英法兩語裔間的緊張關係，從歷史與政治來看，魁省人回應內外情勢變化分成兩種立場：一是親聯邦的聯邦派，一是民族主義派，即主權派，追求主權獨立，同時魁省人民支持和平方式爭取，譴責暴力手段；至於獨立之後的領土疆界問題，由於魁北克兩次公民複決未通過，魁北克省與其他省分（如新芬德蘭省）或是加國原住民間之疆界劃定，也就存而不論了。宗教因素曾經是魁北克人社會主要

統治力量，以天主教教會為中心，管理學校體系以及健康與福利制度，直到1960年寧靜革命之後，管理重心轉移到魁北克省政府手上，魁省政府可以在教育、商業與廣告等領域強制使用法語，以強化魁省人民對法語裔歷史與傳統的認同。

　　然其中宗教因素作用在1960年代之後已消退，歷史與心理文化因素已轉化成潛藏的背景因素；最直接感受到的變化就是經濟與人口結構，語言則是直接展現「我是誰」的表徵。但唯有掌握政治權力，才能賦予法語的實質地位，而非僅是形式上的尊重而已，必須在全國各省確實維護法語文化與其尊嚴，由是將加重聯邦放權之壓力。也因此，吾人看到的表象是語言（法語）維護與經濟利益兩大因素相互拉鋸，呈現在公民複決與修憲爭議當中的種種糾結。

參、魁北克獨立公投

　　魁北克省在魁人黨於1976年主政時，先後舉行兩次公民複決，第一次在1980年、第二次在1995年，均未獲省民過半支持與聯邦政府協商主權聯合事宜的提案。

一、1980年5月20日「主權—聯合」公民複決

　　魁人黨成立於1968年，係受到法國前總統戴高樂於1967年到訪之鼓舞，一方面激發起魁北克人的民族情緒，一方面促使魁北克政府與法語系國家的交流，黨魁雷維克（René Lévesque）主張「主權—聯合」，是所謂的「主權派」或「獨派」，即魁北克主權獨立、並與加拿大各省經濟合作，魁北克擁有主權，

正是展現一民族的自由意志，而不一定是要遭受不公平待遇才能主張，更揭櫫「保衛法語聖戰」；於1976年贏得魁省大選而上台執政，1977年8月推出「法語憲章」即101法案（Bill 101），尊崇法語的單語政策，規定商場招牌、工作場所、非英法裔的移民子女應進入法語學校；1980年5月20日舉行其公民複決案：要求與聯邦政府建立一種所謂「平等主權」的「主權聯合」對等關係。[24] 魁人黨所規畫之公民複決是二個階段，此乃第一階段，以至於其訴諸公民複決的題目頗長：「魁北克政府公開建議，要和加拿大其他各省，基於國與國平等的關係，談判一個新的協約，以此新協約賦予魁北克單獨立法，徵稅與外交的權力，換言之『建立主權』，同時與加拿大維持一個經濟聯盟，包括使用共同的貨幣；談判的結果在未經另一個公民複決通過以前，政體現狀不得改變；基於以上條件，你是否願意授權給魁北克政府談判此魁北克與加拿大的協約？」（原文：The government of Quebec has made public its proposal to negotiate a new agreement with the rest of Canada, based on the equality of nations; this agreement would enable Quebec to acquire the exclusive power to make its law, levy its taxes and establish relations abroad – in other words, sovereignty – and at the same time to maintain with Canada an economic association including a common currency; no change in political status resulting from these negotiations will be effected without approval

---

24 何東晧（1994），頁61；張維邦（1996），頁192-193；Seàn Byrne and Neal Carter (1996); Ronald Rudin (2003). "A Case of Ambiguity: Unravelling Dichotomies in Quebec Secessionist Discourse," In Bruno Coppieters & Richard Sakwa, eds., *Contextualizing Secession: Normative Studies in a Comparative Perspective*. Oxford: Oxford University Press；余建華（2000）。

by the people through another referendum; on these terms, do you give the government of Quebec the mandate to negotiate the proposed agreement between Quebec and Canada?）

　　簡言之，複決議題是訴求魁北克與加拿大的主權平等結合之新關係，一般簡稱為「sovereignty association」（主權—聯合）。投票結果：同意提案的比率占40.5%，反對票比率占59.5%（並請參見圖3），魁人黨第一階段提案沒通過；魁北克獨立議題首度搬上檯面，並在平和之民主程序中暫告一段落，同時督促聯邦政府加緊處理回應魁北克之獨立議題。[25]

　　嚴格來說，魁人黨此次推出之公民複決主題並非與加拿大一刀切式的政治分離，在主權獨立立場上是傾向溫和漸進，強調與聯邦的聯合、夥伴關係，被堅持獨立之主權派認為態度搖擺；從結果來看，魁北克人選民估計有52%反對該提案，卻在1981年4月魁省大選繼續支持魁人黨，在省議會122席囊括80席；可以說多數之法語裔認同魁北克地位提升，但尚未到要分家的地步，主因在於為獨立而可能發生的經濟代價，而不是一般常說的不平等待遇。[26] 然而，不容否認的，如此主權獨立的政治訴求對魁北克省產生一些社會對立的影響。[27]

25　林岩哲（1992），頁7-8；高朗（1995）。
26　林岩哲（1992），頁7；何東晧（1994），頁61-62；張維邦（1996），頁193；馬丁・麥格著，祖力亞提・司馬義譯（2007），頁439。
27　Seàn Byrne and Neal Carter (1996).

二、1995年10月30日獨立公投

　　魁人黨經過1980年5月「主權—聯合」公民複決挫敗後，仍獲選民青睞於1981年魁省大選，繼續執政到1985年下台；在野9年後，1994年9月12日魁省大選，魁人黨重返執政舞台。此番上台，有謂是與聯邦推動憲法改革路徑不順遂有很大關聯。[28]黨魁巴利佐（Jacques Parizeau, 1930-2015）在選前明確地拋出魁北克獨立主張，與1980年的結合主張切割，[29]勝選之後將兌現政見。1995年10月30日魁人黨辦理魁北克第二次獨立公投，當時兩方陣營主張的標幟，其中一方為：「Oui. Et ça devient possible」另一方為：「La separation? On a raison de dire NON.」對應的題目是：「你是否同意，魁北克在顧慮本身前途法案即在1995年6月12日簽署協定範圍內，向加拿大正式提出新政經夥伴關係的要求後，成為主權獨立國家嗎？」（原文：Do you agree that Quebec should become sovereign after having made a formal offer to Canada for a new economic and political partnership within the scope of the bill respecting the future of Quebec and of the agreement signed on June 12, 1995?）

　　投票結果贊成獨立的票率占49.4%，反對獨立的得票率占50.6%（並請參見圖3），魁人黨黨魁巴利佐認為是輸在金錢與族群，[30]雖然贊成獨立的比率大增；然而，公民複決題目雖比上一次簡短，仍舊是不明確、且複雜，如題目所指出的1995年6

28　高朗（1996），〈魁北克問題與加拿大聯邦體制改革之困境〉，《政治科學論叢》，第7期，頁113；馬丁‧麥格著，祖力亞提‧司馬義譯（2007），頁440。
29　Ronald Rudin (2003).
30　Ronald Rudin (2003).

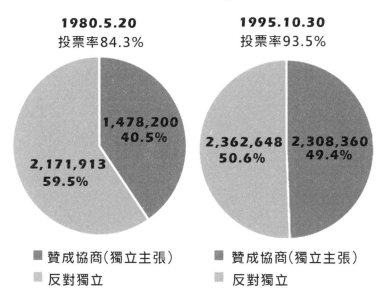

圖3　魁北克兩次獨立公投結果

引自：Ben Smith (2013), The Quebec Referendums. RESEARCH PAPER 13/47 by UK.

月12日的三黨協議，[31] 以及魁北克在這15年間的人口結構變化不小，新移民多數不支持獨立。[32] 整理1980年與1995年兩次獨立公投結果如圖3。

---

31 魁人黨、魁北克集團（*Bloc Québécois*）、魁北克民主行動黨（*Action démocratique du Québec*），魁北克前途決議文（Bill 1: An Act Respecting the Future of Québec），http://www.sfu.ca/~aheard/ bill1.html. 20160409檢索；並請參閱陳盛（2005），〈魁北克獨立問題之諮詢意見〉，《問題與研究》，第44卷第5期，頁53-84。

32 盧定平（2004），〈加拿大式的民主與魁北克的公投〉，《歷史月刊》，第194期，頁87-92。

肆、聯邦政府因應之道──憲法改革

　　聯邦政府於1960年代以來已對魁北克獨立運動有所回應，先是集中在語言議題，接著以憲政途徑來維繫住魁北克，由是亦催生了加國憲法，還訴諸最高法院來裁決魁北克獨立運動的合法性。

一、雙語主義和多元文化主義

　　1867年「不列顛北美法案」已尊英語與法語兩族裔之地位，不但未落實於魁北克省，遑論各省。1960年代聯邦政府面對魁北克民族主義者抨擊語言不平等問題，成立皇家委員會研究對策，聯邦總理杜魯道於1968年上台，1969年出台官方語言政策、1970年國會通過官方語言法案（Official Languages Act），明確官方語言為英法雙語，然魁省自由黨政府認為，此雙語政策仍無法挽救魁北克人在英語世界的經濟劣勢，提出法案因應，引發英語裔不滿，轉而支持魁人黨得以在1976年勝選並獲過半席次（71席）；[33] 再者，杜魯道總理堅持多元文化主義，加國在1971年成為世界上第一個納入為官方政策的國家，推動「新民族主義」，以加強加拿大人的國家認同，[34] 對魁北克人而言，則更擔心被同化。

　　魁北克人的擔憂不是沒有道理，加拿大政治學者金里卡

33　李憲榮（2002）；高朗（1995），頁63；管麗莉（1998），頁54；陳盛（2005）。
34　聯邦政府考量到長期在美國陰影下的國家認同似乎是脆弱的。何東晧（1994）；張維邦（1996），頁192；紀舜傑（2005），頁85；Annual Report on the Operation of the Canadian Multiculturalism Act–2013-2014, http://www.cic.gc.ca/english/resources/publications/multi-report2014/3.asp（檢索日期：2016.04.09）。

（Will Kymlicka）指出，信奉自由主義的現代民主國家，從個人主義出發，以公民身分與法律制度統整所有成員，以國家為中心之各種政治符號來形塑全體國民的同質性，然卻傾向以主流民族或是統治民族的文化和語言為主，忽略其他民族的文化歸屬，提出「自由文化主義」（liberal culturalism），將民族主義融入自由主義與多元主義之中，主張「少數民族的差異權利」，如：自治權、語言權、群體的政治代表權、對直接影響其文化生存事務的否決權等，然該政治組織如多民族聯邦制較具備具體實踐的包容態度，不壓抑少數民族，但金里卡特別強調聯邦制並非解決民族衝突之萬靈丹，尤其要注意該國行政區界之劃分，以及各級政府間之權力分配上應尊重少數民族之意見。[35]

二、1982年憲法法案

聯邦總理杜魯道面對魁人黨在1976年獲得魁省執政權，並將推出「主權─聯合」公民複決案，即向魁省選民保證將以修憲來回應魁北克的訴求。

杜魯道的修憲構想是以人權憲章為本，含括加國境內原住民、英語裔、魁北克人及其他後來之移民群體，此乃杜魯道的多元文化主義精神，但此構想並不符合魁北克聯邦主義者所訴求的獨特地位──加國是英法與兩大民族組成，不是十省兩地方的組合。[36]

35　W. Kymlicka (2001). *Politics in the Vernacular: Nationalism, Multiculturalism and Citizenships.* New York: Oxford University Press, pp. 39-42,77, 93-93; W. Kymlicka, (1998) "Is Federalism a Viable Alternative to Secession? " in Percy B. Lehning ed., *Theories of Secession.* New York: Routledge, pp. 111-150.
36　高朗（1995）。

　　承上，在修憲程序上，在此之前，加國均依1867年〈不列顛北美法案〉向英國國會提出請求，由英國會負責修改事宜，杜魯道總理急於解決魁北克問題，在僅獲得安大略、新布朗斯威克支持下，即向聯邦國會提出其修憲案、再送英國國會，但杜魯道此舉引發各省抗議、並向法院控訴，而英國國會亦要求應先徵詢各省之意見。[37]杜氏重新召集各省省長會議，打開僵局，修憲案於1982年先後經聯邦國會與英國國會通過，是為加拿大的憲法法案（Constitution Act, 1982），因此之後，加國「在法律形式上，正式與英國脫離關係」，其政治意義在於聯邦革新與憲政革新。[38]但魁省並未簽署，意圖行使否決權，最高法院對此做出諮詢意見（Quebec Veto Reference）：「憲政法之有效性，不待各省一致同意，仍得適用於各省」，[39]魁省必須續與聯邦談判。

三、1987年〈密奇湖修憲協議（Meech Lake Accord）〉

　　1987年4月聯邦總理慕隆尼（Martin Brian Mulroney，保守黨）召集省長會議，在渥太華的密奇湖（Meech Lake）再次協商修訂憲法。魁省提出五條件：

1. 承認魁北克為一獨特社會。
2. 對該省移民有控制權。
3. 限制聯邦對該省開支之干預。
4. 修憲案若涉及聯邦制度變革，該省有否決權。

37　高朗（1996），頁113。
38　林岩哲（1992）。
39　陳盛（2005），頁58。

5. 參與最高法院大法官之任命。

　　在各方討價還價之中，也看出聯邦與各省之間的權限劃分之爭如：移民與修憲否決權；修憲程序上則需十個省一致同意，並在三年內完成。[40]

　　密奇湖修憲協議最終在期限1990年6月到達之前，未獲新方德蘭（New Foundland）和曼尼托巴（Manitoba）兩省議會通過而失敗。[41]密奇湖協議未能過關是出乎意料，也可以說慕隆尼總理輕忽加國英語裔省分的情緒，魁省自由黨政府更是退出聯邦與各省長的修憲會議，魁省國民議會通過第150號法案（Bill150），將在1992年10月舉行獨立公投。[42]

四、1992年〈夏洛城修憲協議（Charlottetown Accord）〉

　　慕隆尼總理面對此一聯邦危機，積極處理如：成立委員會巡迴舉行修憲公民聽證會，指派前總理克拉克（Joe Clark）專責協調修憲事務，魁省於1992年4月重回談判桌，8月28日在夏洛城（Charlottetown）達成修憲協議，並將交付公民複決：

1. 承認魁北克的特殊地位，保有其語言、文化與民法。
2. 聯邦最高法院9名大法官中至少有3名來自魁北克。
3. 魁北克在聯邦眾議院的席數至少擁有25%席次。
4. 參議院[43]改由選舉選出，每省6名參議員。

---

40 林岩哲（1992）；高朗（1996），頁114；陳盛（2005），頁58。
41 高朗（1996），頁114；紀舜傑（2005），頁87。
42 林岩哲（1992）；高朗（1996），頁115。
43 參議院之角色與功能理論上，代表國家利益，地方普選或地方議會選派，並防

5. 承認原住民的自治權。

6. 省與聯邦權力重新分配,各省承諾撤銷內部貿易障礙。

1992年10月26日進行對夏洛城協議的公民複決,結果是:反對票占54.5%、贊成票占44.6%,投票率是74.9%,魁省選民投票結果亦是過半反對此協議;英語裔選民認為對魁省讓步太多,魁省認為得到的還不夠;而主張訴諸公民複決的政治菁英而言,則是嚴重誤判情勢:選民對憲法改革之立場是分歧的,以安大略省為界,以東各省多支持該協議,西部各省則反對之。[44]

五、最高法院對魁北克分離之諮詢意見 （Reference re Secession of Quebec, 1998.8.20）

1996年9月30日加拿大總督羅密歐・勒布朗（Roméo LeBlanc）依加拿大最高法院法第53條,就魁北克主張主權獨立議題提出三項問題,咨請最高法院進行裁決:[45]

1. 根據加拿大憲法律,魁北克國民議會、立法機關或政府能否片面促成脫離加拿大的發生（effect the secession of Quebec from Canada unilaterally）嗎?

止聯邦擴權。加國過去係依1867年北美法規定,參議員由總督聘任,實際上是由聯邦總理基於黨派因素任命,淪為政治酬庸,1965年前是終身職,之後改為75歲須退休,分成四區任命一區24名（安大略、魁北克、西部省分、沿海省分）。請參閱高朗（1996）,頁108。

44 林岩哲（1992）;高朗（1996）,頁116。

45 原文請參閱最高法院裁定意見書:Supreme Court Judgments, Reference re Secession of Quebec([1998] 2 SCR 217), http://scc-csc.lexum.com/scc- csc/scc-csc/en/item/1643/index.do（檢索日期:2016.4.10）;中譯文並請參閱陳盛（2005）,頁61。

2. 國際法是否賦予魁北克國民議會、立法機關或政府有權
　 能片面脫離加拿大嗎？因此，國際法之自決原則是否賦
　 予魁北克國民議會、立法機關或政府有權能片面促成脫
　 離加拿大的發生嗎？
3. 如果兩種法律相互牴觸，何者優先？

　　最高法院對第1個問題，從加國四項基本原則加以析述：
聯邦制度、民主制度、憲政法治與保護少數，其中民主制度
是最基本價值，在聯邦制度中，政權由聯邦與各省分享；最
高法院「裁定魁北克獨立公投行為屬修憲提案表示，並未逕予
認定一省之獨立公投即屬違憲，……修憲發動權視為聯邦原
則，……必然出現憲政協商，因此……魁北克獨立公投會產生
協商義務」，[46]而民主制度除了多數決，尚須具備正當性，即道
德價值如：尊重人類尊嚴、維護社會正義、不同信仰文化與群
體認同的並存等等。[47]

　　長達78頁的裁決意見，最高法院的見解總結：「根據加拿
大法律，魁北克如果想分離，有義務與聯邦政府與其他省分進
行談判；在有關建立新國家的國際法上，有關法條並不適用於
魁北克的情勢；但若魁北克居民多數選擇獨立，其他省分和聯
邦政府不能剝奪魁北克政府追求獨立的要求，必須與魁北克談
判。」[48]

　　此三問題，即已呈現了以現代國家為基本組成單位的國際

46　陳盛（2005），頁76。
47　同前註，頁77。
48　Supreme Court Judgments, Reference re Secession of Quebec([1998] 2 SCR 217).；〈加
　　拿大最高法院：魁北克無權片面宣布獨立〉，聯合報，1998年8月21日。

社會中，其兩大原則：主權原則與民族自決原則間之矛盾，該裁決意見並未斷絕魁省獨立之路。魁北克獨立議題是一個高度政治性議題，在民主國家中有待各方依循憲政途徑繼續協商。

此外，聯邦自由黨政府克雷提安（Jean Chrétien）總理在1999年12月向國會提出「清晰法案」（Clarity Bill），意圖釐清最高法院在諮詢意見裁定中所留下的尾巴：多數與獨立的定義應予明確，於2000年6月29日通過即「BILL C-20」。[49]

伍、不對稱主義與國中之國 vs. 價值憲章

加國聯邦政府以修憲途徑解決魁北克問題，不但擴大省的權限與地位，尤其是魁省權力，相對地亦限縮聯邦自身權限，此種「不對稱」（asymmetry）的權力分配形式，[50] 其背後理念基礎是服膺加國多元文化主義思維下，尊重個人、各群體社會間差異，更強化資源權力的不平等分配，[51] 依然未完全贏得魁北克的信任，因為英語世界並未鼎力支持，一則在於一個長期爭議：何謂平等對待，加國是兩個民族組成的國家嗎？不但出身魁北克的前總理老杜魯道不支持加國是英法兩民族的世界，出身西部省分的政治菁英曼恩尼（Preston Manning，國會議員，亞

49 清晰法案的背景與其目的，請參閱 Mollie Dunsmuir and Brian O'Neal (2000), Background to the Introduction of BILLC-20, The Clarity Bill. (2000.2.15, PRB99-42E). http://publications.gc.ca/Collection-R/LoPBdP/BP/prb9942-e.htm（檢索日期：2016.04.22）；胡川安（2013），〈魁北克的下一步——從2012年大選結果觀察其未來獨立公投的因素〉，《臺灣國際研究季刊》，9（2），頁188。
50 Kymlicka (1998).
51 Douglas Brown (2005), "Who's Afraid of Asymmetrical Federalism?– A Summary Discussion," *Asymmetry Series* (17). IIGR (Institute of Intergovernmental Relations), Queen's University.

伯他省）在1990年代更謂兩民族之說是舊時代觀點,「新加拿大」才應是該追求之方向。[52] 再者,徒具制度形式的平等未能落實在各省的社會之中,甚至未能入憲,並不符合魁北克民族主義者要求,[53] 此一認知差距一直是魁北克問題難以平衡的關鍵（見表3）。

表3 英法兩民族認知差距

魁北克（法裔）立場	加拿大（英裔）立場
1/2	1/10
從語言組成來看——英法語兩大民族	從國家行政區劃來看——10個省組成

資料來源：作者自行整理。

　　然而,最大膽的釜底抽薪之計應該是聯邦保守黨政府哈柏（Stephen J. Harper）總理於2006年11月,在聯邦國會「先發制人」地提案：承認魁北克乃加拿大的一個獨特民族（a distinct nation within a united Canada）,此即中文媒體所謂的「國中之國」議案,聯邦國會以266票對16票通過哈柏提案；英國BBC分析認為,國中之國提案一定程度上化解了此次魁北克獨立訴求,而魁人黨先反對、後支持的轉變可說是一種「次佳方案」的選擇。議案關鍵用詞在「nation」一詞,既是民族、亦指國家,才會有「國中國」之說,哈柏自己的詮釋是：「魁北克人是不是在統一的加拿大中建立了一個國家？答案：是的。但魁北克人是不是建立了一個獨立於加拿大的國家？答案：不是,而且未

---

52 Frédéric Boily, and Brent Epperson (2014). "Clash of Perceptions: Quebec Viewed by Albertan Media (2003-2012)," *Canadian Political Science Review* 8(2), p. 39.
53 Brown (2005).

來也不是。」[54]

　　必須指出的是，加國英語世界對於魁北克問題持反對立場的看法是所謂的「人質論」（hostage thesis），魁北克人不斷以分離訴求要脅加拿大聯邦，使得聯邦在權限、配置財政分配上節節後退，[55] 這或許部分解釋了為何憲法途徑會失敗；另一方面，魁北克人民已獲得聯邦更多資源之挹注。[56] 亦展現了聯邦主義並非解決多民族國家內部歧異之萬靈丹。[57]

　　至於哈柏總理「國中之國」之議的成效如何？若從魁省2007年到2014年四次大選的結果來看（請見表4），2007年魁省大選，魁人黨落到第三大黨，魁北克自由黨於2003年執政至今，此次的席次則未過半，是一少數政府。2008年魁人黨稍有起色，仍在野。2012年大選，魁人黨獲勝、再度執政，但是一少數政府，席次未過半。[58] 2014年4月大選則是魁北克自由黨主政，原執政的魁人黨總理馬華（Pauline Marois）是為魁北克價值憲章（Charter of Quebec Values）：[59] 自由、平等與俗人統治

---

54 〈加拿大下議院承認魁北克為國家〉，中央社，2006年11月28日；〈魁北克人黨支持「國中國」動議〉，BBC中文網，2006年11月25日，http://news.bbc.co.uk/chinese/trad/hi/newsid_6180000/ newsid_6182700/6182764.stm.
55 Boily and Epperson (2014), p. 45.
56 在Lester Bowles Pearson (1897-1972)任加拿大總理時期（1963-1968，自由黨），有三個給予魁北克的特殊待遇：一是全國花費各省平攤的計畫，二是全國社會政策（如學生貸款、青年補助），三是全國津貼分配計畫。在這三個計畫，魁北克都選擇「不參與」，而是另立自己的相對應類似政策 但實際上，這些類似的相對應政策並非完全用自魁北克的稅收，而是魁北克政府設立一個相對應的窗口來接受來自中央的重分配補助。因此，它們只是象徵性地強調魁北克的獨特地位。Brown (2005).
57 Kymlicka (1998).
58 魁北克自由黨2012年輸掉大選原因在於：經濟振興不利、失業率上升、財政困窘、漲學費引起學生示威、官員貪污醜聞等等。請參閱胡川安（2013），頁177-193。
59 進一步觀察馬華提出的魁北克價值憲章其實是新瓶裝舊酒：如民主價值、性

表4　魁北克國民議會2007-2014年之間四次大選結果一覽表

席次得票率 政黨	2014		2012		2008		2007	
	席次	得票率	席次	得票率	席次	得票率	席次	得票率
魁北克自由黨	70	41.5	50	31.2	66	42.1	48	33.08
魁北克人黨	30	25.4	54	31.9	51	35.2	36	28.35
魁北克未來陣線CAQ	22	23.1	19	27.1	—	—	—	—
魁北克團結黨QS	3	7.6	2	6.03	1	3.8	—	—
魁北克民主行動黨ADQ	—	—	—	—	7	16.4	41	30.84
總計	125		125		125		125	

資料來源：Quebec general election2008 from wiki; http://www.cbc.ca/elections/quebecvotes2014/; http://www.cbc.ca/news2/canada/quebecvotes（檢索日期：2016.04.05）。
說明：得票率數據為比率（%）。

（liberty, equality and laicity）的順利通過，而主動解散國民議會進行改選，企圖轉變她的少數政府的狀態，然而其競選主軸卻聚焦在宗教服飾（如禁穿戴宗教服飾）與獨立公投，尤其是針對穆斯林的面紗穿戴；聯邦派的魁北克自由黨則主打經濟、就業與民生議題等政見，魁人黨不但輸掉執政權，其黨魁馬華亦落選，聯邦總理哈柏和多數傳媒解讀大選結果是魁省選民唾棄獨立議題，但加媒CBC分析，固然再一次的獨立公投讓人憂心，

別平等，再加上俗人統治，不過是重彈魁北克民族傳統如：語言、宗教及其身分歸屬；另一方面卻將宗教文化化（culturalization）與種族化（racialization）了，展現出濃濃的（法語裔）文化民族主義內涵。Jerome Melancon (2015-2016). "Liberty, Equality, Laicity: Québec's Charter of Value s and the Reframing of Politics," *Canadian Political Science Review*, 9(3).

但馬華的執政表現與競選言論更失民心。[60]

　　由上述四次選舉可看出，魁北克人固然重視自身歸屬與文化屬性，但若執政黨的政治表現不理想，亦無法獲得選民持續支持。一份研究全國與各省的政治支持（political support）數據顯示，魁北克法語裔固然對魁北克有高度的文化認同與政治支持，而對國家的政治支持低於英語世界，也還在50%以上（見表5）。[61]

表5　2011-2012年魁北克人民對加拿大與魁省的政治支持度

單位：%

	加 拿 大			魁 北 克		
	感情上 （feeling）	認同 （identification）	驕傲感 （pride）	感情上 （feeling）	認同 （identification）	驕傲感 （pride）
魁北克	60.5	63	65	80.4	91	89
法語裔	55.3	58	60	83.1	95	93
英語裔	87.5	92	92	65.2	65	62

資料來源：Mebs Kanji, Kerry Tannahill, and Vincent Hopkins (2015). Support for Political Community: Evidence from Quebec and the Rest of Canada. *Canadian Political Science Review*, 9(3):200.

---

60 〈禁公務員穿戴宗教服飾〉，星島日報，2013年9月8日（檢索日期：2016.04.17），http://news.singtao.ca/toronto/2013-09-08/headline1378627023d4687958.html；Tim Duboyce, Quebec election 2014: Pauline Marois loses electoral Hail Mary. *CBC News*, (Apr 08,2014) http://www.cbc.ca/news/canada/montreal/quebec-votes-2014/quebec-election-2014-pauline-marois-loses-electoral-hail-mary-1.2601935.

61 該份研究是使用加國比較各省選舉（Comparative Provincial Election Project, CPEP）的數據。安大略省民對加國情感是89.2%、認同是96%，對自家省分情感是80.5%、認同84%；亞伯他省民對加國情感88.1%、認同96%，對自家省分情感是83.6%、認同88%。 Kanji, Tannahill and Hopkins (2015), p. 200.

陸、結論

　　魁北克獨立運動不斷地在確認魁北克的獨特地位，其關鍵在於語言暨其文化保存，然早在18世紀即明文尊重法語地位，法語裔依然一再感受被英語裔世界所孤立，及其對自身文化之威脅。加拿大這樣一個民主、議會制的聯邦對法語裔的文化受威脅不是無感，是故在政策上，規範官方的雙語政策、魁北克人的獨特社會、文化多元主義等等，但對魁北克人而言，僅徒具制度形式的文化尊重而未深入各省社會與日常生活中，更未入憲，不足以消弭其感受的孤立與威脅。

　　1960年代末魁北克獨立運動興起，積極尋求聯邦權力的重分配、甚至獨立主張，並直接訴諸人民意志——公民複決，給予聯邦政府極大之政治壓力。然而，即便聯邦政府以憲政途徑回應魁北克獨立主張，卻形成一種「不對稱主義」，引起英語世界不滿，加拿大聯邦是一國「兩民族」、或「一民族」、或「多民族」？還是十省地方呢？魁北克人還是沒有安全感，英語裔認為已經給太多。如此深刻的國家認同問題和融合議題，就在魁北克獨立運動中一再被檢視，而原住民議題在英法兩大之間更是被隱形了。

　　從魁北克獨立議題可知，聯邦主義並非解決多民族國家內部歧異之萬靈丹，不對稱主義尚須在各省間的資源競逐、政治透明和究責、「獨特地位」落實以及多元文化主義之間維持平衡。然而，魁北克人的焦慮還沒結束，具高度政治意涵的獨特地位還沒入憲。2006年底聯邦總理哈柏的驚人之舉——「國中之國」——之議是在聯邦國會提案通過，是否就能滿足魁北

克？若以後續魁北克民意來看，魁人黨的在2012年至2014年執政1年8個月之後而下野，獨立議題隨著聯邦憲政改革與各省權力提升之後，再加上移民增加改變魁省人口結構，其熱度應相當程度之降溫，魁北克獨立主張不可能完全消弭，但以民主方式脫離聯邦之路應是不可能的。[62]

參考文獻

〈加拿大最高法院：魁北克無權片面宣布獨立〉，聯合報，1998年8月21日。

〈加拿大下議院承認魁北克為國家〉，中央社，2006年11月28日。

〈魁北克人黨支持「國中國」動議〉，BBC中文網，<http://news.bbc.co.uk/ chinese/trad/hi/newsid_6180000/newsid_6182700/6182764.stm.>（檢索日期：2006.11.25）。

〈禁公務員穿戴宗教服飾〉，星島日報（2013.09.08），http://news.singtao.ca/toronto/2013-09-08/headline1378627023d4687958.html.（檢索日期：2016.04.17）。

何東晧（1994），〈加拿大魁北克分離主義的演變〉，《問題與研究》，第33卷第9期，頁58-61。

余建華（2000），〈多元文化的民族衝突與矛盾——加拿大魁北克問題〉，《歷史月刊》，第151期，頁97-103。

李憲榮（2002），〈加拿大的英法雙語政策〉，各國語言政策研討會，<http://mail.tku.edu.tw/cfshih/ln/paper07.htm>（檢索日期：

62　Stéphane Dion (1996), pp. 269-283.

2002.09.26-27）。

李鐵生（1997），〈民族自決與民主的困境：加拿大魁北克分離運動〉，《美歐季刊》，第12卷第2期，頁23-46。

辛翠玲（2005），〈從民族主義到認同平行外交：魁北克經驗〉，《政治科學論叢》，第24期，頁111-136。

林岩哲（1992），〈加拿大的修憲公民複決〉，《問題與研究》，第31卷第12期，頁1-11。

紀舜傑（2005），〈魁北克獨立運動之族群與非族群因素〉，《台灣國際研究季刊》，第1卷第1期，頁83-99。

胡川安（2013），〈魁北克的下一步——從2012年大選結果觀察其未來獨立公投的因素〉，《臺灣國際研究季刊》，9（2），頁177-193。

馬丁‧麥格（Martin N. Marger）著，祖力亞提‧司馬義譯（2007），《族群社會學：美國及全球視角下的種族和族群關係》，北京：華夏出版。

高朗（1995），〈魁北克問題與加拿大憲法改革〉，《美歐月刊》，第10卷第6期，頁59-68。

高朗（1996），〈魁北克問題與加拿大聯邦體制改革之困境〉，《政治科學論叢》，第7期，頁99-123。

張維邦（1996），〈魁北克「民族主義〉與法語為官方語言的制定〉，收錄於施正鋒編，《語言政治與政策》，台北：前衛出版，頁187-210。

畢遠月（1999），〈我的祖國是冬天——魁北克〉，《大地地理雜誌》，第134期，頁34-53。

陳盛（2005），〈魁北克獨立問題之諮詢意見〉，《問題與研究》第44卷第5期，頁53-84

管麗莉（1998），〈文化衝突與魁北克離合的抉擇〉，《歷史月刊》，第129期，頁50-57。

盧定平（2004），〈加拿大式的民主與魁北克的公投〉，《歷史月刊》，第194期，頁87-92。

"Annual Report on the Operation of theCanadian Multiculturalism Act– 2013-

2014". <http://www.cic.gc.ca/english/resources/publica tions/multi-report2014/3.asp> (Retrieved: 2016.04.09).

Boily, Frédéric, and Brent Epperson (2014). "Clash of Perceptions: Quebec Viewed by Albertan Media (2003-2012)," *Canadian Political Science Review*, 8(2) : 34-58. (Retrieved: 2016.07.30)

Brown, Douglas (2005). "Who's Afraid of Asymmetrical Federalism?- A Summary Discussion," Asymmetry Series (17). IIGR (Institute of Intergovernmental Relations), Queen's University.

Byrne, Seàn and Neal Carter (1996) . "Social Cubism: Six Social Forces Of Ethno-territorial Politics In Northern Ireland and Quebec," <http://www. gmu.edu/programs/icar/pcs/bryce.htm> (Retrieved: 2016.04.15).

Dion, Stéphane (1993). "The Quebec Challenge to Canadian Unity," *PS: Political Science and Politics*, 26 (1) : 38-43.

—— (1996). "Why is Secession Difficult in Well-Established Democracies? Lessons from Quebec," *British Journal of Political Science*, 26 (2).

Duboyce, Tim (2014) . Quebec election 2014: Pauline Marois loses electoral Hail Mary. *CBC News*, <http://www.cbc.ca/news/canada/montreal/ quebec-votes-2014/quebec-election-2014-pauline-marois-loses-electoral-hail-mary-1.2601935> (2014.04.08) (Retrieved: 2016.04.17).

Dunsmuir, Mollie and Brian O'Neal(2000), "Background to the Introduction of BILL C-20, The Clarity Bill," (2000.2.15, PRB 99-42E). <http:// publications.gc.ca/Collection-R/LoPBdP/BP/prb9942-e.htm> (Retrieved: 2016.04.22)

Eller, Jack D. (1999). *From Culture to Ethnicity to Conflict : An Anthropological Perspective on International Ethnic Conflict*. Ann Arbor[Mich.]: University of Michigan Press.

Encyclopædia Britannica Editors, "Quebecers or Québécois?" <https://global. britannica.com/topic/Quebecers-or-Quebecois-1370721> (Retrieved: 2016. 07. 30).

Kanji, Mebs, Kerry Tannahill, and Vincent Hopkins (2015). "Support for Political Community: Evidence from Quebec and the Rest of Canada".

Canadian Political Science Review, 9(1):193-211.

Keating, Michael (2001) . *Nations against the State : The New Politics of Nationalism in Quebec, Catalonia and Scotland.* New York : Palgrave. 2nd ed.

Kymlicka, W. (1998). "Is Federalism a Viable Alternative to Secession?" in Percy B. Lehning ed., *Theories of Secession.* New York: Routledge, pp.111-150.

——(2001) *Politics in the Vernacular: Nationalism, Multiculturalism and Citizenships.* New York: Oxford University Press.

McWhinney, Edward(2008), "Federal Legacy of Quebec's Quiet Revolution," *Canadian Political Science Review*, 2(3):5-11.

Melancon, Jerome (2015-2016) . "Liberty, Equality, Laicity: Québec's Charter of Values and the Reframing of Politics," *Canadian Political Science Review* , 9(3):35-71 (Retrieved: 2016.07.30)

National Geographic Kids. <http://kids.nationalgeographic. com/explore/ countr ies/canada/#canada-playing-hockey.jpg> (Retrieved: 2016. 04.05)

National Household Survey (2011). Canada Government. <http://www12. statcan.gc.ca/nhs-enm/2011/as-sa/99-011-x/99-011-x2011001-eng.cfm> (Retrieved: 2016.04.13)

Quebec Liberal Party from Wikipedia. <https://en.wikipedia.org/wiki/Quebec_ Liberal_Party> (Retrieved: 2016.04.05)

Quebec Votes2012, CBC News, Canada. 20120904. <http://www.cbc.ca/ news2/canada/quebecvotes2012/> (Retrieved: 2016.04.05)

Quebec Votes2014, CBC News, Canada. 20140407. <http://www.cbc.ca/ elections/quebecvotes2014/> (Retrieved: 2016. 04. 06)

Quebec general election2008 ; Quebec general election2012 ;Quebec general election2014. Wikipedia (Retrieved: 2016. 04. 26)

Rudin, Ronald (2003). "A Case of Ambiguity: Unravelling Dichotomies in Quebec Secessionist Discourse," In Bruno Coppieters & Richard Sakwa, eds., *Contextualizing Secession: Normative Studies in a Comparative*

Perspective. Oxford: Oxford University Press.

Smith, Ben (2013). The Quebec Referendums. RESEARCH PAPER 13/47 by UK. < file:///C:/Documents%20and%20Settings/LIN/ My%20 Documents/Downloads/RP13-47.pdf.> (Retrieved: 2016.04.17)

Supreme Court Judgments, Reference re Secession of Quebec ([1998] 2 SCR 217) , <http://scc-csc.lexum.com/scc-csc/scc-csc/en/item /1643/index.do> (Retrieved: 2016.04.10)

Wilder Matt, and Michael Howlett (2015-2016). "Bringing the Provinces Back in: Re-evaluating the Relevance of Province-building to Theories of Canadian Federalism and Multi-level Governance." *Canadian Political Science Review*, 9(3) 2015-2016, 1-34 (Retrieved: 2016 .07 .30)

World Bank, <http://data.worldbank.org/country/canada> (Retrieved: 2016. 04. 15)

德國1949-1990年之統一經驗與啟示

唐玉禮[*]

壹、前言

德國，全名是德意志聯邦共和國（Bundesrepublik Deutschland, Federal Republic of Germany, FRG，亦稱聯邦德國），即統一前的西德（West Germany）；統一前的東德（East Germany），即德意志民主共和國（Deutsche Demokratische Republik, German Democratic Republic, GDR，亦稱民主德國）在1990年10月3日以五個邦形式併入聯邦德國（見圖1），德國復歸於一，此乃本文欲探討之德國統一議題。

在本（21）世紀第一個十年，德國先後被媒體與國際組織讚譽其對歐洲經濟成長的帶動能力——歐洲經濟成長的「引擎」（Europe's growth engine）、火車頭，[1]是歐洲第一強權。[2]從其在歐債危機、烏克蘭危機中扮演的關鍵性角色，政經實力並見，[3]霸

---

[*] 國立政治大學國家發展研究所助理教授。

[1] 張漢宜（2007），〈德國從歐洲病夫變歐盟引擎〉，《天下雜誌》，第369期；林漢雲（2007），〈德國經濟翻轉成為國際投資新星——歐洲經濟火車頭大復甦〉，《貿易雜誌》，第188期，頁48-51。

[2] 天下雜誌（2011），〈德國vs.希臘〉，第482期，頁138。

[3] 西德在戰後接受美國「馬歇爾計畫」援助，創造了1950年代經濟發展上的經濟奇蹟，或謂「經濟巨人」，但在歐洲與國際政治上，其外交政策卻是深受美國與法國的影響，是謂「政治侏儒」，此係在描述西德1950年的政經發展不均衡之態勢。請參閱張亞中（1994），〈歐洲統合過程中的國家主權問題〉，《美歐

圖1　德國地圖。

左側深灰色部分係統一前之聯邦德國，即西德11個邦：什列斯威—霍爾斯坦（Schleswig-Holstein）、漢堡（Hamburg）、布萊梅（Bremen）、下薩克森（Niedersachsen）、北萊茵—西發利亞（Nordrhein-Westfalen）、黑森（Hessen）、萊茵蘭—普法茲（Rheinland-Pfalz）、薩爾（Saarland）、巴登—符登堡（Baden-Württemberg）、巴伐利亞（Bayern）、再加上淺灰處的柏林（Berlin）。右上方淺灰處部分為統一前之民主德國，即東德5個邦：梅克倫堡—前波莫瑞（Mecklenburg-Vorpommern）、布蘭登堡（Brandenburg）、薩克森—安哈特（Sachsen-Anhalt）、圖林根（Thüringen）、薩克森（Sachsen）。

引自：http://www.maps-of-germany.co.uk/large-map-of-east-west- Germany.htm (GEOATLAS.com ® 2004 © Graphi-Ogre)（檢索日期：2016. 10. 09）。

權地位已然成形。[4]

　　德國現今之地位，並非一直都強盛的，也不應視為理所當然，但與兩德統一的關聯如何，很難定論。事實上，20世紀之德國歷經兩個重要階段，即20世紀上半葉東西德分裂，到20世紀最後十年的統一，以及統一後的低潮和再出發。東西德關係變化與發展（1949-1990），一直受到各方關注，「德國問題」[5]不僅是歐洲的議題，亦是其他分裂國家參考之經驗；放在國際冷戰格局中，更是美蘇較勁之處；放在歐洲統合運動中來看，西德是要角之一；而兩德統一的果實是苦澀的，德國整體經濟下滑、衰退，失業率攀升，成了媒體、學者口中的「歐洲病夫」，[6]間接印證了「統一總理」柯爾（Helmut Kohl, 1930- ）的堅持盡速統一，是一個錯估形勢之觀點；但在2007年時，德國經濟已完全走出低迷，居歐洲龍頭地位，圖2顯示2007年以來，德國在實質GDP、出口、失業率與外來投資等四個關鍵經濟指標上的表現，除了外來投資狀況較差之外，其餘三項係優於歐盟整體、或是英法兩國。

　　月刊》，9(11)，頁98-114；潘欣欣（2003），〈國家建立對中央銀行制度演進之影響：德國與日本之比較分析〉，國立政治大學政治研究所碩士論文，第二章。

4　田思怡編譯（2014），〈「德國將成歐洲霸權」鐵娘子一語成讖〉，《聯合報》2014年11月10日。

5　德國由於其所在的地理位置，加上歷史因素，德國情勢變化從來就不是單純德意志民族與國家的問題而已，而是歐洲政治發展安定與否的關鍵因素。因此就「德國問題」一詞，有學者認為應擴及歐洲政治和局勢來觀察。請參閱吳東野（1994），《「德國問題」與歐洲強權戰略安全關係（1949-1991）》，台北：五南，頁22-23；葉陽明（1999），《德國問題與兩德統一》，台北：編譯館，頁1。

6　經濟學人於1999年以兩德統一後的德國經濟情勢依然不振，下標題為「歐洲病夫」，梅克爾（Angela Merkel）總理在2006年年8月宣布德國不再是歐洲病夫。Economist (1999), The Sick Man of the Euro. Jun 3rd 1999. http://www.economist.com/node/209559；〈梅克爾：德國不再是「歐洲病夫」〉BBC中文網(20060821),http://news.bbc.co.uk/chinese/trad/hi/newsid_5270000/newsid_5272000/5272018.stm.

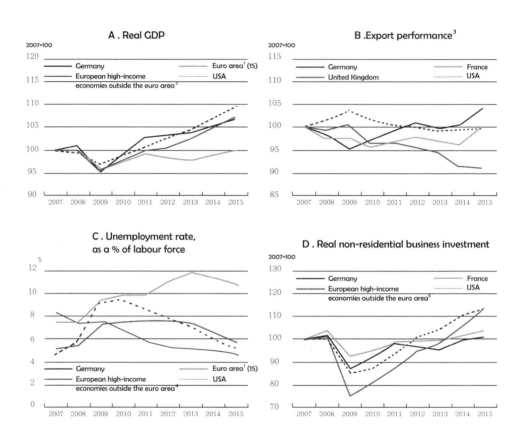

圖2　德國與歐盟、美、英、法的關鍵經濟指標

引自：OECD (2016), *Economic Surveys: Germany Overview*. April 2016.

　　若以民族主義觀點來看，德國在145年之前才完成了國家統一（1871），晚於西方大國如英國、法國、美國，甚至是義大利。對於西歐大國而言，是樂見德國在1871年和1990年兩次統一前的分裂狀態，否則德意志民族會是歐洲國家之心腹之

患；[7]尤其是20世紀末的東西兩德復歸於一，相當地出乎各方意
料之外。[8]然在東西德分裂情勢中，西德努力積極地配合西方集
團，從被占領狀態到重回主權國家地位，並協力法國啟動的歐
洲整合列車。探究德國在1949年至1990年的兩德統一經驗，宜
兼顧國內外情勢的相互交錯之影響，才足以呈現出西德對內，
既要發展本國經濟、社會、文化，與國家民族統一大業，對外
更須關注歐洲局勢，審慎地回應美蘇對峙之冷戰格局中，自己
的角色扮演；兩德關係是分裂國家議題，德國問題則有國與國
間之互賴、合作，歐洲整合運動是歐洲重要的政治、經濟、社
會的發展推力。然而，本文認為，德國配合、支持、甚至是大
力推動歐洲整合，更是有助於（德意志）國家利益之維護。[9]因
此，本文採取文獻分析，以民族主義觀點為研究途徑，立論基
礎在於，民族主義的核心概念係指一個社群或民族追求建立主
權國家的信念與運動，[10]而德國從分裂走向統一之經驗呈現出的
樣貌，是在二戰之後被占領的戰敗國努力地重振其自主地位、
恢復主權國家身分，並必須適切處理民族與國家之分裂狀態；
東西德在加入聯合國之後，則面對國際社會存在兩個德國的事

7　Gerald Braunthal (2001), "Germany: from Bonn Republic to Berlin Republic," in Howard
　J. Wiarda (ed.)(2001), *European Politics in the Age of Globalization*. Fort Worth, Tex.:
　Harcourt College Publishers. p. 140; Rolf Steininger (1998), "The German Question,
　1945-95," in Klaus Larres ed., *Germany since Unification: the Domestic and External
　Consequences*. N. Y. : St. Martin's Press, p. 20.
8　郭恆鈺（1989），〈從「德國模式」看海峽兩岸〉，《當代》，第33期；Paul J.J.
　Welfens (1992a), "Introduction," in Paul J.J. Welfens(ed.), *Economic Aspects of German
　Unification: National and International Perspectives*. Berlin ; New York: Springer-Verlag, p.
　1.
9　羅至美（2010），〈歐盟統合的多樣性路徑與對兩岸關係的政策意涵〉，《問題
　與研究》，第49卷第3期，頁5。
10　Eric J. Hobsbawm (1992), *Nations and Nationalism Since 1780: Programme, Myth, Reality*.
　N. Y.: Cambridge University Press. 2nd ed., pp. 10, 23.

實，繼續堅持國家與民族的統一；尤其是對西德方而言，國家目標明確，但手段與政策依隨情勢變動而修正，充分展現出（德意志）國家民族統一的追求。

　　本文聚焦於德國在1949年至1990年東西德的分裂[11]與統一。在分裂面向，先釐清其分裂原因為何；又東西德何以能於1972年底簽訂基礎條約，在國際冷戰格局、兩德分裂情勢中，化解雙方之對立，走向和解、相互承認，並同時成為聯合國之會員國。在統一面向，則著重在走向和解、交流、互動當中，統一契機的過程及其內部之評價，尤其是人民的態度，以及統一後的德國在財政、經濟、社會文化方面付出的代價，最後提出德國統一經驗給吾人的啟示。

貳、分裂與對立

　　本節將討論東西德分裂的原因，以及分裂之後，兩德各自對法統、民族與國家定位、統一大業等問題的立場為何。

　　第二次世界大戰之後，戰敗國德意志帝國（納粹）被美、英、法、蘇四強分區占領（見圖3），由於美蘇對峙逐步形成兩極對立之冷戰格局，占領區在四強各自之國家利益考量下，[12]

11　洪茂雄將東西德關係正常化歷程分為三階段：一、對立時期（1949-1963），二、緩和時期（1963-1972），三、正常化時期（1972年之後）。洪茂雄（1982），〈東西德關係之回顧與展望〉，《問題與研究》，第21卷第5期，頁34-35。

12　1944年9月同盟國商討戰後如何處理德國，美國財長摩根索（Henry Morgenthau, Jr., 1891-1967）主張德國成為農牧國，應解除軍備、廢其工業，然此舉將不利於歐洲經濟之發展，更因與蘇聯對抗之考量，在杜魯門總統繼任後而作罷，轉而朝向建立一民主自由的聯邦國，並聯合英國、施壓法國。法國則是反對德國建立一中央行政機關，目的在使德國永遠無法威脅本國安全，意圖將其「鬥倒鬥臭、永不得翻身」。英國邱吉爾首相亦是反對德國統一，且必須一次解

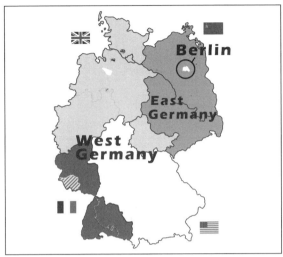

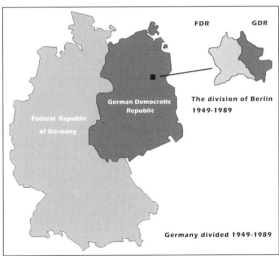

圖3　二戰後德意志帝國被戰勝國英美法蘇四國分區占領，柏林市亦然；1948年3月美英法三國占領區合併成西占區（下圖左側淺灰色塊，為後來的聯邦德國，即西德），柏林市亦然。

引自：http://kmhouseindia.blogspot.tw/2015/05/federal-republic-of-germany-popularly.html; http://www.germanculture.com.ua/library/history/germany_big_coldwar_map.gif. （檢索日期：2016.10.09）。

進一步形成東西兩德、東西柏林,以至於未能達成對德和約之簽訂。因此,一般均認為,德國分裂原因固然在其係發動戰爭之禍首,更在於外部之國際因素——美蘇冷戰局勢下的產物(政治性分裂),而非出於德國人自願(民族與文化上的分裂);[13] 德國之復歸於統一與否,亦繫於四強間之關係。

　　西德堅定主張德國再統一,於1948年5月通過其《基本法》(Basic Law),具憲法性質、僅適用於西部地區,用《基本法》取代憲法一詞,意在避免與東德形成永久分裂局面,又能回應美英法三強要求制憲與行自由民主政治,文字條文明確追求統一之決心。[14]

　　西德第一任聯邦總理艾德諾(Konrad Adenauer, 1876-1967)面對西德艱困的外交與內政處境:被占領狀態下失去國家主權、戰後之重建和國家民族之分裂,選擇了親西方集團、而非中立化,如是之選邊站,非常不利於國家與民族的統一任務,艾德諾以(西德)國家利益優先,追求民主、自由、法治和外交自

決潛在的歐洲霸權再起,其分裂德國構想是沿曼因河劃分為北德南德。郭恆鈺(1989),頁65-79;Mary Fulbrook (1990), *A Concise History of Germany*. New York : Cambridge Univ. Press, p. 209;吳東野(1994),頁8、111;吳友法(1995),《二十世紀德國史》,新店:志一,頁390-423;葉陽明(1999),頁32-33、72-73;王北固(2001),〈中歐日耳曼勢力的千年消長——德國統一十週年的歷史回顧〉,《歷史月刊》,第157期,頁106-114;Helmut Wagner著,谷瑞生譯(2009),〈德國統一的原因——利益、偏見、意識型態〉(The Reasons of German。Unification: Interest, Prejudice and Ideology),《臺灣民主季刊》,第6卷第4期,頁235-245。

13 郭恆鈺(1989);吳東野(1994);蔡宗珍(2000),〈從分裂到統一:德國統一歷程的回顧〉,《當代》,第158期,頁32-39;湯紹成(2010),〈德國問題的解決與兩岸關係的爭議〉,《國防雜誌》,第25卷第1期,頁29-45。

14 因此三強要求之制憲會議更名為「立法會議」。聯邦德國成立之相關文件內容並請參閱郭恆鈺(1989);吳友法(1995),頁439-444;葉陽明(1999),頁72;張亞中(2010),〈從「一德各表」到「一中同表」:德國統一經驗的反思〉,《中國評論月刊》,總第154期,頁10。

主權，積極回應法國外長舒曼（Robert Schuman, 1886-1963）提出共組歐洲煤鋼共同體（European Coal and Steel Community, CSC）之《舒曼宣言》（Schuman Declaration）（1950.5.9），及其後之原子能共同體（European Atomic Energy Community, EAEC）和經濟共同體（European Economic Community, EEC），既附和政府間合作模式，亦支持超國家組織，採取「西向結盟」與「以合作換取自主」的策略；再因韓戰爆發，三強考量區域安全與圍堵蘇聯，必須將西德納入歐洲安全體系，[15]且在法律層面承認西德之獨立自主，遂在1952年5月26日簽訂《德意志聯邦共和國和美英法三強關係條約》，亦即《波昂條約》，將結束占領與解除盟國最高委員會，但因西德人民與法國對歐洲安全之疑慮，直到1955年5月5日該條約生效，西德獲得完全主權，1955年5月西德正式加入北大西洋公約組織（The North Atlantic Treaty Organization, NATO，以下簡稱北約組織）；蘇聯為首的共產集團於1955年5月14日簽訂《友好互助條約》（Treaty of Friendship, Cooperation and Mutual Assistance ）組成華沙公約組織（The Warsaw Pact），包含東德，同年6月生效。[16]

　　至於兩德分裂問題，艾德諾則主張一個德國、單方代表

---

15 美國在冷戰對立情勢中考量重新武裝西德，強化歐洲安全，但遭法國抗拒，疑慮德國軍國主義，而艾德諾政府又將防務義務與國家主權綁在一起；終於在英國外相艾登（Anthony Eden, 1897-1977）的有效碓商下，促成九國外長（英、美、法、西德、義、加、荷、比、盧）於1954年10月簽訂巴黎協定（Paris Pacts），廢除對西德之占領、維持駐軍權，承認西德國家主權，並以平等成員加入北約組織，允許一支50萬人左右之正規軍。請參閱吳友法（1995），頁464-475；葉陽明（1999），頁141-143、152。

16 西德需支付一定的占領費，且三強仍保留德國再統一、對德和約締結與駐軍等事務上的權利和責任。請參閱張亞中（1994）；吳友法（1995），頁466；張亞中（1999），《德國問題：國際法與憲法的爭議》，台北：揚智文化，頁36-37；葉陽明（1999），頁79、119-122。

權,意即西德繼承了德意志帝國,在兩德統一之前,西德在國際上單方代表全德國、具備政治統治正當性,換言之,艾德諾政府採取的是同一性理論:「德意志帝國在1937年12月31日後從未消滅,而是由西德所延續。」[17]其後為了表明澄清與蘇聯建交所產生「兩個德國」之疑慮,於1955年9月,艾德諾先是在國會發表施政聲明,後是在同年12月外長哈爾史坦(Walter Hallstein, 1901-1982)再次確認此種立場,定調為「哈爾史坦主義」(Hallstein-Doktrin)。[18] 事實上,艾德諾以西歐整合路徑來追求德國統一的政策取向,於1950年代中期即已預判到,尤其是當《巴黎協定》於1955年5月5日正式生效,在可見的將來無實現國家民族統一之可能,[19]東西德分立在兩大對立陣營的態勢,益發明確;重心放在關注東德人民與東歐國家人民的自由與生活方式,加強與蘇聯之接觸。三強對於西德是否就繼承全德國一節上,也僅同意其在「政治上代表」德國,不同意艾德諾的同一論。[20]

蘇聯在占領德國東部期間,扶植德國共產黨發展,促成其與東占區的社會民主黨於1946年4月合併成社會主義統一黨(Socialist Unity Party of Germany,以下簡稱社統黨)。就在西德方面通過基本法之後,東德社統黨積極推動制憲,1949年10月通過《德意志民主共和國憲法》,主張重建民主與國家再統一,憲法第一條載明「德國為一個不可分割的民主共和國」,憲法規範之層面係含括「整個德意志人民」,國籍方面亦僅有「一個德意

17 蔡宗珍(2000),另尚有滅亡論、屋頂論等觀點,並請參閱張亞中(1999)。
18 洪茂雄(1982),頁34;郭恆鈺(1989);葉陽明(1999),頁87-88、125。
19 吳友法(1995),頁474-475。
20 張亞中(1999),頁65。

圖4 柏林圍牆。東德於1961年8月13日完工，為阻礙人民翻牆，還增建
碉堡、瞭望台、探照燈等工事。右上方建築為東柏林境內之布萊登堡門
（Brandenburger Tor）。

資料來源：https://research.archives.gov/id/6003284。

志國籍」，可知在1949年至1951年東德與西德的確存在一個德
國之競爭，即存在一種所謂「漢賊不兩立」的法統之爭。[21]

　　但在1951年之後，從東德最高法院裁定兩項判決，確認了
東德是一新生國家，與德意志帝國無關、亦非其繼承者；1953
年社統黨主席烏布利希（Walter Ulbricht, 1893-1973）先後在黨中
央委員會、人民議會中表達有「兩個德國」的主張，1955年蘇
聯並明確表示「德國土地上有兩個國家」，烏布利希雖欲藉兩

---

21 郭恆鈺（1989）；張亞中（1999），頁68-70；葉陽明（1999），頁69-72、88。

國論強調其獨立自主與領土關係，但並不反對經由對等談判來
協商統一事宜，他曾於1956年12月30日呼籲西德以「邦聯」方
式為統一的過渡方案，1958年亦表示「邦聯為促使德國統一的
唯一途徑」；蘇聯重申東德之邦聯政策，又於1959年提出和平
草案，烏布利希再以和平草案為本，提出邦聯計畫，兩德以對
等方式進行，唯前提條件是西德應先退出北約組織，東德的
此一邦聯構想亦持續建議到1966年12月。[22] 然而，東德在社統
黨領導下繼續堅持社會主義改造路線，1961年卻築起柏林圍牆
（見圖4），是所謂「反法西斯保護牆」，在阻絕人民外逃。

　　至於東德主權完整與否，蘇聯先於1954年3月25日發表
〈德意志民主共和國獲得主權之聲明〉，後於1955年9月20日才
與東德簽訂《關係條約》（The Treaty on Relations Between the USSR
and GDR ），東德在法律上成為一個主權國家；實際上，蘇聯在
東德保有駐軍權，以及「對整個德國的權利與義務」。[23]

參、和解與並存

　　分立在兩大集團的東西德於1960年代持續處在國家與民
族之分裂狀態中，然兩方各自的主張在國際環境變動中並非一
成不變。兩德在1970年代初開始接觸、交流、談判、協商，
在1972年底簽訂和平共存的基礎條約，隔年東西兩德加入聯合
國、成為正式會員國，兩德關係成為分裂國家重要經驗。[24] 然

22 張亞中（1999），頁71-73、78-83；蔡宗珍（2000）。
23 張亞中（1999），頁43-47。
24 分裂國家模式最先明確論述者是韓德遜、李伯和史多辛格，於1974年編著《分
　裂世界中的分裂國家》討論當時國際上呈現分裂狀態的案例：德國、愛爾蘭、

而，和解後的兩德加強交流，東德方在站穩國際地位之後，進
而主張「兩個德國、兩個民族」；西德方立場修正為「兩個德
國、[25]一個民族」，各界自此反而認為兩德真正分裂，不再懷抱
統一之夢，除非歐洲政治統合。

　　繼任的歐哈德（Ludwig Erhard, 1897-1977）政府推出新政
策——東鄰政策（Ostpolitik），關注在蘇聯與東歐各國的外交互
動，包括設置貿易代表團，如1963年先後與波蘭和羅馬尼亞、
1964年與保加利亞簽訂貿易協定，經由雙邊經貿往來，也加強
與東歐的文化和旅遊的廣泛交流，順應了美蘇關係的變化，被
稱為「大西洋主義」（Atlanticism），不同於艾德諾政府的「歐洲
主義」（Europeanism）；[26]但與東德之間，西德持續堅持一個德國
與單方代表權，面對東德之邦聯提議，是以與南斯拉夫（1957）
和古巴（1963）斷交來回應，在對蘇聯和東歐打交道上在在遭
遇挑戰；而東德的兩國論，意圖突破其在國際上的孤立狀態。[27]

　　國際冷戰格局在1960年代中期之後趨於緩和（Détente），
但也因古巴危機與亞洲局勢變化，使得美國更無意處理德國
問題。[28] 1969年3月蘇聯總書記布里茲涅夫（Leonid Brezhnev,

巴勒斯坦—以色列、印度—巴基斯坦、寮國（Laos）、東埔寨、南北越、韓
國、蒙古、兩岸，書中以德國經驗為本，提出分裂國家模式的四個發展階段。
請參閱 Gregory Henderson, Richard Lebow, and John G. Stoessinger eds (1974), *Divided
Nations in a Divided World*. New York: D. McKay. 該分裂國家模式以及其後德國再統
一發展成為台灣研究兩岸關係領域之重要參考，並請參閱張五岳（1992），《分
裂國家互動模式與統一政策之比較研究》，台北：業強；張五岳（2009），〈分
裂國家模式之探討〉，收錄於羅德明等著，包宗和、吳玉山主編，《重新檢視
爭辯中的兩岸關係理論》，台北：五南，頁61-86。
25　本文在此處認為西德改採兩個德國，或有疑義，請參見兩德基礎條約的內容解
　　釋。
26　郭恆鈺（1989）；葉陽明（1999），頁151、153-155。
27　張亞中（1999），頁67、83-84。
28　葉陽明（1999），頁152。

1906-1982）第一次提出歐洲局勢緩和主張，美國總統尼克森（Richard M. Nixon, 1913-1994）在 1969 年 7 月發表關島宣言（Guam Declaration），提出實力與對話，營造出一個對話和解的國際氛圍。[29]

　　西德繼任之凱辛格（Kurt G. Kiesinger, 1904-1988）政府（1966.11-1969.10）在東鄰政策更有彈性，傾向維持現狀，願與東德就非政治性關係進行談判，但蘇聯要求西德須先做到兩個放棄（核武和哈爾史坦主義）、三個承認（現行歐洲疆界〔奧得—奈塞河（the Oder-Neiße Line）〕、東德、東柏林），並召開一個排除美國的全歐安全會議，華約集團國家才能與西德建交；東德亦向西德提出，兩德關係正常化的提議。[30]凱辛格政府是由基民黨與社民黨組成之大聯合政府，社民黨黨魁布朗德（Willy Brant, 1913-1992）負責外交事務，已在考量蘇聯提出的兩個放棄與三個承認要求，第三大政黨自由民主黨（Free Democratic Party, FDP，以下簡稱自民黨）立場與社民黨一致，但凱辛格總理及其基民黨立場依舊保守，若是承認奧得—奈塞河疆界與東德政權，將造成西德放棄統一目標的誤解。[31]

　　布朗德總理上台之後，與自民黨聯合執政，以「雪爾主義」（Scheel-Doktrin）取代哈爾史坦主義，推出新東鄰政策，[32] 開啟兩德關係走向和解、並存於國際社會。究其實，即是在統一無

---

29 郭恆鈺（1989）；張亞中（1999），頁 86。
30 蘇聯之要求見於兩項聲明之中，一是 1966 年 7 月華約組織發表「布加勒斯特聲明」，一是 1967 年 4 月在歐共「卡爾斯巴德會議」上。請參閱葉陽明（1999），頁 167、169。
31 葉陽明（1999），頁 168、174-175。
32 蔡宗珍（2000）。

望、分裂已是事實，何不就承認現狀。[33]布朗德總理在其施政聲明（1969.10.28）與國情報告（1970.1.14）宣示其東鄰政策與德國政策的新走向。該聲明指出，西德將和蘇聯、東歐各國、東德簽定放棄武力的協定，以此來改善與東邊的關係，布朗德政府後續達成了德蘇條約（1970.8.12，亦稱《莫斯科條約》）、德波條約（1970.12.7，亦稱《華沙條約》），蘇聯亦支持西德與東德關係改善的各種接觸與談判。然而，布朗德政府與蘇聯締約之舉，引起國內外之疑慮，遂遞交一份《德國統一函》給蘇聯外交部，重申西德政府謀求自由、自決與和平統一之目標不變，而西德對波蘭讓步，承認奧得—奈塞河邊界，在西德國內是獲得絕大多數民意支持，此議題具有歷史性的道德意義。

1970年1月14日國情報告則著重在化解兩德對立，應承認東德之存在，兩德是一種德國內部的特殊關係、不是國際法上的承認東德，布朗德於1970年3月在艾夫特（Erfurt）、同年5月在卡瑟爾（Kassel）舉行兩德政府領袖峰會。[34] 但由於雙方基本立場歧異而無進展，東德堅持兩德應以國際法為基礎，建構正常對等之關係，互派大使，西德則界定兩德關係在國內法上承認的德國內部關係，無須派大使，僅需政府全權代表即可，布朗德並提出「卡瑟爾二十點」，其中第十點指出，德國人雖分離生活於兩個國家中，仍屬一個國族的成員，則是「一個德意志民族、兩個德意志國家」的概念，兩次高峰會的主要突破，是雙方將對手視為談判對象，達成事實承認（de facto

---

33　Helmut Wagner 著，谷瑞生譯（2009），頁239。
34　1970年5月兩德政府官員在艾夫特是首次碰面，東德代表是東德部長會議的總理史特夫（Will Stoph）。葉陽明（1999），頁177-179、192、195-196；張亞中（1999），頁87-88、91、93。

recognition）。[35]

　　東德在社統黨總書記烏布利希領導下，繼續堅持社會主義改造路線，1961年築起的柏林圍牆是所謂「反法西斯保護牆」，在阻絕人民外逃；與西德關係方面，從1950年代以來主張以社會主義統一德國，並在1968年修憲，第一條明文東德「是一個德意志民族的社會主義國家」。然而，就在兩德政府高層會談之前，烏布利希已在1970年1月19日一個國際記者會場合宣示，兩德不是一個德意志民族，而是「兩個民族」：社會主義民族與資產階級民族，兩民族論點並在何內克（Erich Honecker, 1912-1994）掌權之後，於1971年第八次黨代表大會確認，再列入1974年10月修憲條文中。[36] 而在兩德高層互動冷凍期間，兩德內部協商談判達成郵政電信（1971.9）、過境交通（1971.12）。[37] 因此，當布朗德政府積極主動地處理柏林問題，促成四強於1971年9月3日簽署《四強柏林協定》，解決西柏林居民出入與行動自由問題，聯邦國會以絕對多數批准通過布朗德政府的德蘇、德波條約；東德政局在1971年發生變化，反對蘇聯支持兩德和解的烏布利希下台，何內克上任，[38] 願調整東德立場，與西德繼續談判，1972年6月兩德代表開始磋商，於1972年12月21日在柏林正式簽訂《德意志聯邦共和國與德意志民主共和國之間關係的基礎條約》（The Treaty concerning the basis of relations between the Federal Republic of Germany and the German

35 葉陽明（1999），頁185；張亞中（1999），頁93；洪聖斐（2010），〈兩德統一20週年系列報導1 兩個德國並存於世〉，新頭殼newtalk，http://newtalk.tw/news/view/2010-09-27/8038（檢索日期：2016.04.05）。
36 葉陽明（1999），頁298-300；張亞中（1999），頁155-156。
37 葉陽明（1999），頁186。
38 烏布利希遭蘇聯罷黜而下台。葉陽明（1999），頁200-201、206、300。

Democratic Republic，以下簡稱《基礎條約》〔Grundlagenvertrag〕）。
主要內容如下：[39]

1. 東西德雙方承認邊界不可侵犯，放棄使用武力；承認彼
   此皆為主權國家。
2. 西德聲明放棄「單獨代表權」，也就是放棄「法統」。
3. 雙方互設常駐代表機構，互派「常駐代表」（不是大
   使）。
4. 雙方發展和促進在經濟、科技、體育、環保、交通、法
   律、郵政、電訊、健康、文化以及其他領域的合作。

　　東西德關係正常化、和平共處，1973年9月18日，聯合國
大會通過同時接納東西德入會案，西德稱此為「一個德意志國
家、兩個德國人國家」（一德兩國），即多數學者所謂的「一族
兩國」，但東德則主張「兩個民族、兩個德國」（兩族兩國）。[40]
　　綜觀基礎條約的成效，改善了過去二十幾年對立、不接觸
的兩德關係，就當時情勢而論，西德各界雖是贊同支持，卻對
兩德統一不再懷抱希望，除非歐洲統合，而歐洲整合在1970年
代正處於趨緩階段，德國統一前景是遙遙無期，布朗德總理在
當時幾乎可被認為是國家民族永久分裂的罪人，然若從統一結
果論，他則是統一的推手；[41]但對東德而言，則是拓展其國際

---

39 郭恆鈺（1989）；並請參閱葉陽明（1999），頁206-207；張亞中（2010）。
40 關於「one nation, two states」的譯法爭議，本文採取張亞中之見解。參閱張亞中
　（2010）。
41 張亞中認為基礎條約對西德來說是一招險棋。張亞中（2010），〈從「一德各
　表」到「一中同表」：德國統一經驗的反思〉，《中國評論月刊》，總第154期，
　頁14。

關係，不但加入了更多國際組織，也增加許多邦交國，[42]增強其
向外的籌碼，不再孤立。《基礎條約》相當程度促進兩德的交
流，在經貿關係上，由於西德界定兩德是國內關係，東德進口
到西德的貨物、農產品均免關稅，「兩德之間的文化交流，在
簽訂《基礎條約》之後，日漸活絡。惟到1986年簽訂〈文化交
流協定〉後，雙方交流活動才由民間推動進展至官方推動，交
流範圍並由音樂、戲劇、電影、文學等進一步擴展至教育、科
技、文獻檔案及圖書交流。」[43]若從歐洲局勢觀之，西德之新東
鄰政策在其核心──德國政策達成《基礎條約》的簽訂之後，
增強西德在東歐與蘇聯集團的經貿合作關係，進而提升西德在
國際上之地位，具有引導者（pacemaker）的角色。[44]促成兩德和
解的布朗德總理於1973年獲頒諾貝爾和平獎，後因其幕僚是東
德間諜案而下台，施密特（Helmut Schmidt, 1918-2015）上台，德
國政策轉趨保守。[45]

肆、東西德統一

　　德國「再統一」是出乎眾人意料之外的，就在1988年9月
布朗德、1989年6月施洛德（Gerhard Schröder, 1944- ）[46]均表示德國

---

42 洪丁福（1992），〈德國統一模式可行嗎？〉，《政治評論》，第594期，頁
　18-20；張亞中（2010），頁12。
43 郭石城主持（1991），《統一前東、西德交流之研究》，台北：行政院研考會，
　頁1-2。
44 吳東野（1994），頁28-29。
45 蔡宗珍（2000）。
46 施洛德於1998年10月到2005年11月時期擔任聯邦總理，在當時（1989.6）還是
　下薩克森邦議員。

不會統一。[47]東西德統一之關鍵是在於柯爾（Helmut Kohl, 1930- ）總理的外交手腕？還是因為蘇聯共產黨總書記戈巴契夫（Mihail S. Gorbachov, 1931- ）之掌權？還是東德人民？[48]還須留意的是，德國再統一之後至今的國名是西德之國名，遂有東德被併入或被接管之說。

　　兩德《基礎條約》促成雙方政府制度性的接觸互動，再加上經貿關係日益緊密，雖有來自美蘇間軍備競賽導致之緊張突發事件，東德社統黨總書記何內克擺盪在實質經貿利益與國家主權獨立之兩端，實際上是偏向經濟利益——來自西德一次次的高額貸款，以緩解國內經濟困境，如1983年6月柯爾政府同意提供擔保私人銀行團貸款10億馬克給東德，東德拆除了兩德邊界全線的自動射擊武器裝置，同年11月西德國會同意美國部署中程核子飛彈，何內克並未因此凍結兩德關係；中斷已久的高層互訪終於在外部情勢——美蘇重啟限武談判關係緩和、內部——政治難民問題稍解許可之下，而再次啟動。[49]1987年9月何內克訪問西德，會後發表聯合公報，形式重於實質，兩德最大共識即在經貿與文化層面的持續交流，西德方面加入人道問題；在政治上，意味著兩德分裂之永久與定局化，西方集團雖肯定兩德關係之良性互動，但對西德過分親（傾）東有著疑慮，一則擔心削弱西方集團實力或者破壞歐洲現狀，一則擔憂西德可能脫離歐洲共同體。[50]何內克則是信心滿滿地認為柏林圍

47 郭恆鈺（1989）；蔡宗珍（2000）；Helmut Wagner 著，谷瑞生譯（2009），頁 238。
48 吳東野認為統一關鍵在戈巴契夫，張亞中則謂：「人民意願是解決德國問題的絕對關鍵。」吳東野（1994）；張亞中（1999），頁 282。
49 葉陽明（1999），頁 265-269、278。
50 兩德關係在1988年新進展3月雙方簽訂電力長期合作合約，並納入西柏林；東德同意西柏林參與兩德關係發展事務，東西柏林還相互交換土地，西柏林為此

牆還會存在100年之久，1987年開放120萬東德公民訪問西德，1988年增至300萬人次赴西德。[51]

兩德統一要從1989年11月9日柏林圍牆倒開始談，但柏林圍牆會倒，卻是與東歐和蘇聯之間的局勢變化有著重大關聯──骨牌效應。[52]東德的經濟條件在東歐集團中是較高的，仍面臨財政赤字，生產線幾乎停頓，人口外流；在蘇聯新任總書記戈巴契夫於1985年上台推動開放改革的新思維，何內克是保持距離的。[53]波蘭團結工聯在1989年6月波蘭半自由式的選舉中結果打敗波共──統一工人黨，結束共黨專政，卻未遭蘇聯共黨總書記戈巴契夫反對；1989年夏天，匈牙利開放通往奧地利之邊界，引發東德人民由此路徑逃往西德的浪潮，外移與難民潮一直持續到8月中旬。[54]東德情勢表面上還在社統黨掌控之下，因為東德並沒有像波蘭一般出現有組織化的反對團體與當權者對抗，但在1980年代中期之後，東德社會發展出一種新社會運動，訴求和平、生態，成為民眾抗議示威的管道，且公民運動與教會組織均為民表達爭取集會、結社、新聞、遷徙等等自由權，結合黨內基層壓力，社統黨統治危機一觸即發；1989年10月7日戈巴契夫訪問東柏林，參加東德建國40週年活動，暗示何內克，蘇聯駐軍將不會再鎮壓和平示威的群眾，同月18

付出7,600萬馬克，並換得西柏林人在東柏林停留時間延長為兩天；在經貿上，西德提供東德無息貸款自1986年至1990年間達8億5,000萬馬克，實際上，兩德貿易量僅占西德對外貿易的1.5%。葉陽明（1999），頁279-281、284-285。
51 Rolf Steininger (1998), "The German Question, 1945-95," in Klaus Larres ed., *Germany since Unification: the Domestic and External Consequences.* New York: St. Martin's Press. p. 20.
52 吳東野（1994），頁115；葉陽明（1999），頁400。
53 吳東野（1994），頁116；葉陽明（1999），頁301、314。
54 葉陽明（1999），頁323、404。

日何內克被迫下台，由當時政治局最年輕的委員克倫次（Egon Krenz, 1937-）接任總書記一職，但情勢益發惡化，繼萊比錫（Leipzig）的10月大型示威，東柏林在11月4日有50萬人上街要求民主改革。[55] 1989年11月9日東德開放柏林牆與兩德邊界，卻導致柏林圍牆倒塌，五天之內即有300萬東德人往西德西柏林，僅1-2%未回頭；然東德政局依然混亂，主張改革的莫德洛（Hans Modrow, 1928-）被人民議會選為總理，11月17日明確表示將繼續推動民主改革，但反對兩德統一，並向西德提議組成「條約共同體」，即以基礎條約之基準擴展兩德合作之範圍與規模；東德各地群眾依然示威，抗議社統黨、要求自由選舉；柯爾總理於11月28日擬定十點計畫回應兩德新情勢發展，提出兩德先組「邦聯架構」（confederate structure），再過渡到聯邦國家的秩序（a federal state order），呼籲東德應建立政府的民主正當性；社統黨以克倫次為首的中委會於12月3日集體辭職。[56]

　　1989年12月12日美國務卿貝克（James Addison Baker III, 1930-）表示支持統一，並提議統一後之德國續留北約組織，惟因東德內政有不穩跡象，默許柯爾加速統一步調，而2加4會談進程於1990年2月四強外長在渥太華會議中敲定。[57]（蘇聯）戈巴契夫先對（東德）莫德洛（1990.1.30）、後對（西德）柯爾（1990.2.10）表達尊重全體德國人民的決定，不反對德國統一，問題在於「以何種方式、何時、以何種進度與條件實現統

55　Rolf Steininger(1998), "The German Question, 1945-95," p.21；葉陽明（1999），頁306-308、313、319-320、327、330。
56　吳友法（1995），頁583-585；葉陽明（1999），頁339-343、366。十點計畫並請參閱吳東野（1994）附錄四，頁266-271。
57　葉陽明（1999），頁350-351、401-402。

一」。[58] 法國總統密特朗（François Mitterrand, 1916-1996）在1989
年9月之後即相當關注東德局勢發展，走訪東柏林，並對柯爾
11月提出之十點計畫相當不滿，既未事先照會四強（尤其是自
認與德國關係友好的法國），也未承認歐洲現有疆界，隨即與
蘇、美、東德領袖會晤，了解其動向，而法國民意在1989年11
月一份民調顯示，有60%受訪者認為德國統一是好事，70%受
訪者不認為德國統一會構成歐洲統合的障礙，因此密特朗才
採取支持立場。[59] 英國首相柴契爾夫人（Margaret Thatcher, 1925-
2013）是很明確不支持德國統一，但處在當時現實環境中，美
蘇均贊同，法國也不堅持，也只能順勢而為，接納德國再統一
的同時，需維護英國利益與歐洲穩定，如現有疆界之承認與漸
進的統一進程。[60] 而在漸進式統一立場上，還有西德的社民黨、
綠黨和東德政府。[61]

　　柯爾政府清除統一道路上的各種障礙，並敦促東德政府
進行自由選舉，在1990年3月18日東德舉行首次自由選舉，具

---

58 柯爾在1990年7月在高加索與戈巴契夫會晤，蘇聯不再堅持統一後德國要中
　立化，可續留在北約組織，蘇聯紅軍於1994年撤出東德。吳東野（1994），
　頁118；葉陽明（1999），頁367、373-374、403-404；Paul J.J. Welfens (1992b),
　"EC Integration and Economic Reforms in CMEA Countries: A United Germany as A
　Bridge Between East and West?" in Paul J.J. Welfens(ed.), *Economic Aspects of German
　Unification: National and International Perspectives*. Berlin; New York: Springer-Verlag. p.
　11.
59 葉陽明（1999），頁404-406；張錫昌（2002），〈密特朗與德國統一〉，《外
　交學院學報》，第4期，頁36-42，http://www.cesruc.org/uploads/soft/130316/1-
　130316212640.pdf（檢索日期：2016.04.23）；胡為真（2008），〈歐盟的推
　手——從世仇到密友的德、法關係初探〉，國家政策研究基金會，www.npf.org.
　tw/2/5003（檢索日期：2016.04.24）。
60 葉陽明（1999），頁407-409。
61 東德在1980年代即有少數的公民運動如New Forum, Democracy Now是反對統
　一，期望在資本主義與共產主義之間找到第三條路。請參閱 Rolf Steininger
　(1998), "The German Question," 1945-95, p. 23-24; Gerald Braunthal (2001), "Germany:
　from Bonn Republic to Berlin Republic," pp. 166.

民主正當性之新政府將與西德共商統一進程,再與四強談判最終的對德和約,在法理上才是重獲完整主權的德國。選舉結果是基督教民主派與其政治同盟大獲全勝,民意明顯支持兩方統一,也就加快了統一進程,因為東德經濟殘破蕭條,東德人民嚮往西德之繁榮富裕,不願再支持東德。[62] 德國再統一進程發展至此,可以看到東德人民發揮的兩階段作用力,一是在1989年下半年的抗議風潮持續到柏林圍牆倒,二是1990年3月的人民議會選舉,展現與西德合一的民意趨向。

　　德國統一工程在法律上可分成三階段:1. 1990年5月18日兩德《建立貨幣、經濟和社會統一國家條約》(Treaty Establishing a Monetary, Economic and Social Union between the German Democratic Republic and the Federal Republic of Germany,以下簡稱《國家條約》),2. 1990年8月31日兩德《實現德國統一條約》(Vertrag zwischen der Bundesrepublik Deutschland und der Deutschen Demokratischen Republik über die Herstellung der Einheit Deutschlands,以下簡稱《統一條約》),3. 1990年9月12日四強與兩德簽署《關於德國的最後解決方案之條約》(The Treaty on the Final Settlement With Respect to Germany,亦稱《2加4條約》,以下簡稱《對德和約》),請見表1,兩德自1949年至1990年兩德關係之相關政策整理如表2。德國再統一大業完成,依據《國家條約》採取西德之政治、經濟暨貨幣、社會等制度,依據《統一條約》,東德以五個邦援引《基本法》第23條加入西德,後來又修改《基本法》部分條文,如前言「德國民族……決心在統一之歐洲內作為平等之一員。……等邦(全部16個邦)之德國人民,茲已循自由自決

62　Rolf Steininger (1998), "The German Question, 1945-95," pp. 24-25.

表1 東西德統一進程的法律三階段整理

條約名稱	簽約日	生效日	說　明
（兩德）《建立貨幣、經濟和社會統一國家條約》	1990.5.18	1990.6.30	確定依基本法第23條進行統一。
（兩德）《實現德國統一條約》	1990.8.31。1990.9.20在兩國議會通過	1990.10.3	規定東德如何加入西德，基本法修正刪除第23條，避免聯想德國對「德國其他地區」之領土要求。
《關於德國的最後解決方案之條約》	1990.9.12		最終解決德國問題條約即《2加4條約》。

資料來源：整理自張亞中（1999），頁260-261。

完成德國統一與自由，因此，此基本法之效力及於全體德意志民族」，東德國家之國際法主體資格至此結束，領土及人民成為西德一部分，[63]與其相伴隨之共黨、專政體制、計畫經濟等等均一併消失。兩德與四強簽訂的《對德和約》重點如下：[64]

1. 四國放棄在德國原先擁有的特權（含柏林），四國在德所設機關一律解散。
2. 到1991年3月15日，統一的德國將擁有完全主權。
3. 蘇聯軍隊在1994年底撤出德國。
4. 德國同意限制軍隊數量不超過37萬人，其中陸空軍力不超過34萬5,000人。

---

63 條文與相關討論，請參閱葉陽明（1999），頁411-456；張亞中（1999），頁261-282；Peter Badura著，張文郁編譯（2002）。〈德國統一之法律問題〉，《輔仁法學》，第23期，頁1-43。
64 葉陽明（1999），頁442-443、445。

表2 1949-1990年西德政府暨德國政策、東德社統黨總書記暨國家目標一覽表

時間	西德政府 （執政黨）	德國政策	時間	東德 總書記	國家目標
1949 | 1963	艾德諾政府 （基民）	哈爾史坦主義： 一個德國、一民 族單方代表權。	1946 | 1950	皮克(a)	一個德國 一個民族
1963 | 1966.11	歐哈德政府 （基民）			烏布 利希	
1966.11 | 1969.10	凱辛格政府（大 聯合——基民＋ 社民）		1950 | 1971		兩個德國 一個民族
1969.10 | 1974.5	布朗德政府 （社民＋自民）	雪爾主義：兩個 德國人國家、一 個德意志國家， 國際共存，兩德 是國內關係。	1971 | 1989.10	何內克	兩個德國 兩個民族 兩德是國 際關係
1974.5 | 1982.10	施密特政府 （社民＋自民）				
1982.10 | 1991.1	柯爾(b)政府 （基民＋自民）	東歐變局、柏林 圍牆倒、兩德統 一。	1989.10 | 1989.12.3	克倫次	併入西德

作者自行整理。
資料來源：葉陽明（1996），〈德國聯合政府之研究〉，《問題與研究》，第35卷第1期；葉陽明（1999）；張亞中（2010）。
說明：a. 皮克（Wilhelm Pieck, 1876-1960）。
　　　b. 柯爾總理共擔任五屆，詳細分期如下：1982.10-1983.10，1983.3-1987.3，1987.3-1991.1，1991.1-1994.11，1994.11-1998.10。

5. 德國崇尚和平，承諾不擁有核武器、生化武器，尤其是
《不擴散核武器條約》（Treaty on the Non-Proliferation of
Nuclear Weapons, NPT）仍然適用於統一後的德國；任
何其他國家也不得將核武器和運載工具駐紮或部署在前
東德；東德將成為一個無核區域。

德國確認和波蘭的國際邊界，以及 1945 年戰敗後所被割讓
的領土（德波邊界條約於 1990 年 11 月 14 日簽署）。[65]

伍、統一的評價

兩德在 20 世紀歷經 42 年之分裂（1949-1990），西德有 11 個
邦、面積 24 萬 6,000 平方公里、6,170 萬人口，GNP 達 2 兆 2,600 億
西德馬克，平均月收入（產業）是 3,809 西德馬克；東德以 5 個
邦計、面積 10 萬 8,000 平方公里、1,640 萬人口，GNP 有 230-300
東德馬克約是西德的 10%，平均月收入是 1,184 東德馬克約是西
德的 31.1%。[66] 由此吾人亦可窺出，西德的地理面積、人口與經
濟實力均優於東德。

東西德統一至今將滿 27 年，德國現在歐盟居於龍頭地位，
這似乎意味著德國統一的成功，然而，這是一個既曲折又戲劇
的轉折，因為柯爾政府過於樂觀預期而加速統一大業，[67] 德國經

---

65 張亞中（1999），頁 266；葉陽明（1999），頁 444。
66 Paul J.J. Welfens (1992b), "EC Integration and Economic Reforms in CMEA Countries,"
   p. 14-15；林路（1995），〈統一的「代價」——如何計算德國統一的「成本」？〉，
   《財訊》，第 164 期，頁 246-249。
67 辛穎（1992），〈德國統一後面臨的經濟問題〉，《經濟前瞻》，第 7 卷第 1 期，頁
   78-81；沈玄池（1994），〈德國統一後之經濟問題及其對國際經濟的影響〉，

濟卻陷入低迷長達12年之久（1992-2004），2004年才逐步走向正成長，2006年之後成長趨於穩健。[68]因此，統一的果實是甜或苦，要如何評估，短期或長期，只看經濟數據嗎？人民感受呢？只看德國本身嗎？對外部，如歐盟以及國際面向呢？本節先概要陳述統一工程中，對政府財政造成的負擔及對經濟不利之處，及其後之經濟復甦，再論社會心理面向，及其對歐盟之影響。

一、財政負擔

整體而言，兩德統一進程如表1所示，當兩德關係跳過邦聯階段，進到直接併入西德的階段，柯爾政府允諾東德同胞一個跟西德相同生活水準的遠景，[69]依據1990年5月的《國家條約》、到同年8月《統一條約》，完成統一，如是快速激進方式造成東德的適應不良。以下再分由貨幣聯盟、私有化與失業問題說明之。

（一）貨幣聯盟

係以西德馬克取代東德馬克，柯爾政府為顧及東德同胞之感受，並營造對等地位，工資、年金、獎學金、租金等以一比一比例兌換，餘者（如存款）以一比二比例，表面上東德人民

《問題與研究》，第33卷第3期，頁52-70；蔡芬芳（2004），〈德東停滯 德西沉淪——兩德再統一的代價〉，《當代》，第204期，頁40-45；William W. Hagen (2012). *German History in Modern Times: Four Lives of the Nation*. New York: Cambridge University Press, pp. 401-402.

68 梁國源、馬珂、馬慧如（2007），〈德國經濟現況與展望〉，《臺灣經濟論衡》，第5卷第2期，頁1-35。

69 有謂如是保證東德生活水準，在避免東邊人潮繼續往西進。Hans-Wemer Sinn (1996), "International Implications of German Unification", National Bureau of Economic Research, working paper. 1996.11, pp. 1-26.

收入增加，如此地高估東德馬克，卻也拉高大量西德馬克之供給量到市場上流通，引發通膨隱憂，東德物價漲四倍以上，進而促使德國央行趨向高利率政策，卻造成歐洲的通貨危機。[70]

（二）私有化（privatization）

　　以市場經濟取代計畫經濟，且在短時間內完成，使得原本習於由政府管制價格、成本等等之東德產業無時間轉型，加上東歐互助會解體、兩德貨幣聯盟、東德工資調漲等等因素下，東德企業競爭力更加滑落，面對市場經濟難以存活，柯爾政府意圖藉由私有化手段，使其資產可以償還債務、且有結餘，結果卻不如預期。到1994年底，負責私有化工作的託管委員會完成東德16,000家國營企業私有化，其中有3,000家被關閉，原預估1,000億馬克資產，反而負債2,750億馬克。[71] 私有化還有另一大難題，即是建立私有制隨之而來的土地與建物等等所有權之糾紛不小，託管委會員對有爭議部分採取暫時凍結處理。[72]

（三）失業情況讓社福支出雪上加霜

　　柯爾政府不但在貨幣上呈現對等，在工資上亦然，固然是工會之主張，政策目的在防止東部人民大量往西邊遷移。[73] 但

---

70 西德馬克的貨幣供給驟增10%。Roland Schonfeld，吳永叔譯（1993），〈東西德統一與東德地區的經濟轉型〉，《中國經濟》，第508期，頁11-15；歐陽承新（1992），〈德國模式：東西歐經濟互動個案探討〉，《經濟前瞻》，第28期，頁35-40；張亞中（1994）；湯紹成（1996）；沈玄池（1994）；沈玄池（1998），〈從區域經濟整合經驗評析兩德統一〉，《國立中興大學人文社會學報》，第7期，頁19-66。
71 歐陽承新（1992）；湯紹成（1996）；Hagen (2012), p.404.
72 歐陽承新（1992）；沈玄池（1994），頁33。
73 東德人前進西德，估計1989年年底有35萬人留下，1990年2月又有35萬東德

東德原本之薪資水準與生產力僅及西德的1/3，拉近兩德薪資
水準，卻在生產力仍有差距之下，東部人力成本相對比較是
高的，對原本就已存活困難的東部企業而言，不是外移東歐國
家，就是倒閉，失業率升高（見表3），來自聯邦政府新開徵的
統一稅支應的統一基金幾乎被失業救濟金吃掉（見表4）。[74]事
實上，柯爾政府是舉外債支應統一工程與東部重建等等成本，
辛恩（Hans-Wemer Sinn，慕尼黑智庫——IFO經濟研究所）形容
1990年代前半期的德國一直不斷吸食全球資金，宛如一個無底
洞般填不滿，德國公共債務從1989年的9,288億馬克，占國內生
產總額（GDP）41.8%到1995年底翻了一倍多，達1兆9,945億馬
克占GDP的57.7%，接近歐盟《穩定與成長公約》（Stability and
Growth Pact）的上限60%。[75]而政府債務與財政赤字（國內生產
總額〔GDP〕的3%）於2002年之後，則已超過該公約的門檻
（見表5）。

二、經濟停滯到復甦

　　由於貨幣聯盟高估了東德馬克幣值，照顧了東德同胞、卻
犧牲了企業，在生產成本順勢堆高之際，反而降低東德產業競
爭力，就連東德人自己都不捧場東德產品，質差又貴，製造相
機的潘達康公司（Pentacon）原以為可以存活的，不得不結束營

人移入西德，累計下來，對西德的福利與住房帶來不小衝擊。Paul J.J. Welfens
(1992b), "EC Integration and Economic Reforms in CMEA Countries," p. 12; Rolf
Steininger (1998), "The German Question, 1945-95," p. 22；沈玄池（1994），頁60。
74　1991年東部國民平均生產總值是西部的40.5%，1996年增到61.4%，此水準一直
　　維持到2006年。吳永叔1993；湯紹成（1996）；梁國源等（2007），頁7；Sinn
　　(1996)。
75　Sinn (1996), p. 5.

表3 德西與德東地區1990-1996年失業情況比較表

單位：千人

年份	德西地區		德東地區	
	失業人數	失業率（%）	失業人數	失業率（%）
1990	1883	7.2	361	—
1991	1689	6.3	913	10.8
1992	1808	6.7	1170	16.1
1993	2270	8.2	1149	15.8
1994	2555	9.2	1142	16.0
1995	2565	9.3	1047	14.9
1996	2796	10.1	1169	16.7

資料來源：轉引自沈玄池（1998），〈從區域經濟整合經驗評析兩德統一〉，《國立中興大學人文社會學報》，第7期，頁43。

表4 德國政府1991-1995年支援德東地區各項補助款

單位：億馬克

	項　目	1991	1992	1993	1994	1995	總　計
總支出	聯邦預算	750	880	1140	1280	1510	
	德國統一基金	310	240	150	50	—	
	歐盟	40	50	50	60	70	
	退休保險	—	50	90	140	140	
	失業救濟	240	250	150	140	140	
	各邦與地區	50	50	100	140	140	
	小　計	1390	1520	1680	1810	2000	8400
回流	聯邦稅金	310	350	370	400	430	
	行政費用	20	20	20	20	20	
	小　計	330	370	390	420	450	1960
實際支援金額		1060	1150	1290	1390	1550	6440

資料來源：轉引自湯紹成（1996），〈德國統一五年後的得失〉，《美歐月刊》，第11卷第2期，頁61。

表5 德國1991-2005年財政赤字與政府債務數據

單位：%

年 度	1991-1995	1996-2000	2001	2002	2003	2004	2005	2006	2007
財政赤字／GDP	-2.82	-1.68	-2.9	-3.8	-4.1	-3.8	-3.3	-1.6	0.2
政府債務／GDP	45.8	58.92	59.6	61.2	64.8	65.6	67.8	67.6	65.1

資料來源：IMF, WEO Database, Sep. 14, 2006. 轉引自李秋錦（2007），〈1990年代後德國經濟表現與改革〉,《經濟研究》，第7期，頁206。Eurostat (2008), "Euro area and EU27 government deficit at 0.6% and 0.9% of GDP respectively"; Eurostat (2005), "Euro-zone and EU25 government deficit at 2.7% and 2.6% of GDP respectively."
說明：1991-1995、1996-2000數據轉引自李秋錦（2007）；2001-2007各年數據係整理自歐盟統計局（Eurostat）。

業。[76] 而私有化更是對產業之一大衝擊，嚴重低估東德經濟體適應環境之能力。[77] 統一初期對德東的投資，都是政府稅負驅動下的結果。[78] 統一5週年之際，德東地區基礎設施與新興工業固有進展，然經濟衰退、失業率都比德西地區更嚴峻，薪資水準仍不及德西人民，兩邊對統一認知差距在擴大，亦助長極右勢力在德東的孳生，吸引的多是20歲以下年輕人和輟學的中學生，信仰有暴力傾向的種族主義，他們認為是外來移民搶了他們工作機會。[79] 經濟與社會情況之惡化一直持續到2004年，《明

76　Roland Schonfeld，吳永叔譯（1993）；沈玄池（1998）。
77　Sinn (1996).
78　Economist (1999), "The Sick Man of the Euro," Jun 3rd 1999. http://www.economist.com/node/209559.
79　林路（1995）；湯紹成（1996），〈德國統一五年後的得失〉,《美歐月刊》，第11卷第2期，頁58-72；Panikos Panayi (1998), "Racial Exclusionism in the New Germany," in Klaus Larres ed., *Germany since Unification: the Domestic and External*

鏡週刊》（*Der Spiegel*）用「德東停滯、德西沉淪」來形容，[80]如此閃電式的激進合併方式結果是經濟上的一大挫敗。[81]

　　德國經濟實力在統一之後反而嚴重下滑，多數學者專家均主張兩德統一造成之財政負擔是一大主因如前述。辛恩在2003年時強調，德國病得不輕：「國內成長停滯、企業陷入危機、商家破產頻傳、失業情勢嚴峻，公開稱德國為『歐洲病夫』（sick man of Europe）。」[82]兩年後辛恩更指出德國經濟滯後的五大因素，除了兩德統一之外，尚有經濟全球化之衝擊、歐盟整合較有利於小國如瑞典、歐元區造成國內儲蓄外移、歐盟東擴帶來廉價勞力之競爭。[83]綜觀辛恩觀點，德國經濟不振與歐盟相關度更多。2003年施洛德總理（社民黨）端出改革方案「2010議程」（Agenda2010），降低個人與企業所得稅，也削減社會福利照顧水準，減輕政府財政負擔，更提升德國在全球市場的競爭力，然在2005年大選小輸給基民黨，也讓出了總理寶座，此一改革方案是成功的，榮耀全都給梅克爾總理囊括，德國財政狀況能在2007年好轉，面對2010年以來的歐債危機中德國經濟亦能逆勢成長（見表6），擺脫了兩德統一以來的經濟低迷不振現象，此與「2010議程」改革有密切關係。[84]表6是依據歐盟1997

Consequences. New York: St. Martin's Press. p.139; Gerald Braunthal (2001), "Germany: from Bonn Republic to Berlin Republic," p. 141.
80　轉引自蔡芬芳（2004）。
81　Roland Schonfeld，吳永叔譯（1993）；余楚萍譯（2000）。
82　轉引自李秋錦（2007）。
83　Hans-Wemer Sinn (2005), *Ifo Viewpoint* No. 67, "The Five shocks: Why Germany is Lagging Behind," Munich, Aug. 4, 2005.
84　樊琤（2004），〈德國經濟結構問題與經濟改革方案〉，《國際經濟情勢週報》，第1539期；李秋錦（2007）；鄧學修（2011），〈德國經濟在歐債危機中逆勢成長與推動「Agenda 2010」關係之探討〉，《經濟研究》（經建會），第11期。

表6 歐盟10國2008-2015政府赤字與債務數據

單位：%

	財政赤字占GDP比率						政府（公共）債務占GDP					
	2015	2014	2013	2010	2009	2008	2015	2014	2013	2010	2009	2008
EU19a	-2.10	-2.6	-3.0	-6.20	-6.40	-2.1	90.7	92.0	92.6	85.4	79.8	70.1
EU28	-2.40	-3.0	-3.30	-6.60	-6.9	-2.4	85.2	86.8	87.1	80.2	74.7	62.5
德	0.70	0.3	0	-4.3	-3.2	-0.1	71.2	74.7	78.4	83.2	74.4	66.7
法	-3.50	-4.0	-4.3	-7.10	-7.50	-3.3	95.8	95.4	93.5	82.3	79	68.2
義	-2.60	-3.0	-3.0	-4.6	-5.40	-2.7	132.7	132.5	132.6	118.4	115.5	105.8
英	-4.40	-5.6	-5.80	-10.3	-11.5	-5	89.2	88.2	90.6	79.9	69.6	54.8
荷蘭	-1.80	-2.4	-2.50	-5.10	-5.6	0.5	65.1	68.2	73.5	62.9	60.8	58.5
比利時	-2.60	-3.1	-2.60	-4.10	-5.8	-1.3	106	106.5	101.5	96.2	95.9	89.3
丹麥	-2.10	1.5	-0.80	-2.60	-2.70%	3.2	40.2	44.8	44.5	43.7	41.8	34.5
芬蘭	-2.70	-3.2	-2.10	-2.50	-2.5	4.3	63.1	59.3	57	48.3	43.3	33.9
瑞典	0	-1.6	-1.10	0.20	-0.7	2.2	43.4	44.8	40.6	39.7	42.7	38.8
奧地利	-1.20%	-2.7%	—	-4.40	-4.1	-0.9	86.2	84.3	—	71.8	69.5	63.8

資料來源：歐盟統計局（檢索日期：2016.4.27）。
說明：a-2015年數據係EU19國（歐元區）。

2001-2015政府赤字占GDP%

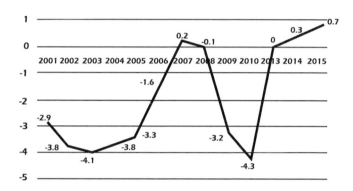

2001-2005政府債務占GDP%

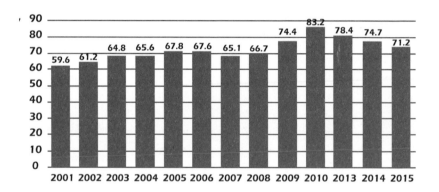

圖5　德國2001-2015年財政狀況

引自：歐盟統計局。（檢索日期：2016.04.27）。

年訂定的《穩定與成長公約》五大標準（convergence criteria）中
的重要兩項：政府預算赤字與政府債務分別占該國GDP比率的
標準，整理歐盟10國2008-2015年數據表現，前者應維持在3%
之內、後者應維持在60%，德國從2001-2015年的財政狀況優於
法國、英國（見圖5）。

　　然而，當德東地區經濟成長在統一17年（2007）之後首次
超越德西地區，聯邦高階官員認為，德東仍缺乏自身之獨立自
主，兩邊的生活水準要達到一致，約還需20年（即2026年）。[85]

三、社會心理文化面向

　　兩德統一之後，長達12年之經濟低迷不振，直接衝擊勞工
的是失業人數嚴重，尤其是德東地區。因此，當兩邊之薪資水
準的確是西部高、東部低時，東部人民自覺像是二等公民，再
加上缺少工作機會，年輕人與專業技術人力外移嚴重；留下來
的人對於現況的不滿投射在外國人與難民身上，形成左傾與右
傾並存的極端主義之現象，[86]聯邦與地方政府尤須審慎處理此類
極右勢力的暴力事件，才不致影響外資投資意願。[87]

　　若回顧兩德統一後的五年、十年、十五年，經濟與社會條
件均是痛苦的，兩份調查德國再統一前後的人民生活滿意度的
研究結果指出，德西人對生活滿意度，整體來看是緩步下降的

85　德國商業報（2007），〈兩德統一經濟現況年度報告〉，經貿商情（2007.09.25）
　　http://ekm92.trade.gov.tw/BOFT/web/report_detail.jsp?data_base_id=DB009&category_
　　id=CAT1802&report_id=138307。
86　湯紹成（1996）；Roland Schonfeld，吳永叔譯（1993））；沈玄池（1998）；余楚
　　萍譯（2000），〈德國統一──十年今昔〉，《貿易雜誌》，第66期，頁18-22，
　　http://www.ieatpe.org.tw; Gerald Braunthal (2001), Germany: from Bonn Republic to
　　Berlin Republic. p. 166。
87　德國商業報（2007）。

趨勢，德東人則是在1990年至1996年間是滿意度上升趨勢，然後滿意度下滑，在1998年至1999年兩年間再次上升，之後則是呈現緩步下降趨勢。[88]

　　固然可以說德國強大了，但內部融合仍存在矛盾，存於腦海中的無形「圍牆」似乎仍存在德國社會中，益增對過往東德時期的懷舊鄉愁（nostalgia），[89] 再加上移民與難民的社會適應問題，益增其複雜性。德國再統一成功了嗎？在德國大學教書之韓國學者朴成祚認為是失敗的，德國人民在心理與經濟層面依然分裂，他於2006年出書提醒南韓：「統一必亡。」[90] 而在德國經濟已優於其他歐洲國家之際，現在就好了嗎？統一25年之後依然存在著快速統一的副作用，出身東德的格萊克（Iris Gleicke）帶領一研究團隊於2014年公布其研究主題：「我們是不是一個民族」的結果顯示，有政治歸屬感與認同者不到50%，支

88 主要參考自以下兩篇論文：R.A. Easterlin and A.C. Zimmermann (2006). "Life Satisfaction and Economic Outcomes in Germany pre- and post-unification," Institute for the Study of Labor (IZA Discussion Paper) Dec. 2006. http://ftp.iza.org/dp2494.pdf,（檢索日期：2016.04.26）; R.A. Easterlin and A. Plagnol (2008). "Life Satisfaction and Economic Conditions in East and West Germany pre- and post-unification," *Journal of Economic Behavior & Organization*, 68(3-4).（檢索日期：2016.04.26）。另兩篇研究並請參閱 Paul Frijters, John P. Haisken-DeNew and Michael A. Shields (2003). "Investigating the Patterns and Determinants of Life Satisfaction in Germany Following Reunification," *The Journal of Human Resources* XXXIX,3.（檢索日期：2016.07.25）; Inna Petrunyk and Christian Pfeifer (2015). "Life Satisfaction in Germany after Reunification: Additional Insights on the Pattern of Convergence," *German Socio-Economic Panel Study* (SOEP) DIW Berlin. https://www.diw.de/documents/publikationen/73/diw_01.c.508919.de/diw_sp0764.pdf.（檢索日期：2016.07.25）。
89 曹長青（2006），〈東西德統一的沉痛教訓〉，台灣海外網，開放雜誌，http://www.open.com.hk/old_version/2006_2p76.htm；William W. Hagen(2012), p.398, 410；郭石城（2010），〈德國統一的後遺症：德東人民的懷舊現象（上）〉，《巴黎視野》，第13期，https://goo.gl/m1vJyG。
90 首爾大學行政研究所作（朴成祚），朱立熙譯（2006），《南北韓，統一必亡》，台北：允晨文化。

持極右勢力排外的比率偏高，輿論曾關注過前東德是不是一個非法國家？如是議題對東部居民而言，是一種貶抑的意涵。[91]至於長期關注人民生活滿意度的德國經濟研究所（DIW），自1984年調查德國人的「幸福指數」，今（2017）年3月該機構公布最新數據顯示，現時的國人幸福感比兩德統一時高了，就整體曲線來看，「德東地區居民的幸福指數一直低於德西地區，但近年來上升幅度顯著增加」，兩邊仍有差距，然已愈趨接近了[92]。

四、對歐盟之影響

　　辛恩明確指出，德國再統一，當下直接對外部的影響是歐洲共同體，12個會員國正在規畫簽署的政治經濟暨貨幣聯盟，即1992年的《馬斯垂克條約》（the Maastricht Treaty），因而加速其完成，俾於將德國命運與歐洲連結在一起。[93]但歐洲的貨幣聯盟對於英鎊則是夢魘一場，造成1992年英國的黑色星期三，正是由於德國央行的高利率政策，擴大德國吸金效果，但英國經濟低迷，英鎊貶值較有利於刺激經濟，英國政府卻以高利率高檔防衛英鎊，終究不敵國際投機客炒作，英鎊大貶30%，並退出歐洲匯兌機制，[94]至今未加入歐元區；2016年6月23日還舉

91　Kay-Alexander Scholz（2015），德國統一25年後的副作用，德國之聲，2015年2月21日，http://www.dw.com/zh/%E5%BE%B7%E5%9B%BD%E7%BB%9F%E4%B8%8025%E5%B9%B4%E5%90%8E%E7%9A%84%E5%89%AF%E4%BD%9C%E7%94%A8/a-18269940.
92　〈德國人從未像現在這樣幸福！〉，德國之聲中文網，2017年3月18日，http://www.dw.com/zh/%E5%BE%B7%E5%9B%BD%E4%BA%BA%E4%BB%8E%E6%9C%AA%E5%83%8F%E7%8E%B0%E5%9C%A8%E8%BF%99%E6%A0%B7%E5%B9%B8%E7%A6%8F/a-38000442?&zhongwen=simp.（檢索日期：2017.06.02）。
93　Sinn (1996); Paul J.J. Welfens (1992a), Introduction, p. 2.
94　沈玄池（1994），頁62；黃偉峰（1998），〈邁向唐寧街十號：一九九七年英國大選工黨勝選因素初探〉，《歐美研究》，第28卷第1期，頁139-192。

行脫歐公投（Brexit vote），結果是脫歐主張（leave）占51.9%，贏過留歐主張（remain）的48.1%，總投票率高達72.2%。[95] 進一步觀察，德國經濟持續低迷，到2002年更是大幅衰退，卻未太過衝擊歐元幣值與物價，而能走出谷底，應是歐盟市場作其後盾所致，2004年出口總額（7,334.6億歐元）有68%是輸往歐盟，進口總額（5,773.8億歐元）有60%來自歐盟。[96]

　　然而，從梅克爾總理上台之後，在在地運用德國力量促進歐盟統合，加強歐盟深化，推進超國家主義運作，如2005年歐盟憲法條約草案被否決之後、進入政府間協商、到2007年《里斯本條約》（Treaty of Lisbon）之簽訂；[97] 並與法國聯手處理歐元區國家的主權債信危機，恢復市場信心，歐元區至今依然存在。[98]

陸、代結語：統一的啟示

　　德國於二次世界大戰之後的分裂，固然是因其為戰敗國，要為挑起戰爭負責，被占勝方美國、英國、法國、蘇聯四強占領；再則是外力因素，國際勢力趨向兩極對立，形成東西兩占領區，進而造成東西德分裂之局勢。兩德在分裂初期均主張再統一，兩邊同屬一個民族，隨著美蘇陣營對立態勢從嚴峻趨向

---

95 主張脫歐的票數有17,410,742票，留歐的是16,141,241票，總票數46,500,001票（檢索日期：2016.10.08）。http://www.electoralcommission.org.uk/find-information-by-subject/elections-and-referendums/p ast-elections- and-referendums/eu-referendum/electorate-and-count-information.
96 梁國源、馬珂、馬慧如（2007），頁3、26-27。
97 請參閱蘇宏達（2010），〈從自由政府間主義解析里斯本條約的發展過程〉，《問題與研究》，第49卷第2期，頁1-38。
98 莊雅婷編譯（2011）。〈「梅克吉」歐洲財政聯盟最佳搭檔〉，經濟日報，2011年12月12日。

於緩和過程中，西德方也因執政黨輪替，改變對立的政策主
軸，轉而從中尋求與東德接觸之機會；東德方則意在改善國際
孤立地位，終於在 1972 年底兩方簽訂基礎條約，雙方和解、相
互承認、共同加入國際社會，德國經驗在此時，成了其他分裂
國家研究與探討的模式。然而，兩德並存，在形式上呈現的是
「兩個德國」，此正是東德的意圖，西德方則自我界定是「一個
德意志國家（民族）、兩德國人國家」，兩德關係是國內關係，
國家民族再統一依然是國家最終目標，期待成就於歐洲未來的
統合夢想之中。也就是說，國家再統一在當下難以企及之際，
歐洲統合反而是當前立即、同時並進的外在目標。由是展現
出，在因應國家分裂現況與國家未來之統一目標時，西德的政
治菁英所做的制度創新——即訂定基本法、維護主權，以及與
東德簽署基礎條約，並堅持民主自由，充分展現了務實與彈性
的思維。

　　但是德國統一之果實是苦澀的，統一進程是倉卒與快速。
柯爾總理過度樂觀，不是高估西德本身財經實力，就是輕忽
了東德經濟條件，更為掌握契機，以閃電式激進措施全面取
代舊東德的共產體制，帶來長達 14 年的經濟挫敗（從 1992 年
起到 2006 年之間）和社會矛盾，對德東地區與人民的衝擊尤
其巨大，德東還背負拖累國家、依賴德西之名，統一的成本與
代價要如何計算，見仁見智，更易引起德東德西間的心結與隔
閡。兩德的貨幣聯盟與東德產業私有化措施是整合兩方制度朝
向西德傾斜，也代表著民主、自由與社會市場經濟的正確性，
看似人民勝利了，但實務上造成政府財政負擔過重，並加稅於
兩方人民。德東地區人民高度期待統一過著想像中的西德生活

水準，卻在無緩衝期當中，直接面對企業倒閉潮與失業衝擊或威脅，降低了生活滿意度，不利於國家認同之凝聚。即便是在2006年整體經濟復甦，擺脫歐洲病夫之嘲諷，但對德東地區的正面帶動有限，原本在政治、經濟、社會各制度層面的差異，轉而形成社會與心理層面的落差和失意，進而省思已消失的東德對德東人的意義。

　　德國再統一是意料之外的，要問統一的關鍵為何，難以定於一者。當時的西德總理柯爾被稱為統一總理，獲得諸多掌聲。然而，蘇共總書記戈巴契夫是創造時勢的政治菁英，一改過往蘇聯對東歐附庸國之掌控姿態，不但不協助東德何內克處理人民抗議風潮，還要求其節制，即便法國總統密特朗與英國首相柴契爾夫人均不支持，也擋不住德國再統一之議；若無東德人民嚮往西德的民主自由與富裕，柯爾總理將缺少民意正當性，亦無法帶動統一風潮。而與東德簽訂《基礎條約》的布朗德總理先跨出接觸、和解的一小步，看似分裂、統一無望，仍引向統一大業的進程。還有，西德的經濟實力與社會繁榮，作為國家目標的堅實後盾，才得以推進其（新）東鄰政策與德國政策，並吸引著東德人民。本文認為德國統一之關鍵中的關鍵是在於蘇聯方與戈巴契夫，[99] 先是在1972年，東德是在蘇聯壓力下簽訂基礎條約；再在1989年之際，戈巴契夫不以武力允諾支持東德，後來且同意柯爾總理的統一兩德之議，化解了法國、英國的反對，完成四強對德和約。

---

99 正由於兩德關係之外有第三方蘇聯，得以推動和解、並存、相互承認。兩岸分裂是因為內戰，雖然中華民國是繼承正統，但後續情勢演變，失去國際地位之優勢，兩岸間談判就在兩造本身，無一方讓步之下，也無第三方能對其中一方施壓來改變情勢。

　　1990 年代以來的歐盟經濟暨貨幣聯盟、申根公約的啟動亦在此時期，柯爾政府為統一工程焦頭爛額的同時，也對歐盟其他會員國帶來經濟衝擊，法國攜手德國促進歐盟統合之深化，淡化鄰國對德國再統一後的疑慮。德國的發展已與歐洲整合運動交織，民族國家再統一實踐之後，在超國家組織運作之中，勢必以確保歐洲和平與統合運動順利進行，因為此乃德國國家利益之所在。

　　若以「整體、現在」的成就來看，德國不但走出統一後之陰霾，更迎向未來前景，德國不只是歐洲經濟火車頭，也是龍頭地位，政治統一與經濟發展是成功的；但若以個別德國人來看，整體經濟環境改善了、國家地位強大了，地區間差距與社會內部融合還需繼續調和。

參考文獻

Helmut Wagner 著，谷瑞生譯（2009），〈德國統一的原因 ── 利益、偏見、意識型態〉（The Reasons of German Unification: Interest, Prejudice and Ideology），《臺灣民主季刊》，第 6 卷第 4 期，頁 235-245。

Peter Badura 著，張文郁編譯（2002），〈德國統一之法律問題〉，《輔仁法學》，第 23 期，頁 1-43。

Roland Schonfeld 著，吳永叔譯（1993），〈東西德統一與東德地區的經濟轉型〉，《中國經濟》，第 508 期，頁 11-15。

天下雜誌（2011），〈德國 vs. 希臘〉，第 482 期。

王北固（2001），〈中歐日耳曼勢力的千年消長──德國統一十週年的歷史回顧〉，《歷史月刊》，第 157 期，頁 106-114。

田思怡編譯（2014），〈「德國將成歐洲霸權」鐵娘子一語成讖〉，《聯合報》，2014 年 11 月 10 日。

余楚萍譯（2000），〈德國統──十年今昔〉，《貿易雜誌》，第 66 期，頁 18-22，http://www. ieatpe.org.tw。

吳友法（1995），《二十世紀德國史》，新店：志一。

吳東野（1994），《「德國問題」與歐洲強權戰略安全關係（1949-1991）》，台北：五南。

李秋錦（2007），〈1990 年代後德國經濟表現與改革〉，《經濟研究》，第 7 期，頁 199-234。

沈玄池（1994），〈德國統一後之經濟問題及其對國際經濟的影響〉，《問題與研究》，第 33 卷第 3 期，頁 52-70。

──（1998），〈從區域經濟整合經驗評析兩德統一〉，《國立中興大學人文社會學報》，第 7 期，頁 19-66。

辛穎（1992），〈德國統一後面臨的經濟問題〉，《經濟前瞻》，第 7 卷第 1 期，頁 78-81。

林路（1995），〈統一的「代價」──如何計算德國統一的「成本」？〉，《財訊》，第 164 期，頁 246-249。

林漢雲（2007），〈德國經濟翻轉成為國際投資新星──歐洲經濟火車頭大復甦〉，《貿易雜誌》，第 188 期，頁 48-51。

洪丁福（1992），〈德國統一模式可行嗎？〉，《政治評論》，第 594 期，頁 18-20。

洪茂雄（1982），〈東西德關係之回顧與展望〉，《問題與研究》，第 21 卷第 5 期，頁 33-48。

洪聖斐（2010），〈兩德統一 20 週年系列報導 1 兩個德國並存於世〉，新頭殼，newtalk，http://newtalk.tw/news/view/2010-09-27/8038（檢索日期：2016. 04. 05）。

胡為真（2008），〈歐盟的推手──從世仇到密友的德、法關係初探〉，國家政策研究基金會，www.npf.org.tw/2/5003（檢索日

期：2016. 04. 24）。

首爾大學行政研究所作（朴成祚），朱立熙譯（2006），《南北韓，統一必亡》，台北：允晨文化。

張五岳（1992），《分裂國家互動模式與統一政策之比較研究》，台北：業強。

張五岳（2009），〈分裂國家模式之探討〉，收錄於羅德明等著，包宗和、吳玉山主編，《重新檢視爭辯中的兩岸關係理論》，台北：五南，頁61-86。

張亞中（1994），〈歐洲統合過程中的國家主權問題〉，《美歐月刊》，第9卷第11期，頁98-114。

張亞中（1999），《德國問題：國際法與憲法的爭議》，台北：揚智文化。

張亞中（2010），〈從「一德各表」到「一中同表」：德國統一經驗的反思〉，《中國評論月刊》，總第154期，http://hk.crntt.com/doc/1014/6/7/2/101467227.html?coluid=7&kindid=0&docid=101467227（檢索日期：2016.07.29）。

張漢宜（2007），〈德國從歐洲病夫變歐盟引擎〉，《天下雜誌》，第369期。

張錫昌（2002），〈密特朗與德國統一〉，《外交學院學報》，第4期，頁36-42，http://www.cesruc.org/uploads/soft/130316/1-130316212640.pdf.（檢索日期：2016. 04. 23）。

曹長青（2006），〈東西德統一的沉痛教訓〉，《開放》雜誌，http://www.open.com.hk/old_version/2006_2p76.htm。

梁國源、馬珂、馬慧如（2007），〈德國經濟現況與展望〉，《臺灣經濟論衡》，第5卷第2期，頁1-35。

莊雅婷編譯（2011），〈「梅克吉」歐洲財政聯盟最佳搭檔〉，《經濟日報》，2011年12月12日。

郭石城主持（1991），《統一前東、西德交流之研究》，台北：行政院研考會。

郭石城（2010），〈德國統一的後遺症：德東人民的懷舊現象（上）〉，《巴黎視野》，第13期，頁26-30，https://goo.gl/m1vJyG。

郭恆鈺（1989），〈從「德國模式」看海峽兩岸〉，《當代》，第33
　　期，頁65-79。

湯紹成（1996），〈德國統一五年後的得失〉，《美歐月刊》，第11
　　卷第2期，頁58-72。

湯紹成（2010），〈德國問題的解決與兩岸關係的爭議〉，《國防
　　雜誌》，第25卷第1期，頁29-45。

黃偉峰（1998），〈邁向唐寧街十號：一九九七年英國大選工黨勝
　　選因素初探〉，《歐美研究》，第28卷第1期，頁139-192。

葉陽明（1996），〈德國聯合政府之研究〉，《問題與研究》，第35
　　卷第1期，頁30-55。

葉陽明（1999），《德國問題與兩德統一》，台北：編譯館。

德國商業報（2007），〈兩德統一經濟現況年度報告〉，《經貿商
　　情》，http://ekm92.trade.gov.tw/BOFT/web/report_detail.jsp?data_
　　base_id=DB009&cate。

樊琤（2004），〈德國經濟結構問題與經濟改革方案〉，《國際經
　　濟情勢週報》，第1539期。

歐陽承新（1992），〈德國模式：東西歐經濟互動個案探討〉，《經濟
　　前瞻》，第28期，頁35-40。

潘欣欣（2003），〈國家建立對中央銀行制度演進之影響：德國與
　　日本之比較分析〉，國立政治大學政治研究所碩士論文。

蔡宗珍（2000），〈從分裂到統一：德國統一歷程的回顧〉，《當
　　代》，第58期，頁32-39。

蔡芬芳（2004），〈德東停滯 德西沉淪——兩德再統一的代價〉，
　　《當代》，第204期，頁40-45。

鄧學修（2011），〈德國經濟在歐債危機中逆勢成長與推動「Agenda
　　2010」關係之探討〉，《經濟研究》（經建會），第11期。

羅至美（2010），〈歐盟統合的多樣性路徑與對兩岸關係的政策意
　　涵〉，《問題與研究》，第49卷第3期，頁1-28。

蘇宏達（2010），〈從自由政府間主義解析里斯本條約的發展過
　　程〉，《問題與研究》，第49卷第2期，頁1-38。

歐盟統計局。2015年數據係EU19國（歐元區），http://ec.europa.eu/

eurostat/documents/2995521/7235991/2-21042016-AP-EN.pdf/5017
1b56-3358-4df6-bb53-a23175d4e2de（檢索時間：2016. 04. 27）。
〈梅克爾：德國不再是「歐洲病夫」〉，BBC中文網，2006年8月21
日，http://news.bbc.co.uk/chinese/trad/hi/newsid_5270000/newsid_
5272000/5272018.stm.gory_id=CAT1802&report_id=138307（檢索時
間：2007. 09. 25）。
〈德國人從未像現在這樣幸福！〉，德國之聲中文網，2017年3月
18日，http://www.dw.com/zh/%E5%BE%B7%E5%9B%BD%E4%B
A%BA%E4%BB%8E%E6%9C%AA%E5%83%8F%E7%8E%B0%E
5%9C%A8%E8%BF%99%E6%A0%B7%E5%B9%B8%E7%A6%8F/
a-38000442?&zhongwen=simp（檢索時間：2017. 06. 02）。
Braunthal, Gerald (2001). "Germany: from Bonn Republic to Berlin Republic,"
in Howard J. Wiarda (ed.) (2001), *European Politics in the Age of
Globalization*. Fort Worth, Tex: Harcourt College Publishers. pp.138-175.
Easterlin, Richard A. and Anke C. Zimmermann(2006). "Life Satisfaction and
Economic Outcomes in Germany Pre- and Post-Unification," Institute for
the Study of Labor (IZA Discussion Paper)December 2006. <http://ftp.
iza.org/dp2494.pdf> (Retrieved: 2016.04.26)
Easterlin, Richard A. and Anke Plagnol(2008). "Life Satisfaction and Economic
Conditions in East and West Germany pre- and post- unification," *Journal
of Economic Behavior & Organization*, 68(3-4), pp. 433-444. (Retrieved:
2016.04.26)
Economist (1999), "The Sick Man of the Euro," Jun 3rd 1999. <http://www.
economist.com/node/209559>
Eurostat (2008), "Euro area and EU27 government deficit at 0.6% and 0.9% of
GDP respectively." <http://ec.europa.eu/eurostat/documents/2995521/
5114318/2-22102008-AP-EN.PDF/b9e43ad4-10eb-4aa4-a456-7653b59
a2f22> (Retrieved: 2016. 10. 04)
Eurostat(2005) , "Euro-zone and EU25 government deficit at 2.7% and 2.6%
of GDP respectively." <http://ec.europa.eu/eurostat/documents/299
5521/5192034/2-26092005-AP-EN.PDF/6880a612-a007-4e25-a6ba-f840

678ac479> (Retrieved: 2016. 10. 04)

Frijters, Paul, John P. Haisken-DeNew and Michael A. Shields(2003). "Investigating the Patterns and Determinants of Life Satisfaction," in Germany Following Reunification *The Journal of Human Resources* XXXIX, 3, 649-674. (Retrieved 2016. 07. 25)

Fulbrook, Mary (1990). *A Concise History of Germany*. New York : Cambridge University Press.

Hagen, William W. (2012). *German History in Modern Times : Four Lives of the Nation*. New York: Cambridge University Press.

Henderson, Gregory, Richard Lebow, and John G. Stoessinger eds. (1974). *Divided Nations in a Divided World*. New York: D. McKay.

Hobsbawm, Eric J. (1992). *Nations and Nationalism Since 1780: Programme, Myth, Reality*. N. Y.: Cambridge University Press. 2nd ed..

Kay-Alexander Scholz (2015.02.21)，〈德國統一25年後的副作用〉，德國之聲，http://www.dw.com/zh/%E5%BE%B7%E5%9B%BD%E7%BB%9F%E4%B8%8025%E5%B9%B4%E5%90%8E%E7%9A%84%E5%89%AF%E4%BD%9C%E7%94%A8/a-18269940.

OECD. (2016), " Economic Surveys: Germany Overview," <http://www.oecd.org/eco/surveys/2016%20Germany%20survey%20-%20Overview%20in%20ENGLISH.pdf> (Retrieved: 2016.10.04)

Panayi, Panikos (1998), "Racial Exclusionism in the New Germany." In Klaus Larres ed., *Germany since Unification: the Domestic and External Consequences*. New York : St. Martin's Press. pp.129-148.

Petrunyk, Inna and Christian Pfeifer (2015). "Life Satisfaction in Germany after Reunification: Additional Insights on the Pattern of Convergence,". *German Socio-Economic Panel Study* (SOEP) DIW Berlin. <https://www.diw.de/documents/publikationen/73/diw_01.c.508919.de/diw_sp0764.pdf> (Retrieved: 2016.07.25)

Sinn, Hans-Wemer (1996). "International Implications of German Unification, " National Bureau of Economic Research, working paper. 1996.11, pp.1-26.

—— (2005). "The Five shocks: Why Germany is Lagging Behind," *Ifo*

Viewpoint, No. 67. Munich. (2005.08.04).

Steininger, Rolf(1998), "The German Question, 1945-95," in Klaus Larres ed., *Germany since Unification: the Domestic and External Consequences*. New York : St. Martin's Press. pp.9-32.

Welfens, Paul J. J. (1992a), "Introduction," in Paul J.J. Welfens(ed.)，*Economic Aspects of German Unification: National and International Perspectives*. Berlin ; New York : Springer-Verlag. pp.1-6.

Welfens, Paul J.J. (1992b) , "EC Integration and Economic Reforms in CMEA Countries: A United Germany as A Bridge Between East and West? " in Paul J.J. Welfens(ed.), *Economic Aspects of German Unification: National and International Perspectives*. Berlin ; New York : Springer-Verlag. pp.9-43.

歷史大講堂
當代歐洲民族運動：從蘇格蘭獨立公投到克里米亞危機

2017年7月初版　　　　　　　　　　　　　　　定價：新臺幣490元
2022年5月初版第三刷
有著作權‧翻印必究
Printed in Taiwan.

主　　　　　編	洪	泉	湖
著　　　　　者	洪	泉	湖
	施	正	鋒
	楊 三	億	等
叢 書 編 輯	黃	淑	真
封 面 設 計	陳	文	德
校　　　　對	吳	淑	芳
排　　　　版	極翔企業有限公司
繪 圖 協 力	吳	季	蓁

出　版　者　聯經出版事業股份有限公司　　副 總 編 輯　陳　逸　華
地　　　址　新北市汐止區大同路一段369號1樓　總　編　輯　涂　豐　恩
叢書主編電話　(02)86925588轉5322　　總　經　理　陳　芝　宇
台北聯經書房　台 北 市 新 生 南 路 三 段 9 4 號　社　　　長　羅　國　俊
電　　　話　(02)23620308　　發　行　人　林　載　爵
台 中 分 公 司　台 中 市 北 區 崇 德 路 一 段 1 9 8 號
暨 門 市 電 話　(04)22312023
郵 政 劃 撥 帳 戶 第 0 1 0 0 5 5 9 - 3 號
郵 撥 電 話　(02)23620308
印　刷　者　世 和 印 製 企 業 有 限 公 司
總　經　銷　聯 合 發 行 股 份 有 限 公 司
發　行　所　新北市新店區寶橋路235巷6弄6號2F
電　　　話　(02)29178022

行政院新聞局出版事業登記證局版臺業字第0130號

本書如有缺頁，破損，倒裝請寄回台北聯經書房更換。　　ISBN 978-957-08-4974-5(平裝)
聯經網址 http://www.linkingbooks.com.tw
電子信箱 e-mail:linking@udngroup.com

國家圖書館出版品預行編目資料

當代歐洲民族運動：從蘇格蘭獨立公投到克里米亞
危機 /洪泉湖主編 .洪泉湖、施正鋒、楊三億等著 .初版 .新北市 .
聯經 . 2017.07 . 400面；14.8×21公分 . (歷史大講堂)
譯自：Modern European national movements: from Scottish indepent
　　　referendum to the Crimca crises
ISBN 978-957-08-4974-5 (平裝)
[2022年5月初版第三刷]

1.民族運動 2.民族獨立運動 3.文集 4.歐洲

571.1107　　　　　　　　　　　　　　　　106011678